AF298851

LIVRE

DE LA BLANCHISSEUSE,

Appartenant à M

commencé le *600* 178

LIVRE

DE

COMPTE

NÉCESSAIRE

A CHAQUE MÉNAGE,

Pour pouvoir compter, sans risque de perdre de Linge, avec les Personnes chargées de le blanchir.

A PARIS,

Chez QUILLAU, Imprimeur de S. A. S. Monseigneur
le Prince de CONTY, rue du Fouarre, N°. 3.

Avec Approbation & Privilege du Roi.

AVERTISSEMENT.

EN offrant ce Livre au Public, on s'eſt perſuadé qu'il pourroit l'accueillir favorablement. Il réunit des avantages réels. En évitant la peine d'écrire ſon Linge, il indique les moyens ſûrs pour n'en point égarer ; ce qui arrive ſouvent par la négligence des Domeſti-ques, ou par leur peu d'aptitude à l'écrire.

L'uſage en eſt facile. Le Linge des Maîtres eſt placé ſur trois Colonnes diſtinguées par *Linge d'Homme, de Femme & d'Enfant.* Celui des Domeſtiques eſt à la ſuite de la Colonne du Linge d'Office, dans laquelle eſt compris le Linge de Table & de Cuiſine.

L'ordre qui regne dans chacune de ces Colonnes, indique, d'un côté, les moyens ſûrs de trouver, au premier coup d'œil, les Objets dont on a beſoin, & donne, de l'autre, la ſûreté de l'addition des ſommes, en les portant au Total placé au bas.

Parmi les avantages réunis dans notre Livre, le plus utile, ſans doute, eſt la foi qu'il peut avoir en Juſtice, dans le cas de conteſtation.

APPROBATION.

J'AI lu par ordre de Monseigneur le Garde-des-Sceaux, le Prospectus d'un *Livre de Compte* nécessaire à chaque Ménage, pour pouvoir compter sans risque de perdre le Linge, avec les personnes chargées de le blanchir, par le sieur GROIZARD, & je n'y ai rien trouvé qui puisse en empêcher l'impression. A Paris ce 7 Septembre 1785. BRALLE.

PRIVILÈGE DU ROI.

LOUIS, par la grâce de Dieu, Roi de France & de Navarre: A nos amés & féaux Conseillers, les Gens tenant nos Cours de Parlement, Maîtres des Requêtes ordinaires de notre Hôtel, Grand Conseil, Prevôt de Paris, Baillis, Sénéchaux, leurs Lieutenans Civils, & autres nos Justiciers qu'il appartiendra; Salut: Notre bien Amé le Sr L. J. GROIZARD nous a fait exposer qu'il desireroit faire imprimer & donner au Public *le Livre de Compte, nécessaire à chaque Ménage, pour pouvoir compter, sans risque de perdre le Linge, avec les personnes chargées de le blanchir* ; s'il nous plaisoit lui accorder nos Lettres de Privilege pour ce nécessaires : A CES CAUSES, voulant favorablement traiter l'Exposant, nous lui avons permis & permettons de faire imprimer ledit Ouvrage autant de fois que bon lui semblera, & de le vendre, faire vendre & débiter par-tout notre Royaume. Voulons qu'il jouisse de l'effet du présent Privilege pour lui & ses hoirs à perpétuité, pourvu qu'il ne le rétrocede à personne ; & si cependant il jugeoit à propos d'en faire une cession, l'acte qui la contiendra sera enregistré en la Chambre Syndicale de Paris, à peine de nullité, tant du Privilege que de la cession, & alors par le fait seul de la cession enregistrée, la durée du présent Privilege sera réduite à celle de la vie de l'Exposant, ou à celle de dix années, à compter de ce jour, si l'Exposant décede avant l'expiration desdites dix années. Le tout conformément aux articles IV & V de l'Arrêt du Conseil du 30 Août 1777, portant Réglement sur la durée des Privileges en Librairie. Faisons défenses à tous Imprimeurs, Libraires, & autres personnes, de quelque qualité & condition qu'elles soient, d'en introduire d'impression étrangere dans aucun lieu de notre obéissance ; comme aussi d'imprimer ou faire imprimer, vendre, faire vendre, débiter ni contrefaire ledit ouvrages sous quelque prétexte que ce puisse être ; sans la permission expresse & par écrit dudit Exposant, ou de celui qui le représentera, à peine de saisie & de confiscation des exemplaires contre faits, de six mille livres d'amende, qui ne pourra être modérée, pour la premiere fois, de pareille amende & de déchéance d'état en cas de récidive, & de tous dépens, dommages & intérêts, conformément à l'Arrêt du Conseil du 30 Août 1777, concernant les contrefaçons. A la charge que ces Présentes seront enregistrées tout au long sur le Registre de la Communauté des Imprimeurs & Libraires de Paris, dans trois mois de la date d'icelles; que l'impression dudit Ouvrage sera faite dans notre Royaume, & non ailleurs, en bon papier & beaux caracteres, conformément aux Réglemens de la Librairie, à peine de déchéance du présent Privilege: qu'avant de l'exposer en vente, le Manuscrit, qui aura servi de copie à l'impression dudit Ouvrage, sera remis dans le même état où l'Approbation y aura été donnée ès-mains de notre très Cher & féal Chevalier, Garde des Sceaux de France, le sieur HUE DE MIROMENIL, Commandeur de nos Ordres, qu'il en sera ensuite remis deux exemplaires dans notre Bibliothéque publique, un dans celle de notre Château du Louvre, un dans celle de notre très-cher & féal Chevalier, Chancellier de France le Sr de MAUPEOU, & un dans celle dudit sieur HUE DE MIROMENIL, le tout à peine de nullité des Présentes, Du contenu desquelles vous mandons & enjoignons de faire jouir ledit Exposant & ses ayans cause, pleinement & paisiblement, sans souffrir qu'il leur soit fait aucun trouble ou empêchement. Voulons que la copie des Présentes qui sera imprimée tout au long, au commencement ou à la fin dudit Ouvrage, soit tenue pour duement signifiée, & qu'aux copies collationnées par l'un de nos amés & féaux Conseillers-Secrétaires, foi soit ajoutée comme à l'original. Commandons au premier Huissier ou Sergent sur ce requis, de faire, pour l'exécution d'icelles tous actes requis & nécessaires, sans demander autre permission, & nonobstant clameur de haro, Charte Normande & Lettres à ce contraires; car tel est notre plaisir. Donné, à Paris le onzieme jour du mois d'Octobre, l'an de grace mil sept cent quatre-vingt-cinq, & de notre regne le douzieme. Par le Roi, en son Conseil, LEBEGUE.

Registré sur le Registre XXII de la Chambre Royale & Syndicale des Libraires & Imprimeurs de Paris, n°. 439, fol. 432, conformément aux dispositions énoncées dans le présent Privilege, & à la charge de remettre à ladite Chambre les neuf exemplaires prescrits par l'Arrêt du Conseil du 16 Avril 1785, à Paris le 4 Novembre 1785.

LE CLERC, Syndic.

le **DU MOIS** d

donné à blanchir

SÇAVOIR à Monsieur.

ARTICLE	liv.	ſ.	d.	ARTICLE	liv.	ſ.	d.
BANDEAUX,				Mouchoirs des indes,			
Bonnets de coton,				Mouchoirs de toile blanche,			
Bonnets de laine,				Mouchoirs de batiſte,			
Bretelles.				Mouchoirs de couleurs,			
CALÇONS de toile,				NAPES,			
Calçons de futaine,				PAIRES de draps de maître,			
Camiſoles de toile,				paires de draps de domeſtique,			
Camiſoles de futaine,				paires de bas de fil,			
Camiſoles d'indienne,				paires de bas de coton,			
Chauſſettes,				paires de bas de laine,			
Chemiſes de jour, garnies,				paires de bas de filoſele,			
Chemiſes de nuit,				paires de chauſſons de toile,			
Coîffes de Bonnets,				paires de chauſſons de tricot,			
Cols de mouſſeline,				Pantalon de moleton,			
Cols de baſin,				Pantalon de toile,			
Cravattes de mouſſeline,				Pantalon de tricot,			
Cravattes de batiſte,				Peignoirs,			
Cúlottes de baſin,				Pieces d'eſtomac,			
Culottes de toile de coton,				ROBE-de-chambre d'indienne,			
Culottes de draps de coton,				Robe-de-chambre piquée,			
Culottes de Nankin,				SACS à pelottes,			
ESSUIE-MAINS,				Serre-têtes,			
FROTTOIRS,				Serviettes de toilette,			
GANTS de fil,				Suſpenſoirs,			
Gillets de baſin,				TABLIER du matin,			
Gillets de flanelle,				Tayes d'oreillers,			
Guêtres de toile,				VESTES de baſin,			
Gillets de futaine,				Veſtes de drap de coton			
Gillets de toile de coton.				Veſtes de Mouſſeline,			
LINGE à barbe,				Veſtes de Nankin,			
MANCHETTES de mouſſeline,				Veſtes piquées,			
Manchettes de batiſte,				Veſtes de toile de coton,			
Manchettes effilées,							
Manchettes de bottes,							
TOTAL				**TOTAL**			

SÇAVOIR, à Madame

Left column — ARTICLE | liv. | s. | d.

BANDES à saigner,
Bandeaux,
Baftiennes,
Bloufes,
Bonnets piqués,
Bonnets ronds de mouffeline,
Bonnets ronds de linon,
Bonnets ronds de dentelle
  CAMISOLES de mouffeline garnies,
Camifoles de toile de coton garnies,
Camifoles piquées garnies,
Camifoles houettées garnies,
Chemifes de jour,
Chemifes de nuit,
Chemifes de batifte,
Chemifes de bain,
Chemifes-robes de mouffeline,
Chemifes-robe d'indienne,
Chemife-robe, de linon,
Coiffes de mouffeline,
Collerette,
Corfet de toile de coton garnis,
Corfets de bafin garnis,
Corfets de toile fine garnis,
Courtes-pointes,
Couverture de coton,
Couvre-pieds piqués garnis,
Couvre-pieds de mouffeline,
Couvre-meuble,
  DRAPS dé maîtres,
Draps fans couture,
Draps de domeftique,
Deshabillers garnis,
  ESSUIE-MAINS
  FOURREAUX de toile de coton,
Fourreaux de mouffeline,
Fourreaux d'indienne,
Fourreaux de linon,
Fichus de mouffeline,
             TOTAL

Right column — ARTICLE | liv. | s. | d.

Fichus de batifte,
Fichus doubles,
Fichus de linon,
Fichus frifés,
Fraifettes de mouffeline,
Frottoirs de futaine,
Frottoirs de flannelle,
  GARNITURES de lit de toile,
Gaule de mouffeline,
Gaule d'indienne,
  HOUPELANDE,
  JUPONS piqués, blancs, garnis,
Jupons de moleton,
Jupons de futaine,
Jupons de bafin garnis,
Jupons de granat,
Jupons houettés, garnis,
Jupons de linon,
Jupons de mouffeline,
  LINGE de toilette,
Linge de Garde-robe,
Linges de baignoir,
  MANTELETS de mouffeline,
Mouchoirs de toile blanche,
Mouchoirs de batifte,
Mouchoits des indes,
  PAIRES de poches de bafin, garnies,
Paires de poches de toile, garnies,
paire de bas de coton,
Peignoirs de toile,
Peignoirs de Mouffeline,
Pieces d'eftomac,
Pierrot & Jupon de linon,
  RIDEAUX de mouffeline, grands,
Rideaux de toile de coton, grands,
Rideaux de mouffeline, petits,
Rideaux de linon, petits,
Robe & Jupon de toile de coton,
             TOTAL

ARTICLE	liv.	f.	d.	ARTICLE	liv.	f.	d.
Robe & Jupon de mousseline,				Deshabillers d'indienne ;			
Robe & Jupon de linon,				FOURREAUX de toile de coton,			
Robe & Jupon d'indienne ,				Fourreaux de linon ,			
Rodingotte d'indienne ,				Fourreaux d'indienne ,			
SACS à pelottes,				GARNITURES de lit,			
Serre-têtes,				Gillets de bafin ,			
Serviettes de toilette,				Gillets de toile de coton ;			
Serviettes de garderobe,				JACTONS,			
TABLIERS de Femme-de-chambre,				Jupons de toile de coton garnis ;			
Tabliers de coëffeur,				Jupons de bafin garnis ,			
Tayes d'oreillers garnies ,				Jupons de futaine ;			
Toilette garnie de mousseline ,				Jupons de moleton ,			
Tours de chaife,							
Tour de baffin ,				LANGES piqués ;			
Linge des Enfans.				Lange de futaine ,			
BANDEAUX,				Lange de laine ,			
Bandes ,				Linge de toilette ,			
Bavoirs ;				MANTELETS de mousseline,			
Beguin,				Manchettes de garçon ;			
Braffieres de futaine ;				Matelots de toile ,			
Braffieres de flanelle ,				Matelots de Nankin ,			
CALÇONS,				Mouchoirs de toile ,			
Camifoles de mousseline ,				Mouchoirs de batifte ,			
Camifoles de toile de coton ;				PAIRES de bas de coton ;			
Camifoles d'indienne ,				paires de bas de fil ,			
Camifoles de futaine,				paires de bas petits ,			
Chauffettes ,				Paires de bas de laine ;			
Chauffons ,				paires de poches ,			
Chemifes de jour , de gatçon ,				Peignoirs ,			
Chemifes de nuit , de garçon,				Pierrots & Jupon de linon ,			
Chemifes de jour , de demoifelle				Pierrots & Jupon de mousseline ;			
Chemifes de nuit , de demoifelle ,				Pieces d'eftomac ,			
Chemifes petites ,				ROBES & Jupons de toile de coton,			
Chemifes-robes de mousseline ,				Robes & Jupons de mousseline,			
Chemifes-robe d'indienne,				Robes & Jupons d'indienne,			
Collerettes de mousseline ;				Robe de chambre ,			
Cols de mousseline ,				TETIERES,			
Couches ,				Tours de bonnet ,			
Couvres-pieds garnis ;				Tours de chaifes ,			
Culottes de draps de coton ;				VESTES de bafin ,			
Culottes de bafin,				Veftes de toile de coton ;			
Culottes de toile de coton ,				Veftes de nankin ,			
DESHABILLERS de toile de coton,				Veftes de drap de coton.			
TOTAL				TOTAL			

Linge d'Office.

CHAUSSES à paſſer,
ESSUIE-MAINS,
NAPES damaſſées,
Napes à linteaux,
Napes à grains d'orge,
Napes ouvrées,
Napes d'office,
Napes petites,
Napes de veniſe,
Napes de cuiſine,
PAQUETS de Torchons,
SERVIETTES damaſſées,
Serviettes à linteaux,
Serviettes à grains d'orge,
Serviettes ouvrées,
Serviettes de Veniſe,
TABLIERS d'office,
Tabliers de cuiſine,
Torchons,

Linge de la Femme de Chambre.

BANDEAUX,
Bonnets ronds,
Bonnets piqués,
CAMISOLES de toile de coton,
Camiſoles d'indienne,
Chemiſes,
Corſet de toile,
Corſet de baſin,
DESHABILLÉ complet de toile de coton,
Deshabillé complet d'indienne,
FICHUS de mouſſeline,
Fichus de linon,
JUPONS piqués,
Jupons houettés,
Jupons de toile de coton,
LINGE de toilette,
MOUCHOIRS blancs,
Mouchoirs de couleur,
PAIRES de poches,
paires de bas de coton,
paires de bas de fil,

TOTAL

ROBE & Jupon d'indienne,
Robe & Jupons de toile de coton,
Robe & Jupon de mouſſeline,
SERRE-TÊTES.

Linge de la Cuiſiniere.

BONNETS ronds,
Bonnets piqués,
CAMISOLES d'indienne,
Camiſoles de toile de coton,
Chemiſes,
DESHABILLÉ compl. de toile de cot.
Deshabiller complet d'indienne,
FICHUS de mouſſeline,
Fichus de linon,
JUPONS piqués,
Jupons de toile de coton,
Jupons d'indienne,
LINGE de toilette,
MOUCHOIRS blancs,
Mouchoirs de couleur,
PAIRES de poches,
paires de bas de laine,
paires de bas de coton,
paires de bas de fil,
ROBE & Jupon d'indienne,
Robe & Jupon de toile de coton,
SERRE-TÊTE,

Linge du Domeſtique.

BONNETS de coton,
Bonnets de laine,
CALÇONS,
Chemiſes,
Cols,
Cravattes,
Culottes blanches,
Culotte de Nankin,
MOUCHOIRS,
PAIRES de bas de coton,
paires de bas de fil,
paires de bas de laine,
paires de bas de filoſelle,
paires de chauſſons,
VESTES blanches,
Veſtes de Nankin,

TOTAL

(1)

donné à blanchir

SÇAVOIR à Monsieur.

ARTICLE	liv.	f.	d.	ARTICLE	liv.	f.	d.
Bandeaux,				Mouchoirs des indes,			
Bonnets de coton,				Mouchoirs de toile blanche,			
Bonnets de laine,				Mouchoirs de batifte,			
Bretelles.				Mouchoirs de couleurs,			
Calçons de toile,				Napes,			
Calçons de futaine,				Paires de draps de maître,			
Camifoles de toile,				paires de draps de domeftique,			
Camifoles de futaine,				paires de bas de fil,			
Camifoles d'indienne,				paires de bas de coton,			
Chauffettes,				paires de bas de laine,			
Chemifes de jour, garnies,				paires de bas de filofele,			
Chemifes de nuit,				paires de chauffons de toile,			
Coiffes de Bonnets,				paires de chauffons de tricot,			
Cols de mousseline,				Pantalon de moleton,			
Cols de bafin,				Pantalon de toile,			
Cravattes de mousseline,				Pantalon de tricot,			
Cravattes de batifte,				Peignoirs,			
Culottes de bafin,				Pieces d'eftomac,			
Culottes de toile de coton,				Robe-de-chambre d'indienne,			
Culottes de draps de coton,				Robe-de-chambre piquée,			
Culottes de Nankin,				Sacs à pelottes,			
Essuie-mains,				Serre-têtes,			
Frottoirs				Serviettes de toilette,			
Gants de fil,				Sufpenfoirs,			
Gillets de bafin,				Tablier du matin,			
Gillets de flanelle,				Tayes d'oreillers,			
Guêtres de toile,				Vestes de bafin,			
Gillets de futaine,				Vestes de drap de coton			
Gillets de toile de coton,				Vestes de Mousseline,			
Linge à barbe,				Vestes de Nankin,			
Manchettes de mousseline,				Vestes piquées,			
Manchettes de batifte,				Vestes de toile de coton,			
Manchettes effilées,							
Manchettes de bottes,							
TOTAL				TOTAL			

SÇAVOIR, à Madame

ARTICLE	liv.	s.	d.
BANDES à saigner,			
Bandeaux,			
Bastiennes,			
Blouses,			
Bonnets piqués,			
Bonnets ronds de mousseline,			
Bonnets ronds de linon,			
Bonnets ronds de dentelle			
CAMISOLES de mousseline garnies,			
Camisoles de toile de coton garnies,			
Camisoles piquées garnies,			
Camisoles houettées garnies,			
Chemises de jour,			
Chemises de nuit,			
Chemises de batiste,			
Chemises de bain,			
Chemises-robes de mousseline,			
Chemises-robe d'indienne,			
Chemise-robe, de linon,			
Coiffes de mousseline,			
Collerette,			
Corset de toile de coton garnis,			
Corsets de basin garnis,			
Corsets de toile fine garnis,			
Courtes-pointes,			
Couverture de coton,			
Couvre-pieds piqués garnis,			
Couvre-pieds de mousseline,			
Couvre-meuble,			
DRAPS de maîtres,			
Draps sans couture,			
Draps de domestique,			
Deshabillers garnis,			
ESSUIE-MAINS			
FOURREAUX de toile de coton,			
Fourreaux de mousseline,			
Fourreaux d'indienne,			
Fourreaux de linon,			
Fichus de mousseline,			
TOTAL			

ARTICLE	liv.	s.	d.
Fichus de batiste,			
Fichus doubles,			
Fichus de linon,			
Fichus frisés,			
Fraisettes de mousseline,			
Frottoirs de futaine,			
Frottoirs de flannelle,			
GARNITURES de lit de toile,			
Gaule de mousseline,			
Gaule d'indienne,			
HOUPELANDE,			
JUPONS piqués, blancs, garnis,			
Jupons de moleton,			
Jupons de futaine,			
Jupons de basin garnis,			
Jupons de granat,			
Jupons houettés, garnis,			
Jupons de linon,			
Jupons de mousseline,			
LINGE de toilette,			
Linge de Garde-robe,			
Linges de baignoir,			
MANTELETS de mousseline,			
Mouchoirs de toile blanche,			
Mouchoirs de batiste,			
Mouchoirs des indes,			
PAIRES de poches de basin, garnies,			
Paires de poches de toile, garnies,			
paire de bas de coton,			
Peignoirs de toile,			
Peignoirs de Mousseline,			
Pieces d'estomac,			
Pierrot & Jupon de linon,			
RIDEAUX de mousseline, grands,			
Rideaux de toile de coton, grands,			
Rideaux de mousseline, petits,			
Rideaux de linon, petits,			
Robe & Jupon de toile de coton,			
TOTAL			

ARTICLE	liv.	f.	d.
Robe & Jupon de mousseline,			
Robe & Jupon de linon,			
Robe & Jupon d'indienne,			
Rodingotte d'indienne,			
SACS à pelottes,			
Serre-têtes,			
Serviettes de toilette,			
Serviettes de garderobe,			
TABLIERS de Femme-de-chambre,			
Tabliers de coëffeur,			
Tayes d'oreillers garnies,			
Toilette garnie de mousseline,			
Tours de chaise,			
Tour de bassin,			
Linge des Enfans.			
BANDEAUX,			
Bandes,			
Bavoirs,			
Beguin,			
Brassieres de futaine,			
Brassieres de flanelle,			
CALÇONS,			
Camisoles de mousseline,			
Camisoles de toile de coton,			
Camisoles d'indienne,			
Camisoles de futaine,			
Chaussettes,			
Chaussons,			
Chemises de jour, de garçon,			
Chemises de nuit, de garçon,			
Chemises de jour, de demoiselle			
Chemises de nuit, de demoiselle,			
Chemises petites,			
Chemises-robes de mousseline,			
Chemises-robe d'indienne,			
Collerettes de mousseline,			
Cols de mousseline,			
Couches,			
Couvres-pieds garnis,			
Culottes de draps de coton,			
Culottes de basin,			
Culottes de toile de coton,			
DESHABILLERS de toile de coton,			
TOTAL			

ARTICLE	liv.	f.	d.
Deshabillers d'indienne,			
FOURREAUX de toile de coton,			
Fourreaux de linon,			
Fourreaux d'indienne,			
GARNITURES de lit,			
Gillets de basin,			
Gillets de toile de coton,			
JACTONS,			
Jupons de toile de coton garnis,			
Jupons de basin garnis,			
Jupons de futaine,			
Jupons de moleton,			
LANGES piqués,			
Lange de futaine,			
Lange de laine,			
Linge de toilette,			
MANTELETS de mousseline,			
Manchettes de garçon,			
Matelots de toile,			
Matelots de Nankin,			
Mouchoirs de toile,			
Mouchoirs de batiste,			
PAIRES de bas de coton,			
paires de bas de fil,			
paires de bas petits,			
paires de bas de laine,			
paires de poches,			
Peignoirs,			
Pierrots & Jupon de linon,			
Pierrots & Jupon de mousseline,			
Pieces d'estomac,			
ROBES & Jupons de toile de coton,			
Robes & Jupons de mousseline,			
Robes & Jupons d'indienne,			
Robe de chambre,			
TETIERES,			
Tours de bonnet,			
Tours de chaises,			
VESTES de basin,			
Vestes de toile de coton,			
Vestes de nankin,			
Vestes de drap de coton.			
TOTAL			

ARTICLE	liv.	f.	d.

Linge d'Office.

CHAUSSES à paffer,
ESSUIE-MAINS,
NAPES damaffées,
Napes à linteaux,
Napes à grains d'orge,
Napes ouvrées,
Napes d'office,
Napes petites,
Napes de venife,
Napes de cuifine,
PAQUETS de Torchons,
SERVIETTES d'amaffées,
Serviettes à linteaux,
Serviettes à grains d'orge,
Serviettes ouvrées,
Serviettes de Venife,
TABLIERS d'office,
Tabliers de cuifine,
Torchons,

Linge de la Femme de Chambre.

BANDEAUX,
Bonnets ronds,
Bonnets piqués,
CAMISOLES de toile de coton,
Camifoles d'indienne,
Chemifes,
Corfet de toile,
Corfet de bafin,
DESHABILLÉ complet de toile de coton,
Deshabillé complet d'indienne,
FICHUS de mouffeline,
Fichus de linon,
JUPONS piqués,
Jupons houetrés,
Jupons de toile de coton,
LINGE de toilette,
MOUCHOIRS blancs,
Mouchoirs de couleur,
PAIRES de poches,
paires de bas de coton,
paires de bas de fil,

TOTAL

ARTICLE	liv.	f.	d.

ROBE & Jupon d'indienne,
Robe & Jupons de toile de coton,
Robe & Jupon de mouffeline,
SERRE-TÈTES.

Linge de la Cuifiniere.

BONNETS ronds,
Bonnets piqués,
CAMISOLES d'indienne,
Camifoles de toile de coton,
Chemifes,
DESHABILLÉ compl. de toile de cot.
Deshabiller complet d'indienne,
FICHUS de mouffeline,
Fichus de linon,
JUPONS piqués,
Jupons de toile de coton,
Jupons d'indienne,
LINGE de toilette,
MOUCHOIRS blancs,
Mouchoirs de couleur,
PAIRES de poches,
paires de bas de laine,
paires de bas de coton,
paires de bas de fil,
ROBE & Jupon d'indienne,
Robe & Jupon de toile de coton,
SERRE-TETE,

Linge du Domeftique.

BONNETS de coton,
Bonnets de laine,
CALÇONS,
Chemifes,
Cols,
Cravattes,
Culottes blanches,
Culotte de Nankin,
MOUCHOIRS,
PAIRES de bas de coton,
paires de bas de fil,
paires de bas de laine,
paires de bas de filofelle,
paires de chauffons,
VESTES blanches,
Veftes de Nankin,

TOTAL

donné à blanchir

SÇAVOIR à Monsieur.

ARTICLE	liv.	f.	d.	ARTICLE	liv.	f.	d.
BANDEAUX,				Mouchoirs des indes,			
Bonnets de coton,				Mouchoirs de toile blanche,			
Bonnets de laine,				Mouchoirs de batifte,			
Bretelles.				Mouchoirs de couleurs,			
CALÇONS de toile,				NAPES,			
Calçons de futaine,				PAIRES de draps de maître,			
Camifoles de toile,				paires de draps de domeftique,			
Camifoles de futaine,				paires de bas de fil,			
Camifoles d'indienne,				paites de bas de coton,			
Chauffettes,				paires de bas de laine,			
Chemifes de jour, garnies,				paires de bas de filofele,			
Chemifes de nuit,				paires de chauffons de toile,			
Coiffes de Bonnets,				paires de chauffons de tricot,			
Cols de mouffeline,				Pantalon de moleton,			
Cols de bafin,				Pantalon de toile,			
Cravattes de mouffeline,				Pantalon de tricot,			
Cravattes de batifte,				Peignoirs,			
Culottes de bafin,				Pieces d'eftomac,			
Culottes de toile de coton,				ROBE-de-chambre d'indienne,			
Culottes de draps de coton,				Robe-de-chambre piquée,			
Culottes de Nankin,				SACS à pelottes,			
ESSUIE-MAINS,				Serre-têtes,			
FROTTOIRS,				Serviettes de toilette,			
GANTS de fil,				Sufpenfoirs.			
Gillets de bafin,				TABLIER du matin,			
Gillets de flanelle,				Tayes d'oreillers,			
Guêtres de toile,				VESTES de bafin,			
Gillets de futaine,				Veftes de drap de coton			
Gillets de toile de coton,				Veftes de Mouffeline,			
LINGE à barbe,				Veftes de Nankin,			
MANCHETTES de mouffeline,				Veftes piquées,			
Manchettes de batifte,				Veftes de toile de coton,			
Manchettes effilées,							
Manchettes de bottes,							
TOTAL				**TOTAL**			

SÇAVOIR, à Madame

ARTICLE	liv.	f.	d.	ARTICLE	liv.	f.	d.
Bandes à saigner,				Fichus de batiste,			
Bandeaux,				Fichus doubles,			
Bastiennes,				Fichus de linon,			
Bloufes,				Fichus frisés,			
Bonnets piqués,				Fraisettes de mousseline,			
Bonnets ronds de mousseline,				Frottoirs de futaine,			
Bonnets ronds de linon,				Frottoirs de flannelle,			
Bonnets ronds de dentelle				Garnitures de lit de toile,			
Camisoles de mousseline garnies,				Gaule de mousseline,			
Camisoles de toile de coton garnies,				Gaule d'indienne,			
Camisoles piquées garnies,				Houpelande,			
Camisoles houettées garnies,				Jupons piqués, blancs, garnis,			
Chemises de jour,				Jupons de moléton,			
Chemises de nuit,				Jupons de futaine,			
Chemises de batiste,				Jupons de basin garnis,			
Chemises de bain,				Jupons de granat,			
Chemises-robes de mousseline,				Jupons houettés, garnis,			
Chemises-robe d'indienne,				Jupons de linon,			
Chemise-robe, de linon,				Jupons de mousseline,			
Coiffes de mousseline,				Linge de toilette,			
Collerette,				Linge de Garde-robe,			
Corset de toile de coton garnis,				Linges de baignoir,			
Corsets de basin garnis,				Mantelets de mousseline,			
Corsets de toile fine garnis,				Mouchoirs de toile blanche,			
Courtes-pointes,				Mouchoirs de batiste,			
Couverture de coton,				Mouchoirs des indes,			
Couvre-pieds piqués garnis,				Paires de poches de basin, garnies,			
Couvre-pieds de mousseline,				Paires de poches de toile, garnies,			
Couvre-meuble,				paire de bas de coton,			
Draps de maîtres,				Peignoirs de toile,			
Draps sans couture,				Peignoirs de Mousseline,			
Draps de domestique,				Pieces d'estomac,			
Deshabillers garnis,				Pierrot & Jupon de linon,			
Essuie-mains.				Rideaux de mousseline, grands,			
Fourreaux de toile de coton,				Rideaux de toile de coton, grands,			
Fourreaux de mousseline,				Rideaux de mousseline, petits,			
Fourreaux d'indienne,				Rideaux de linon, petits,			
Fourreaux de linon,				Robe & Jupon de toile de coton,			
Fichus de mousseline,							
TOTAL				**TOTAL**			

ARTICLE	liv.	f.	d.
Robe & Jupon de mousseline,			
Robe & Jupon de linon,			
Robe & Jupon d'indienne,			
Rodingotte d'indienne,			
SACS à pelottes,			
Serre-têtes,			
Serviettes de toilette,			
Serviettes de garderobe,			
TABLIERS de Femme-de-chambre,			
Tabliers de coëffeur,			
Tayes d'oreillers garnies,			
Toilette garnie de mousseline,			
Tours de chaise,			
Tour de bassin,			

Linge des Enfans.

ARTICLE	liv.	f.	d.
BANDEAUX,			
Bandés,			
Bavoirs,			
Beguin,			
Brassieres de futaine,			
Brassieres de flanelle,			
CALÇONS,			
Camisoles de mousseline,			
Camisoles de toile de coton,			
Camisoles d'indienne,			
Camisoles de futaine,			
Chauffettes,			
Chauffons,			
Chemises de jour, de garçon,			
Chemises de nuit, de garçon,			
Chemises de jour, de demoiselle			
Chemises de nuit, de demoiselle,			
Chemises petites,			
Chemises-robes de mousseline,			
Chemises-robe d'indienne,			
Collerettes de mousseline,			
Cols de mousseline,			
Couches,			
Couvres-pieds garnis,			
Culottes de draps de coton,			
Culottes de basin,			
Culottes de toile de coton,			
DESHABILLERS de toile de coton,			
TOTAL			

ARTICLE	liv.	f.	d.
Deshabillers d'indienne,			
FOURREAUX de toile de coton,			
Fourreaux de linon,			
Fourreaux d'indienne,			
GARNITURES de lit,			
Gillets de basin,			
Gillets de toile de coton,			
JACTONS,			
Jupons de toile de coton garnis,			
Jupons de basin garnis,			
Jupons de futaine,			
Jupons de moleton,			
LANGES piqués,			
Lange de futaine,			
Lange de laine,			
Linge de toilette,			
MANTELETS de mousseline,			
Manchettes de garçon,			
Matelots de toile,			
Matelots de Nankin,			
Mouchoirs de toile,			
Mouchoirs de batiste,			
PAIRES de bas de coton,			
paires de bas de fil,			
paires de bas petits,			
paires de bas de laine,			
paires de poches,			
Peignoirs,			
Pierrots & Jupon de linon,			
Pierrots & Jupon de mousseline,			
Pieces d'estomac,			
ROBES & Jupons de toile de coton,			
Robes & Jupons de mousseline,			
Robes & Jupons d'indienne,			
Robe de chambre,			
TETIERES,			
Tours de bonnet,			
Tours de chaises,			
VESTES de basin,			
Vestes de toile de coton,			
Vestes de nankin,			
Vestes de drap de coton.			
TOTAL			

ARTICLE | | liv. | s. | d.

Linge d'Office.

CHAUSSES à passer,
ESSUIE-MAINS,
NAPES damaſſées,
Napes à linteaux,
Napes à grains d'orge,
Napes ouvrées,
Napes d'office,
Napes petites,
Napes de veniſe,
Napes de cuiſine,
PAQUETS de Torchons,
SERVIETTES d'amaſſées,
Serviettes à linteaux,
Serviettes à grains d'orge,
Serviettes ouvrées,
Serviettes de Veniſe,
TABLIERS d'office,
Tabliers de cuiſine,
Torchons,

Linge de la Femme de Chambre.

BANDEAUX,
Bonnets ronds,
Bonnets piqués,
CAMISOLES de toile de coton,
Camiſoles d'indienne,
Chemiſes,
Corſet de toile,
Corſet de baſin,
DESHABILLÉ complet de toile de coton,
Deshabillé complet d'indienne,
FICHUS de mouſſeline,
Fichus de linon,
JUPONS piqués,
Jupons houetrés,
Jupons de toile de coton,
LINGE de toilette,
MOUCHOIRS blancs,
Mouchoirs de couleur,
PAIRES de poches,
paires de bas de coton,
paires de bas de fil,

TOTAL

ARTICLE | | liv. | s.

ROBE & Jupon d'indienne,
Robe & Jupons de toile de coton,
Robe & Jupon de mouſſeline,
SERRE-TÊTES.

Linge de la Cuiſiniere.

BONNETS ronds,
Bonnets piqués,
CAMISOLES d'indienne,
Camiſoles de toile de coton,
Chemiſes,
DESHABILLÉ compl. de toile de cot.
Deshabiller complet d'indienne,
FICHUS de mouſſeline,
Fichus de linon,
JUPONS piqués,
Jupons de toile de coton,
Jupons d'indienne,
LINGE de toilette,
MOUCHOIRS blancs,
Mouchoirs de couleur,
PAIRES de poches,
paires de bas de laine,
paires de bas de coton,
paires de bas de fil,
ROBE & Jupon d'indienne,
Robe & Jupon de toile de coton,
SERRE-TETE,

Linge du Domeſtique.

BONNETS de coton,
Bonnets de laine,
CALÇONS,
Chemiſes,
Cols,
Cravattes,
Culottes blanches,
Culotte de Nankin,
MOUCHOIRS,
PAIRES de bas de coton,
paires de bas de fil,
paires de bas de laine,
paires de bas de filoſelle,
paires de chauſſons,
VESTES blanches,
Veſtes de Nankin,

TOTAL

donné à blanchir

S Ç A V O I R à Monſieur.

ARTICLE	liv.	f.	d.	ARTICLE	liv.	f.	d.
BANDEAUX ,				Mouchoirs des indes ,			
Bonnets de coton ,				Mouchoirs de toile blanche ,			
Bonnets de laine ,				Mouchoirs de batiſte ,			
Bretelles.				Mouchoirs de couleurs ,			
CALÇONS de toile ,				NAPES ,			
Calçons de futaine ,				PAIRES de draps de maître ;			
Camiſoles de toile ,				paires de draps de domeſtique,			
Camiſoles de futaine ,				paires de bas de fil ,			
Camiſoles d'indienne ,				paires de bas de coton ,			
Chauſſettes ,				paires de bas de laine ,			
Chemiſes de jour , garnies ,				paires de bas de filoſele ,			
Chemiſes de nuit ,				paires de chauſſons de toile ,			
Coïffes de Bonnets ,				paires de chauſſons de tricot ,			
Cols de mouſſeline ,				Pantalon de moleton ,			
Cols de baſin ,				Pantalon de toile ,			
Cravattes de mouſſeline ;				Pantalon de tricot ,			
Cravattes de batiſte ,				Peignoirs ,			
Culottes de baſin ,				Pieces d'eſtomac ,			
Culottes de toile de coton,				ROBE-de-chambre d'indienne ,			
Culottes de draps de coton,				Robe-de-chambre piquée ,			
Culottes de Nankin ,				SACS à pelottes ,			
ESSUIE-MAINS ,				Serre-têtes ,			
FROTTOIRS				Serviettes de toilette ,			
GANTS de fil ,				Suſpenſoirs ,			
Gillets de baſin ,				TABLIER du matin ,			
Gillets de flanelle ,				Tayes d'oreillers ,			
Guêtres de toile ,				VESTES de baſin ,			
Gillets de futaine ,				Veſtes de drap de coton			
Gillets de toile de coton ,				Veſtes de Mouſſeline ,			
LINGE à barbe ,				Veſtes de Nankin ,			
MANCHETTES de mouſſeline ,				Veſtes piquées ,			
Manchettes de batiſte ,				Veſtes de toile de coton ,			
Manchettes effilées ,							
Manchettes de bottes ,							
TOTAL				**TOTAL**			

SÇAVOIR, à Madame

ARTICLE	liv.	f.	d.
BANDES à faigner,			
Bandeaux,			
Baftiennes,			
Bloufes,			
Bonnets piqués,			
Bonnets ronds de mouffeline,			
Bonnets ronds de linon,			
Bonnets ronds de dentelle			
CAMISOLES de mouffeline garnies,			
Camifoles de toile de coton garnies,			
Camifoles piquées garnies,			
Camifoles houettées garnies,			
Chemifes de jour,			
Chemifes de nuit,			
Chemifes de batifte,			
Chemifes de bain,			
Chemifes-robes de mouffeline,			
Chemifes-robe d'indienne,			
Chemife-robe, de linon,			
Coiffes de mouffeline,			
Collerette,			
Corfet de toile de coton garnis,			
Corfets de bafin garnis,			
Corfets de toile fine garnis,			
Courtes-pointes,			
Couverture de coton,			
Couvre-pieds piqués garnis,			
Couvre-pieds de mouffeline,			
Couvre-meuble,			
DRAPS de maîtres,			
Draps fans couture,			
Draps de domeftique,			
Deshabillers garnis,			
ESSUIE-MAINS			
FOURREAUX de toile de coton,			
Fourreaux de mouffeline,			
Fourreaux d'indienne,			
Fourreaux de linon,			
Fichus de mouffeline,			
TOTAL			

ARTICLE	liv.	f.	d.
Fichus de batifte,			
Fichus doubles,			
Fichus de linon,			
Fichus frifés,			
Fraifettes de mouffeline,			
Frottoirs de futaine,			
Frottoirs de flannelle,			
GARNITURES de lit de toile,			
Gaule de mouffeline,			
Gaule d'indienne,			
HOUPELANDE,			
JUPONS piqués, blancs, garnis,			
Jupons de molcton,			
Jupons de futaine,			
Jupons de bafin garnis,			
Jupons de granat,			
Jupons houettés, garnis,			
Jupons de linon,			
Jupons de moufseline,			
LINGE de toilette,			
Linge de Garde-robe,			
Linges de baignoir,			
MANTELETS de mouffeline,			
Mouchoirs de toile blanche,			
Mouchoirs de batifte,			
Mouchoirs des indes,			
PAIRES de poches de bafin, garnies,			
Paires de poches de toile, garnies,			
paire de bas de coton,			
Peignoirs de toile,			
Peignoirs de Mouffeline,			
Pieces d'eftomac,			
Pierrot & Jupon de linon,			
RIDEAUX de mouffeline, grands,			
Rideaux de toile de coton, grands,			
Rideaux de moufseline, petits,			
Rideaux de linon, petits,			
Robe & Jupon de toile de coton,			
TOTAL			

ARTICLE	liv.	f.	d.
Robe & Jupon de mousseline,			
Robe & Jupon de linon,			
Robe & Jupon d'indienne,			
Rodingotte d'indienne,			
SACS à pelottes,			
Serre-têtes,			
Serviettes de toilette,			
Serviettes de garderobe,			
TABLIERS de Femme-de-chambre,			
Tabliers de coëffeur,			
Tayes d'oreillers garnies,			
Toilette garnie de mousseline,			
Tours de chaise,			
Tour de bassin,			

Linge des Enfans.

ARTICLE	liv.	f.	d.
BANDEAUX,			
Bandes,			
Bavoirs;			
Beguin,			
Brassieres de futaine,			
Brassieres de flanelle,			
CALÇONS,			
Camisoles de mousseline,			
Camisoles de toile de coton,			
Camisoles d'indienne,			
Camisoles de futaine,			
Chaussettes,			
Chaussons,			
Chemises de jour, de garçon,			
Chemises de nuit, de garçon,			
Chemises de jour, de demoiselle			
Chemises de nuit, de demoiselle,			
Chemises petites,			
Chemises-robes de mousseline,			
Chemises-robe d'indienne,			
Collerettes de mousseline,			
Cols de mousseline,			
Couches,			
Couvres-pieds garnis,			
Culottes de draps de coton,			
Culottes de basin,			
Culottes de toile de coton,			
DESHABILLERS de toile de coton,			

TOTAL

ARTICLE	liv.	f.	d.
Deshabillers d'indienne,			
FOURREAUX de toile de coton,			
Fourreaux de linon,			
Fourreaux d'indienne,			
GARNITURES de lit,			
Gillets de basin,			
Gillets de toile de coton,			
JACTONS,			
Jupons de toile de coton garnis,			
Jupons de basin garnis,			
Jupons de futaine,			
Jupons de moleton,			
LANGES piqués,			
Lange de futaine,			
Lange de laine,			
Linge de toilette,			
MANTELETS de mousseline,			
Manchettes de garçon,			
Matelots de toile,			
Matelots de Nankin,			
Mouchoirs de toile,			
Mouchoirs de batiste,			
PAIRES de bas de coton,			
paires de bas de fil,			
paires de bas petits,			
paires de bas de laine,			
paires de poches,			
Peignoirs,			
Pierrots & Jupon de linon,			
Pierrots & Jupon de mousseline,			
Pieces d'estomac,			
ROBES & Jupons de toile de coton,			
Robes & Jupons de mousseline,			
Robes & Jupons d'indienne,			
Robe de chambre,			
TETIERES,			
Tours de bonnet,			
Tours de chaises,			
VESTES de basin,			
Vestes de toile de coton,			
Vestes de nankin,			
Vestes de drap de coton.			

TOTAL

ARTICLE

Linge d'Office.

CHAUSSES à paſſer,
ESSUIE-MAINS,
NAPES damaſſées,
Napes à linteaux,
Napes à grains d'orge,
Napes ouvrées,
Napes d'office,
Napes petites,
Napes de veniſe,
Napes de cuiſine,
PAQUETS de Torchons,
SERVIETTES d'amaſſées,
Serviettes à linteaux,
Serviettes à grains d'orge,
Serviettes ouvrées,
Serviettes de Veniſe,
TABLIERS d'office,
Tabliers de cuiſine,
Torchons,

Linge de la Femme de Chambre.

BANDEAUX,
Bonnets ronds,
Bonnets piqués,
CAMISOLES de toile de coton,
Camiſoles d'indienne,
Chemiſes,
Corſet de toile,
Corſet de baſin,
DESHABILLÉ complet de toile de coton,
Deshabillé complet d'indienne,
FICHUS de mouſſeline,
Fichus de linon,
JUPONS piqués,
Jupons houetrés,
Jupons de toile de coton,
LINGE de toilette,
MOUCHOIRS blancs,
Mouchoirs de couleur,
PAIRES de poches,
paires de bas de coton,
paires de bas de fil,

ARTICLE

ROBE & Jupon d'indienne,
Robe & Jupons de toile de coton,
Robe & Jupon de mouſſeline,
SERRE-TÊTES.

Linge de la Cuiſiniere.

BONNETS ronds,
Bonnets piqués,
CAMISOLES d'indienne,
Camiſoles de toile de coton,
Chemiſes,
DESHABILLÉ compl. de toile de cot.
Deshabiller complet d'indienne,
FICHUS de mouſſeline,
Fichus de linon,
JUPONS piqués,
Jupons de toile de coton,
Jupons d'indienne,
LINGE de toilette,
MOUCHOIRS blancs,
Mouchoirs de couleur,
PAIRES de poches,
paires de bas de laine,
paires de bas de coton,
paires de bas de fil,
ROBE & Jupon d'indienne,
Robe & Jupon de toile de coton,
SERRE-TÊTE,

Linge du Domeſtique.

BONNETS de coton,
Bonnets de laine,
CALÇONS,
Chemiſes,
Cols,
Cravattes,
Culottes blanches,
Culotte de Nankin,
MOUCHOIRS,
PAIRES de bas de coton,
paires de bas de fil,
paires de bas de laine,
paires de bas de filoſelle,
paires de chauſſons,
VESTES blanches,
Veſtes de Nankin,

	liv.	ſ.	d.

TOTAL

	liv.	ſ.

TOTAL

donné à blanchir

SÇAVOIR à Monſieur.

ARTICLE	liv.	ſ.	d.	ARTICLE	liv.	ſ.	d.
Bandeaux,				Mouchoirs des indes,			
Bonnets de coton,				Mouchoirs de toile blanche,			
Bonnets de laine,				Mouchoirs de batiſte,			
Bretelles.				Mouchoirs de couleurs,			
Calçons de toile,				Napés,			
Calçons de futaine,				Paires de draps de maître,			
Camiſoles de toile,				paires de draps de domeſtique,			
Camiſoles de futaine,				paires de bas de fil,			
Camiſoles d'indienne,				paires de bas de coton,			
Chauſſettes,				paires de bas de laine,			
Chemiſes de jour, garnies,				paires de bas de filoſele,			
Chemiſes de nuit,				paires de chauſſons de toile,			
Coîffes de Bonnets,				paires de chauſſons de tricot,			
Cols de mouſſeline,				Pantalon de moleton,			
Cols de baſin,				Pantalon de toile,			
Cravattes de mouſſeline,				Pantalon de tricot,			
Cravattes de batiſte,				Peignoirs,			
Culottes de baſin,				Pieces d'eſtomac,			
Culottes de toile de coton,							
Culottes de draps de coton,				Robe-de-chambre d'indienne,			
Culottes de Nankin,				Robe-de-chambre piquée,			
Essuie-mains,				Sacs à pelottes,			
Frottoirs,				Serre-têtes,			
				Serviettes de toilette,			
Gants de fil,				Suſpenſoirs,			
Gillets de baſin,							
Gillets de flanelle,				Tablier du matin,			
Guêtres de toile,				Tayes d'oreillers,			
Gillets de futaine,							
Gillets de toile de coton,				Vestes de baſin,			
				Veſtes de drap de coton			
Linge à barbe,				Veſtes de Mouſſeline,			
				Veſtes de Nankin,			
Manchettes de mouſſeline,				Veſtes piquées,			
Manchettes de batiſte,				Veſtes de toile de coton.			
Manchettes effilées,							
Manchettes de bottes,							
TOTAL				**TOTAL**			

SÇAVOIR, à Madame

ARTICLE	liv.	f.	d.	ARTICLE	liv.	f.	d.
BANDES à faigner,				Fichus de batifte,			
Bandeaux,				Fichus doubles,			
Baftiennes,				Fichus de linon,			
Bloufes,				Fichus frifés,			
Bonnets piqués,				Fraifettes de mouffeline,			
Bonnets ronds de mouffeline,				Frottoirs de futaine,			
Bonnets ronds de linon,				Frottoirs de flannelle,			
Bonnets ronds de dentelle				GARNITURES de lit de toile,			
CAMISOLES de mouffeline garnies,				Gaule de mouffeline,			
Camifoles de toile de coton garnies,				Gaule d'indienne,			
Camifoles piquées garnies,				HOUPELANDE,			
Camifoles houettées garnies,				JUPONS piqués, blancs, garnis,			
Chemifes de jour,				Jupons de moleton,			
Chemifes de nuit,				Jupons de futaine,			
Chemifes de batifte,				Jupons de bafin garnis,			
Chemifes de bain,				Jupons de granat,			
Chemifes-robes de mouffeline,				Jupons houettés, garnis,			
Chemifes-robe d'indienne,				Jupons de linon,			
Chemife-robe, de linon,				Jupons de moufseline,			
Coiffes de mouffeline,				LINGE de toilette,			
Collerette,				Linge de Garde-robe,			
Corfet de toile de coton garnis,				Linges de baignoir,			
Corfets de bafin garnis,				MANTELETS de moufseline,			
Corfets de toile fine garnis,				Mouchoirs de toile blanche,			
Courtes-pointes,				Mouchoirs de batifte,			
Couverture de coton,				Mouchoirs des indes,			
Couvre-pieds piqués garnis,				PAIRES de poches de bafin, garnies,			
Couvre-pieds de mouffeline,				Paires de poches de toile, garnies,			
Couvre-meuble,				paire de bas de coton,			
DRAPS de maîtres,				Peignoirs de toile,			
Draps fans couture,				Peignoirs de Moufseline,			
Draps de domeftique,				Pieces d'eftomac,			
Deshabillers garnis,				Pierrot & Jupon de linon,			
ESSUIE-MAINS				RIDEAUX de moufseline, grands,			
FOURREAUX de toile de coton,				Rideaux de toile de coton, grands,			
Fourreaux de mouffeline,				Rideaux de moufseline, petits,			
Fourreaux d'indienne,				Rideaux de linon, petits,			
Fourreaux de linon,				Robe & Jupon de toile de coton,			
Fichus de mouffeline,							
TOTAL				TOTAL			

ARTICLE	liv.	f.	d.

Robe & Jupon de mousseline,
Robe & Jupon de linon,
Robe & Jupon d'indienne,
Rodingotte d'indienne,
SACS à pelottes,
Serre-têtes,
Serviettes de toilette,
Serviettes de garderobe,
TABLIERS de Femme-de-chambre,
Tabliers de coëffeur,
Tayes d'oreillers garnies,
Toilette garnie de mousseline,
Tours de chaise,
Tour de bassin,

Linge des Enfans.

BANDEAUX,
Bandes,
Bavoirs,
Beguin,
Brassieres de futaine,
Brassieres de flanelle,
CALÇONS,
Camisoles de mousseline,
Camisoles de toile de coton,
Camisoles d'indienne,
Camisoles de futaine,
Chauffettes,
Chauffons,
Chemises de jour, de garçon,
Chemises de nuit, de garçon,
Chemises de jour, de demoiselle
Chemises de nuit, de demoiselle,
Chemises petites,
Chemises-robes de mousseline,
Chemises-robe d'indienne,
Collerettes de mousseline,
Cols de mousseline,
Couches,
Couvres-pieds garnis,
Culottes de draps de coton,
Culottes de bafin,
Culottes de toile de coton,
DESHABILLERS de toile de coton,

TOTAL

ARTICLE	liv.	f.	d.

Deshabillers d'indienne,
FOURREAUX de toile de coton,
Fourreaux de linon,
Fourreaux d'indienne,
GARNITURES de lit,
Gillets de bafin,
Gillets de toile de coton,
JACTONS,
Jupons de toile de coton garnis,
Jupons de bafin garnis,
Jupons de futaine,
Jupons de moletôn,

LANGES piqués,
Lange de futaine,
Lange de laine,
Linge de toilette,
MANTELETS de mousseline,
Manchettes de garçon,
Matelots de toile,
Matelots de Nankin,
Mouchoirs de toile,
Mouchoirs de batifte,

PAIRES de bas de coton,
paires de bas de fil,
paires de bas petits,
paires de bas de laine,
paires de poches,
Peignoirs,
Pierrots & Jupon de linon,
Pierrots & Jupon de mousseline,
Pieces d'eftomac,
ROBES & Jupons de toile de coton,
Robes & Jupons de mousseline,
Robes & Jupons d'indienne,
Robe de chambre,
TETIERES,
Tours de bonnet,
Tours de chaises,
VESTES de bafin,
Veftes de toile de coton,
Veftes de nankin,
Veftes de drap de coton.

TOTAL

Article	liv.	s.	d.
Linge d'Office.			
CHAUSSES à paſſer,			
ESSUIE-MAINS,			
NAPES damaſſées,			
Napes à linteaux,			
Napes à grains d'orge,			
Napes ouvrées,			
Napes d'office,			
Napes petites,			
Napes de veniſe,			
Napes de cuiſine,			
PAQUETS de Torchons,			
SERVIETTES d'amaſſées,			
Serviettes à linteaux,			
Serviettes à grains d'orge,			
Serviettes ouvrées,			
Serviettes de Veniſe,			
TABLIERS d'office,			
Tabliers de cuiſine,			
Torchons,			
Linge de la Femme de Chambre.			
BANDEAUX,			
Bonnets ronds,			
Bonnets piqués,			
CAMISOLES de toile de coton,			
Camiſoles d'indienne,			
Chemiſes,			
Corſet de toile,			
Corſet de baſin,			
DESHABILLÉ complet de toile de coton,			
Deshabillé complet d'indienne,			
FICHUS de mouſſeline,			
Fichus de linon,			
JUPONS piqués,			
Jupons houetrés,			
Jupons de toile de coton,			
LINGE de toilette,			
MOUCHOIRS blancs,			
Mouchoirs de couleur,			
PAIRES de poches,			
paires de bas de coton,			
paires de bas de fil,			
TOTAL			

Article	liv.	s.	d.
ROBE & Jupon d'indienne,			
Robe & Jupons de toile de coton,			
Robe & Jupon de mouſſeline,			
SERRE-TÊTES.			
Linge de la Cuiſiniere.			
BONNETS ronds,			
Bonnets piqués,			
CAMISOLES d'indienne,			
Camiſoles de toile de coton,			
Chemiſes,			
DESHABILLÉ compl. de toile de cot.			
Deshabiller complet d'indienne,			
FICHUS de mouſſeline,			
Fichus de linon,			
JUPONS piqués,			
Jupons de toile de coton,			
Jupons d'indienne,			
LINGE de toilette,			
MOUCHOIRS blancs,			
Mouchoirs de couleur,			
PAIRES de poches,			
paires de bas de laine,			
paires de bas de coton,			
paires de bas de fil,			
ROBE & Jupon d'indienne,			
Robe & Jupon de toile de coton,			
SERRE-TETE,			
Linge du Domeſtique.			
BONNETS de coton,			
Bonnets de laine,			
CALÇONS,			
Chemiſes,			
Cols,			
Cravattes,			
Culottes blanches,			
Culotte de Nankin,			
MOUCHOIRS,			
PAIRES de bas de coton,			
paires de bas de fil,			
paires de bas de laine,			
paires de bas de filoſelle,			
paires de chauſſons,			
VESTES blanches,			
Veſtes de Nankin,			
TOTAL			

donné à blanchir

S Ç A V O I R à Monſieur.

ARTICLE	liv.	f.	d.	ARTICLE	liv.	f.	d.
BANDEAUX,				Mouchoirs des indes,			
Bonnets de coton,				Mouchoirs de toile blanche,			
Bonnets de laine,				Mouchoirs de batiſte,			
Bretelles.				Mouchoirs de couleurs,			
CALÇONS de toile,				NAPES,			
Calçons de futaine,				PAIRES de draps de maître,			
Camiſoles de toile,				paires de draps de domeſtique,			
Camiſoles de futaine,				paires de bas de fil,			
Camiſoles d'indienne,				paires de bas de coton,			
Chauſſettes,				paires de bas de laine,			
Chemiſes de jour, garnies,				paires de bas de filoſele,			
Chemiſes de nuit,				paires de chauſſons de toile,			
Coïffes de Bonnets,				paires de chauſſons de tricot,			
Cols de mouſſeline,				Pantalon de moleton,			
Cols de baſin,				Pantalon de toile,			
Cravattes de mouſſeline,				Pantalon de tricot,			
Cravattes de batiſte,				Peignoirs,			
Culottes de baſin,				Piéces d'eſtomac,			
Culottes de toile de coton,				ROBE-de-chambre d'indienne,			
Culottes de draps de coton,				Robe-de-chambre piquée,			
Culottes de Nankin,				SACS à pelottes,			
ESSUIE-MAINS,				Serre-têtes,			
FROTTOIRS				Serviettes de toilette,			
GANTS de fil,				Suſpenſoirs,			
Gillets de baſin,				TABLIER du matin,			
Gillets de flanelle,				Tayes d'oreillers,			
Guêtres de toile,				VESTES de baſin,			
Gillets de futaine,				Veſtes de drap de coton,			
Gillets de toile de coton,				Veſtes de Mouſſeline,			
LINGE à barbe,				Veſtes de Nankin,			
MANCHETTES de mouſſeline,				Veſtes piquées,			
Manchettes de batiſte,				Veſtes de toile de coton,			
Manchettes effilées,							
Manchettes de bottes,							
TOTAL				TOTAL			

SÇAVOIR, à Madame

ARTICLE	liv.	f.	d.
Bandes à faigner,			
Bandeaux,			
Baftiennes,			
Bloufes,			
Bonnets piqués,			
Bonnets ronds de mouffeline,			
Bonnets ronds de linon,			
Bonnets ronds de dentelle			
Camisoles de mouffeline garnies,			
Camifoles de toile de coton garnies,			
Camifoles piquées garnies,			
Camifoles houettées garnies,			
Chemifes de jour,			
Chemifes de nuit,			
Chemifes de batifte,			
Chemifes de bain,			
Chemifes-robes de mouffeline,			
Chemifes-robe d'indienne,			
Chemife-robe, de linon,			
Coiffes de mouffeline,			
Colletette,			
Corfet de toile de coton garnis,			
Corfets de bafin garnis,			
Corfets de toile fine garnis,			
Courtes-pointes,			
Couverture de coton,			
Couvre-pieds piqués garnis,			
Couvre-pieds de mouffeline,			
Couvre-meuble,			
Draps de maîtres,			
Draps fans couture,			
Draps de domeftique,			
Deshabillers garnis,			
Essuie-mains			
Fourreaux de toile de coton,			
Fourreaux de mouffeline,			
Fourreaux d'indienne,			
Fourreaux de linon,			
Fichus de mouffeline,			
Total			

ARTICLE	liv.	f.	d.
Fichus de batifte,			
Fichus doubles,			
Fichus de linon,			
Fichus frifés,			
Fraifettes de mouffeline,			
Frottoirs de futaine,			
Frottoirs de flannelle,			
Garnitures de lit de toile,			
Gaule de mouffeline,			
Gaule d'indienne,			
Houpelande,			
Jupons piqués, blancs, garnis,			
Jupons de moleton,			
Jupons de futaine,			
Jupons de bafin garnis,			
Jupons de granat,			
Jupons houettés, garnis,			
Jupons de linon,			
Jupons de mouffeline,			
Linge de toilette,			
Linge de Garde-robe,			
Linges de baignoir,			
Mantelets de mouffeline,			
Mouchoirs de toile blanche,			
Mouchoirs de batifte,			
Mouchoirs des indes,			
Paires de poches de bafin, garnies,			
Paires de poches de toile, garnies,			
paire de bas de coton,			
Peignoirs de toile,			
Peignoirs de Mouffeline,			
Pieces à eftomac,			
Pierrot & Jupon de linon,			
Rideaux de mouffeline, grands,			
Rideaux de toile de coton, grands,			
Rideaux de mouffeline, petits,			
Rideaux de linon, petits,			
Robe & Jupon de toile de coton,			
Total			

ARTICLE	liv.	s.	d.
Robe & Jupon de mousseline,			
Robe & Jupon de linon,			
Robe & Jupon d'indienne,			
Rodingotte d'indienne,			
SACS à pelottes,			
Serre-têtes,			
Serviettes de toilette,			
Serviettes de garderobe,			
TABLIERS de Femme-de-chambre,			
Tabliers de coëffeur,			
Tayes d'oreillers garnies,			
Toilette garnie de mousseline,			
Tours de chaise,			
Tour de bassin,			

Linge des Enfans.

ARTICLE	liv.	s.	d.
BANDEAUX,			
Bandes,			
Bavoirs;			
Beguin,			
Brassieres de futaine,			
Brassieres de flanelle,			
CALÇONS,			
Camisoles de mousseline,			
Camisoles de toile de coton,			
Camisoles d'indienne,			
Camisoles de futaine,			
Chaussettes,			
Chaussons,			
Chemises de jour, de garçon,			
Chemises de nuit, de garçon,			
Chemises de jour, de demoiselle			
Chemises de nuit, de demoiselle,			
Chemises petites,			
Chemises-robes de mousseline,			
Chemises-robe d'indienne,			
Collerettes de mousseline,			
Cols de mousseline,			
Couches,			
Couvres-pieds garnis,			
Culottes de draps de coton,			
Culottes de basin,			
Culottes de toile de coton,			
DESHABILLERS de toile de coton,			
TOTAL			

ARTICLE	liv.	s.	d.
Deshabillers d'indienne,			
FOURREAUX de toile de coton,			
Fourreaux de linon,			
Fourreaux d'indienne,			
GARNITURES de lit,			
Gillets de basin,			
Gillets de toile de coton,			
JACTONS,			
Jupons de toile de coton garnis,			
Jupons de basin garnis,			
Jupons de futaine,			
Jupons de moleton,			
LANGES piqués,			
Lange de futaine,			
Lange de laine,			
Linge de toilette,			
MANTELETS de mousseline,			
Manchettes de garçon,			
Matelots de toile,			
Matelots de Nankin,			
Mouchoirs de toile,			
Mouchoirs de batiste,			
PAIRES de bas de coton,			
paires de bas de fil,			
paires de bas petits,			
paires de bas de laine,			
paires de poches,			
Peignoirs,			
Pierrots & Jupon de linon,			
Pierrots & Jupon de mousseline,			
Pieces d'estomac,			
ROBES & Jupons de toile de coton,			
Robes & Jupons de mousseline,			
Robes & Jupons d'indienne,			
Robe de chambre,			
TETIERES,			
Tours de bonnet,			
Tours de chaises,			
VESTES de basin,			
Vestes de toile de coton,			
Vestes de nankin,			
Vestes de drap de coton.			
TOTAL			

	liv.	ſ.	d.
Linge d'Office.			
CHAUSSES à paſſer,			
ESSUIE-MAINS,			
NAPES damaſſées,			
Napes à linteaux,			
Napes à grains d'orge,			
Napes ouvrées,			
Napes d'office,			
Napes petites,			
Napes de veniſe,			
Napes de cuiſine,			
PAQUETS de Torchons,			
SERVIETTES d'amaſſées,			
Serviettes à linteaux,			
Serviettes à grains d'orge,			
Serviettes ouvrées,			
Serviettes de Veniſe,			
TABLIERS d'office,			
Tabliers de cuiſine,			
Torchons,			
Linge de la Femme de Chambre.			
BANDEAUX,			
Bonnets ronds,			
Bonnets piqués,			
CAMISOLES de toile de coton,			
Camiſoles d'indienne,			
Chemiſes,			
Corſet de toile,			
Corſet de baſin,			
DESHABILLÉ complet de toile de coton,			
Deshabillé complet d'indienne,			
FICHUS de mouſſeline,			
Fichus de linon,			
JUPONS piqués,			
Jupons houctrés,			
Jupons de toile de coton,			
LINGE de toilette,			
MOUCHOIRS blancs,			
Mouchoirs de couleur,			
PAIRES de poches,			
paires de bas de coton,			
paires de bas de fil,			
TOTAL			

	liv.	ſ.	
ROBE & Jupon d'indienne,			
Robe & Jupons de toile de coton,			
Robe & Jupon de mouſſeline,			
SERRE-TÊTES.			
Linge de la Cuiſiniere.			
BONNETS ronds,			
Bonnets piqués,			
CAMISOLES d'indienne,			
Camiſoles de toile de coton,			
Chemiſes,			
DESHABILLÉ compl. de toile de cot.			
Deshabiller complet d'indienne,			
FICHUS de mouſſeline,			
Fichus de linon,			
JUPONS piqués,			
Jupons de toile de coton,			
Jupons d'indienne,			
LINGE de toilette,			
MOUCHOIRS blancs,			
Mouchoirs de couleur,			
PAIRES de poches,			
paires de bas de laine,			
paires de bas de coton,			
paires de bas de fil,			
ROBE & Jupon d'indienne,			
Robe & Jupon de toile de coton,			
SERRE-TETE,			
Linge du Domeſtique.			
BONNETS de coton,			
Bonnets de laine,			
CALÇONS,			
Chemiſes,			
Cols,			
Cravattes,			
Culottes blanches,			
Culotte de Nankin,			
MOUCHOIRS,			
PAIRES de bas de coton,			
paires de bas de fil,			
paires de bas de laine,			
paires de bas de filoſelle,			
paires de chauſſons,			
VESTES blanches,			
Veſtes de Nankin,			
TOTAL			

le **DU MOIS** d   17$

donné à blanchir

SÇAVOIR à Monsieur.

Article	liv.	ſ.	d.
BANDEAUX,			
Bonnets de coton,			
Bonnets de laine,			
Bretelles.			
CALÇONS de toile,			
Calçons de futaine,			
Camifoles de toile,			
Camifoles de futaine,			
Camifoles d'indienne,			
Chauffettes,			
Chemifes de jour, garnies,			
Chemifes de nuit,			
Coîffes de Bonnets,			
Cols de mouffeline,			
Cols de bafin,			
Cravattes de mouffeline,			
Cravattes de batifte,			
Culottes de bafin,			
Culottes de toile de coton,			
Culottes de draps de coton,			
Culottes de Nankin,			
ESSUIE-MAINS,			
FROTTOIRS,			
GANTS de fil,			
Gillets de bafin,			
Gillets de flanelle,			
Guêtres de toile,			
Gillets de futaine,			
Gillets de toile de coton,			
LINGE à barbe,			
MANCHETTES de mouffeline,			
Manchettes de batifte,			
Manchettes effilées,			
Manchettes de bottes,			
TOTAL			

Article	liv.	ſ.	d.
Mouchoirs des indes,			
Mouchoirs de toile blanche,			
Mouchoirs de batifte,			
Mouchoirs de couleurs,			
NAPES,			
PAIRES de draps de maître,			
paires de draps de domeftique,			
paires de bas de fil,			
paires de bas de coton,			
paires de bas de laine,			
paires de bas de filofele,			
paires de chauffons de toile,			
paires de chauffons de tricot,			
Pantalon de moleton,			
Pantalon de toile,			
Pantalon de tricot,			
Peignoirs,			
Pieces d'eftomac,			
ROBE-de-chambre d'indienne,			
Robe-de-chambre piquée,			
SACS à pelottes,			
Serre-têtes,			
Serviettes de toilette,			
Sufpenfoirs,			
TABLIER du matin,			
Tayes d'oreillers,			
VESTES de bafin,			
Veftes de drap de coton			
Veftes de Mouffeline,			
Veftes de Nankin,			
Veftes piquées,			
Veftes de toile de coton,			
TOTAL			

SÇAVOIR, à Madame

ARTICLE	liv.	s.	d.
BANDES à saigner,			
Bandeaux,			
Baftiennes,			
ßloufes,			
Bonnets piqués,			
Bonnets ronds de mouffeline,			
Bonnets ronds de linon,			
Bonnets ronds de dentelle			
CAMISOLES de mouffeline garnies,			
Camifoles de toile de coton garnies,			
Camifoles piquées garnies,			
Camifoles houettées garnies,			
Chemifes de jour,			
Chemifes de nuit,			
Chemifes de batifte,			
Chemifes de bain,			
Chemifes-robes de mouffeline,			
Chemifes-robe d'indienne,			
Chemife-robe, de linon,			
Coîffes de mouffeline,			
Collerette,			
Corfet de toile de coton garnis,			
Corfets de bafin garnis,			
Corfets de toile fine garnis,			
Courtes-pointes,			
Couverture de coton,			
Couvre-pieds piqués garnis,			
Couvre-pieds de mouffeline,			
Couvre-meuble,			
DRAPS de maîtres,			
Draps fans couture,			
Draps de domeftique,			
Deshabillers garnis,			
ESSUIE-MAINS			
FOURREAUX de toile de coton,			
Fourreaux de mouffeline,			
Fourreaux d'indienne,			
Fourreaux de linon,			
Fichus de mouffeline,			
TOTAL			

ARTICLE	liv.	s.	d.
Fichus de batifte,			
Fichus doubles,			
Fichus de linon,			
Fichus frifés,			
Fraifettes de mouffeline,			
Frottoirs de futaine,			
Frottoirs de flannelle,			
GARNITURES de lit de toile,			
Gaule de mouffeline,			
Gaule d'indienne,			
HOUPELANDE,			
JUPONS piqués, blancs, garnis,			
Jupons de moleton,			
Jupons de futaine,			
Jupons de bafin garnis,			
Jupons de granat,			
Jupons houettés, garnis,			
Jupons de linon,			
Jupons de mouffeline,			
LINGE de toilette,			
Linge de Garde-robe,			
Linges de baignoir,			
MANTELETS de mouffeline,			
Mouchoirs de toile blanche,			
Mouchoirs de batifte,			
Mouchoirs des indes,			
PAIRES de poches de bafin, garnies,			
Paires de poches de toile, garnies,			
paire de bas de coton,			
Peignoirs de toile,			
Peignoirs de Mouffeline,			
Pieces d'eftomac,			
Pierrot & Jupon de linon,			
RIDEAUX de mouffeline, grands,			
Rideaux de toile de coton, grands,			
Rideaux de mouffeline, petits,			
Rideaux de linon, petits,			
Robe & Jupon de toile de coton,			
TOTAL			

Article	liv.	f.	d.
Robe & Jupon de mousseline,			
Robe & Jupon de linon,			
Robe & Jupon d'indienne,			
Rodingotte d'indienne,			
Sacs à pelottes,			
Serre-têtes,			
Serviettes de toilette,			
Serviettes de garderobe,			
Tabliers de Fenime-de-chambre,			
Tabliers de coëffeur,			
Tayes d'oreillers garnies,			
Toilette garnie de mousseline,			
Tours de chaise,			
Tour de baffin,			
Linge des Enfans.			
Bandeaux,			
Bandes,			
Bavoirs;			
Beguin,			
Braffieres de futaine;			
Braffieres de flanelle,			
Calçons;			
Camifoles de mousseline,			
Camifoles de toile de coton,			
Camifoles d'indienne,			
Camifoles de futaine,			
Chauffettes,			
Chauffons,			
Chemifes de jour, de garçon,			
Chemifes de nuit, de garçon,			
Chemifes de jour, de demoifelle			
Chemifes de nuit, de demoifelle,			
Chemifes petites,			
Chemifes-robes de mousseline,			
Chemifes-robe d'indienne,			
Collerettes de mousseline,			
Cols de mousseline,			
Couches,			
Couvres-pieds garnis;			
Culottes de draps de coton;			
Culottes de bafin,			
Culottes de toile de coton,			
Deshabillers de toile de coton,			
Total			

Article	liv.	f.	d.
Deshabillers d'indienne,			
Fourreaux de toile de coton,			
Fourreaux de linon,			
Fourreaux d'indienne,			
Garnitures de lit;			
Gillets de bafin,			
Gillets de toile de coton;			
Jactons;			
Jupons de toile de coton garnis,			
Jupons de bafin garnis,			
Jupons de futaine,			
Jupons de moleton;			
Langes piqués,			
Lange de futaine,			
Lange de laine,			
Linge de toilette,			
Mantelets de mousseline,			
Manchettes de garçon,			
Matelots de toile,			
Matelots de Nankin,			
Mouchoirs de toile,			
Mouchoirs de batifte,			
Paires de bas de coton;			
paires de bas de fil,			
paires de bas petits;			
paires de bas de laine;			
paires de poches,			
Peignoirs,			
Pierrots & Jupon de linon,			
Pierrots & Jupon de mousseline;			
Pieces d'eftomac,			
Robes & Jupons de toile de coton,			
Robes & Jupons de mousseline;			
Robes & Jupons d'indienne,			
Robe de chambre,			
Tetieres,			
Tours de bonnet,			
Tours de chaifes,			
Veftes de bafin,			
Veftes de toile de coton,			
Veftes de nankin,			
Veftes de drap de coton.			
Total			

ARTICLE   liv.   f.   d.

Linge d'Office.

CHAUSSES à passer,
ESSUIE-MAINS,
NAPES damassées,
Napes à linteaux,
Napes à grains d'orge,
Napes ouvrées,
Napes d'office,
Napes petites,
Napes de venise,
Napes de cuisine,
PAQUETS de Torchons,
SERVIETTES d'amassées,
Serviettes à linteaux,
Serviettes à grains d'orge,
Serviettes ouvrées,
Serviettes de Venise.
TABLIERS d'office,
Tabliers de cuisine,
Torchons,

Linge de la Femme de Chambre.

BANDEAUX,
Bonnets ronds,
Bonnets piqués,
CAMISOLES de toile de coton,
Camisoles d'indienne,
Chemises,
Corset de toile,
Corset de basin,
DESHABILLÉ complet de toile de coton,
Deshabillé complet d'indienne,
FICHUS de mousseline,
Fichus de linon,
JUPONS piqués,
Jupons houctrés,
Jupons de toile de coton,
LINGE de toilette,
MOUCHOIRS blancs,
Mouchoirs de couleur,
PAIRES de poches,
paires de bas de coton,
paires de bas de fil,

TOTAL

ARTICLE   liv.   f.   d.

ROBE & Jupon d'indienne,
Robe & Jupons de toile de coton,
Robe & Jupon de mousseline,
SERRE-TÊTES.

Linge de la Cuisinière.

BONNETS ronds,
Bonnets piqués,
CAMISOLES d'indienne,
Camisoles de toile de coton,
Chemises,
DESHABILLÉ compl. de toile de cot.
Deshabiller complet d'indienne,
FICHUS de mousseline,
Fichus de linon,
JUPONS piqués,
Jupons de toile de coton,
Jupons d'indienne,
LINGE de toilette,
MOUCHOIRS blancs,
Mouchoirs de couleur,
PAIRES de poches,
paires de bas de laine,
paires de bas de coton,
paires de bas de fil,
ROBE & Jupon d'indienne,
Robe & Jupon de toile de coton,
SERRE-TÊTE,

Linge du Domestique.

BONNETS de coton,
Bonnets de laine,
CALÇONS,
Chemises,
Cols,
Cravattes,
Culottes blanches,
Culotte de Nankin,
MOUCHOIRS,
PAIRES de bas de coton,
paires de bas de fil,
paires de bas de laine,
paires de bas de filoselle,
paires de chaussons,
VESTES blanches,
Vestes de Nankin,

TOTAL

donné à blanchir

SÇAVOIR à Monfieur.

ARTICLE	liv.	f.	d.	ARTICLE	liv.	f.	d.
BANDEAUX,				Mouchoirs des indes,			
Bonnets de coton,				Mouchoirs de toile blanche,			
Bonnets de laine,				Mouchoirs de batifte,			
Bretelles.				Mouchoirs de couleurs,			
CALÇONS de toile,				NAPES,			
Calçons de futaine,				PAIRES de draps de maître,			
Camifoles de toile,				paires de draps de domeftique,			
Camifoles de futaine,				paires de bas de fil,			
Camifoles d'indienne,				paires de bas de coton,			
Chauffettes,				paires de bas de laine,			
Chemifes de jour, garnies,				paires de bas de filofele,			
Chemifes de nuit,				paires de chauffons de toile,			
Coîffes de Bonnets,				paires de chauffons de tricot,			
Cols de mouffeline,				Pantalon de moleton,			
Cols de bafin,				Pantalon de toile,			
Cravattes de mouffeline,				Pantalon de tricot,			
Cravattes de batifte,				Peignoirs,			
Culottes de bafin,				Pieces d'eftomac,			
Culottes de toile de coton,				ROBE-de-chambre d'indienne,			
Culottes de draps de coton,				Robe-de-chambre piquée,			
Culottes de Nankin,				SACS à pelottes,			
ESSUIE-MAINS,				Serre-têtes,			
FROTTOIRS				Serviettes de toilette,			
GANTS de fil,				Sufpenfoirs,			
Gillets de bafin,				TABLIER du matin,			
Gillets de flanelle,				Tayes d'oreillers,			
Guêtres de toile,				VESTES de bafin,			
Gillets de futaine,				Veftes de drap de coton			
Gillets de toile de coton,				Veftes de Mouffeline,			
LINGE à barbe,				Veftes de Nankin,			
MANCHETTES de mouffeline,				Veftes piquées,			
Manchettes de batifte,				Veftes de toile de coton,			
Manchettes effilées,							
Manchettes de bottes,							
TOTAL				TOTAL			

SÇAVOIR, à Madame

ARTICLE	liv.	ſ.	d.
BANDES à ſaigner,			
Bandeaux,			
Baſtiennes,			
Blouſes,			
Bonnets piqués,			
Bonnets ronds de mouſſeline,			
Bonnets ronds de linon,			
Bonnets ronds de dentelle			
CAMISOLES de mouſſeline garnies,			
Camiſoles de toile de coton garnies,			
Camiſoles piquées garnies,			
Camiſoles houettées garnies,			
Chemiſes de jour,			
Chemiſes de nuit,			
Chemiſes de batiſte,			
Chemiſes de bain,			
Chemiſes-robes de mouſſeline,			
Chemiſes-robe d'indienne,			
Chemiſe-robe, de linon,			
Coïffes de mouſſeline,			
Collerette,			
Corſet de toile de coton garnis,			
Corſets de baſin garnis,			
Corſets de toile fine garnis,			
Courtes-pointes,			
Couverture de coton,			
Couvre-pieds piqués garnis,			
Couvre-pieds de mouſſeline,			
Couvre-meuble,			
DRAPS de maîtres,			
Draps ſans couture,			
Draps de domeſtique,			
Deshabillers garnis,			
ESSUIE-MAINS			
FOURREAUX de toile de coton,			
Fourreaux de mouſſeline,			
Fourreaux d'indienne,			
Fourreaux de linon,			
Fichus de mouſſeline,			
TOTAL			

ARTICLE	liv.	ſ.	d.
Fichus de batiſte,			
Fichus doubles,			
Fichus de linon,			
Fichus friſés,			
Fraiſettes de mouſſeline,			
Frottoirs de futaine,			
Frottoirs de flannelle,			
GARNITURES de lit de toile,			
Gaule de mouſſeline,			
Gaule d'indienne,			
HOUPELANDE,			
JUPONS piqués, blancs, garnis,			
Jupons de moleton,			
Jupons de futaine,			
Jupons de baſin garnis,			
Jupons de granat,			
Jupons houettés, garnis,			
Jupons de linon,			
Jupons de mouſſeline,			
LINGE de toilette,			
Linge de Garde-robe,			
Linges de baignoir,			
MANTELETS de mouſſeline,			
Mouchoirs de toile blanche,			
Mouchoirs de batiſte,			
Mouchoirs des indes,			
PAIRES de poches de baſin, garnies,			
Paires de poches de toile, garnies,			
paire de bas de coton,			
Peignoirs de toile,			
Peignoirs de Mouſſeline,			
Pieces d'eſtomac,			
Pierrot & Jupon de linon,			
RIDEAUX de mouſſeline, grands,			
Rideaux de toile de coton, grands,			
Rideaux de mouſſeline, petits,			
Rideaux de linon, petits,			
Robe & Jupon de toile de coton,			
TOTAL			

ARTICLE	liv.	f.	d.
Robe & Jupon de mousseline,			
Robe & Jupon de linon,			
Robe & Jupon d'indienne,			
Rodingotte d'indienne,			
SACS à pelottes,			
Serre-têtes,			
Serviettes de toilette,			
Serviettes de garderobe,			
TABLIERS de Femme-de-chambre,			
Tabliers de coëffeur,			
Tayes d'oreillers garnies,			
Toilette garnie de mousseline,			
Tours de chaise,			
Tour de bassin,			

Linge des Enfans.

ARTICLE	liv.	f.	d.
BANDEAUX,			
Bandes,			
Bavoirs,			
Beguin,			
Brassieres de futaine,			
Brassieres de flanelle,			
CALÇONS,			
Camisoles de mousseline,			
Camisoles de toile de coton,			
Camisoles d'indienne,			
Camisoles de futaine,			
Chauffettes,			
Chaussons,			
Chemises de jour, de garçon,			
Chemises de nuit, de garçon,			
Chemises de jour, de demoiselle			
Chemises de nuit, de demoiselle,			
Chemises petites,			
Chemises-robes de mousseline,			
Chemises-robe d'indienne,			
Collerettes de mousseline,			
Cols de mousseline,			
Couches,			
Couvres-pieds garnis,			
Culottes de draps de coton,			
Culottes de bassin,			
Culottes de toile de coton,			
DESHABILLERS de toile de coton,			
TOTAL			

ARTICLE	liv.	f.	d.
Deshabillers d'indienne,			
FOURREAUX de toile de coton,			
Fourreaux de linon,			
Fourreaux d'indienne,			
GARNITURES de lit,			
Gillets de bassin,			
Gillets de toile de coton,			
JACTONS,			
Jupons de toile de coton garnis,			
Jupons de bassin garnis,			
Jupons de futaine,			
Jupons de moleton,			
LANGES piqués,			
Lange de futaine,			
Lange de laine,			
Linge de toilette,			
MANTELETS de mousseline,			
Manchettes de garçon,			
Matelots de toile,			
Matelots de Nankin,			
Mouchoirs de toile,			
Mouchoirs de batiste,			
PAIRES de bas de coton,			
paires de bas de fil,			
paires de bas petits,			
paires de bas de laine,			
paires de poches,			
Peignoirs,			
Pierrots & Jupon de linon,			
Pierrots & Jupon de mousseline,			
Pieces d'estomac,			
ROBES & Jupons de toile de coton,			
Robes & Jupons de mousseline,			
Robes & Jupons d'indienne,			
Robe de chambre,			
TETIERES,			
Tours de bonnet,			
Tours de chaises,			
VESTES de bassin,			
Vestes de toile de coton,			
Vestes de nankin,			
Vestes de drap de coton.			
TOTAL			

ARTICLE	liv.	f.	d.

Linge d'Office.

CHAUSSES à paſſer,
ESSUIE-MAINS,
NAPES damaſſées,
Napes à linteaux,
Napes à grains d'orge,
Napes ouvrées,
Napes d'office,
Napes petites,
Napes de veniſe,
Napes de cuiſine,
PAQUETS de Torchons,
SERVIETTES d'amaſſées,
Serviettes à linteaux,
Serviettes à grains d'orge,
Serviettes ouvrées,
Serviettes de Veniſe,
TABLIERS d'office,
Tabliers de cuiſine,
Torchons,

Linge de la Femme de Chambre.

BANDEAUX,
Bonnets ronds,
Bonnets piqués,
CAMISOLES de toile de coton,
Camiſoles d'indienne,
Chemiſes,
Corſet de toile,
Corſet de baſin,
DESHABILLÉ complet de toile de coton,
Deshabillé complet d'indienne,
FICHUS de mouſſeline,
Fichus de linon,
JUPONS piqués,
Jupons houetrés,
Jupons de toile de coton,
LINGE de toilette,
MOUCHOIRS blancs,
Mouchoirs de couleur,
PAIRES de poches,
paires de bas de coton,
paires de bas de fil,

TOTAL

ARTICLE	liv.	f.	d.

ROBE & Jupon d'indienne,
Robe & Jupons de toile de coton,
Robe & Jupon de mouſſeline,
SERRE-TÊTES.

Linge de la Cuiſiniere.

BONNETS ronds,
Bonnets piqués,
CAMISOLES d'indienne,
Camiſoles de toile de coton,
Chemiſes,
DESHABILLÉ compl. de toile de cot.
Deshabiller complet d'indienne,
FICHUS de mouſſeline,
Fichus de linon,
JUPONS piqués,
Jupons de toile de coton,
Jupons d'indienne,
LINGE de toilette,
MOUCHOIRS blancs,
Mouchoirs de couleur,
PAIRES de poches,
paires de bas de laine,
paires de bas de coton,
paires de bas de fil,
ROBE & Jupon d'indienne,
Robe & Jupon de toile de coton,
SERRE-TETE,

Linge du Domeſtique.

BONNETS de coton,
Bonnets de laine,
CALÇONS,
Chemiſes,
Cols,
Cravattes,
Culottes blanches,
Culotte de Nankin,
MOUCHOIRS,
PAIRES de bas de coton,
paires de bas de fil,
paires de bas de laine,
paires de bas de filoſelle,
paires de chauſſons,
VESTES blanches,
Veſtes de Nankin,

TOTAL

le   **DU MOIS** d

donné à blanchir

SÇAVOIR à Monſieur.

ARTICLE	liv.	f.	d.	ARTICLE	liv.	f.	d.
BANDEAUX,				Mouchoirs des indes,			
Bonnets de coton,				Mouchoirs de toile blanche,			
Bonnets de laine,				Mouchoirs de batiſte,			
Bretelles.				Mouchoirs de couleurs,			
CALÇONS de toile,				NAPES,			
Calçons de futaine,				PAIRES de draps de maître,			
Camiſoles de toile,				paires de draps de domeſtique,			
Camiſoles de futaine,				paires de bas de fil,			
Camiſoles d'indienne,				paires de bas de coton,			
Chauſſettes,				paires de bas de laine,			
Chemiſes de jour, garnies,				paires de bas de filoſele,			
Chemiſes de nuit,				paires de chauſſons de toile,			
Coïffes de Bonnets,				paires de chauſſons de tricot,			
Cols de mouſſeline,				Pantalon de moleton,			
Cols de baſin,				Pantalon de toile,			
Cravattes de mouſſeline,				Pantalon de tricot,			
Cravattes de batiſte,				Péignoirs,			
Culottes de baſin,				Pieces d'eſtomac,			
Culottes de toile de coton,				ROBE-de-chambre d'indienne,			
Culottes de draps de coton,				Robe-de-chambre piquée,			
Culottes de Nankin,				SACS à pelottes,			
ESSUIE-MAINS,				Serre-têtes,			
FROTTOIRS,				Serviettes de toilette,			
				Suſpenſoirs,			
GANTS de fil,							
Gillets de baſin,				TABLIER du matin,			
Gillets de flanelle,				Tayes d'oreillers,			
Guêtres de toile,							
Gillets de futaine,				VESTES de baſin,			
Gillets de toile de coton,				Veſtes de drap de coton			
				Veſtes de Mouſſeline,			
LINGE à barbe,				Veſtes de Nankin,			
				Veſtes piquées,			
MANCHETTES de mouſſeline,				Veſtes de toile de coton,			
Manchettes de batiſte,							
Manchettes effilées,							
Manchettes de bottes,							
TOTAL				**TOTAL**			

SÇAVOIR, à Madame

ARTICLE	liv.	ſ.	d.
BANDES à ſaigner,			
Bandeaux,			
Baſtiennes,			
Blouſes,			
Bonnets piqués,			
Bonnets ronds de mouſſeline,			
Bonnets ronds de linon,			
Bonnets ronds de dentelle			
CAMISOLES de mouſſeline garnies,			
Camiſoles de toile de coton garnies,			
Camiſoles piquées garnies,			
Camiſoles houettées garnies,			
Chemiſes de jour,			
Chemiſes de nuit,			
Chemiſes de batiſte,			
Chemiſes de bain,			
Chemiſes-robes de mouſſeline,			
Chemiſes-robe d'indienne,			
Chemiſe-robe, de linon,			
Coiffes de mouſſeline,			
Collerette,			
Corſet de toile de coton garnis,			
Corſets de baſin garnis,			
Corſets de toile fine garnis,			
Courtes-pointes,			
Couverture de coton,			
Couvre-pieds piqués garnis,			
Couvre-pieds de mouſſeline,			
Couvre-meuble,			
DRAPS de maîtres,			
Draps ſans couture,			
Draps de domeſtique,			
Deshabillers garnis,			
ESSUIE-MAINS			
FOURREAUX de toile de coton,			
Fourreaux de mouſſeline,			
Fourreaux d'indienne,			
Fourreaux de linon,			
Fichus de mouſſeline;			
TOTAL			

ARTICLE	liv.	ſ.	d.
Fichus de batiſte,			
Fichus doubles,			
Fichus de linon,			
Fichus friſés,			
Fraiſettes de mouſſeline,			
Frottoirs de futaine,			
Frottoirs de flannelle,			
GARNITURES de lit de toile,			
Gaule de mouſſeline,			
Gaule d'indienne,			
HOUPELANDE,			
JUPONS piqués, blancs, garnis,			
Jupons de moleton,			
Jupons de futaine,			
Jupons de baſin garnis,			
Jupons de granat,			
Jupons houettés, garnis,			
Jupons de linon,			
Jupons de mouſſeline,			
LINGE de toilette,			
Linge de Garde-robe,			
Linges de baignoir,			
MANTELETS de mouſſeline,			
Mouchoirs de toile blanche,			
Mouchoirs de batiſte,			
Mouchoirs des indes,			
PAIRES de poches de baſin, garnies,			
Paires de poches de toile, garnies,			
paire de bas de coton,			
Peignoirs de toile,			
Peignoirs de Mouſſeline,			
Pieces d'eſtomac,			
Pierrot & Jupon de linon,			
RIDEAUX de mouſſeline, grands,			
Rideaux de toile de coton, grands,			
Rideaux de mouſſeline, petits,			
Rideaux de linon, petits,			
Robe & Jupon de toile de coton,			
TOTAL			

ARTICLE	liv.	f.	d.
Robe & Jupon de mouffeline,			
Robe & Jupon de linon,			
Robe & Jupon d'indienne,			
Rodingotte d'indienne,			
SACS à pelottes,			
Serre-têtes,			
Serviettes de toilette,			
Serviettes de garderobe,			
TABLIERS de Femme-de-chambre,			
Tabliers de coëffeur,			
Tayes d'oreillers garnies,			
Toilette garnie de mouffeline,			
Tours de chaife,			
Tour de baffin,			
Linge des Enfans.			
BANDEAUX,			
Bandes,			
Bavoirs;			
Beguin,			
Braffieres de futaine;			
Braffieres de flanelle,			
CALÇONS,			
Camifoles de mouffeline,			
Camifoles de toile de coton;			
Camifoles d'indienne,			
Camifoles de futaine,			
Chauffettes,			
Chauffons,			
Chemifes de jour, de garçon,			
Chemifes de nuit, de garçon,			
Chemifes de jour, de demoifelle			
Chemifes de nuit, de demoifelle,			
Chemifes petites,			
Chemifes-robes de mouffeline;			
Chemifes-robe d'indienne,			
Collerettes de mouffeline,			
Cols de mouffeline,			
Couches,			
Couvres-pieds garnis;			
Culottes de draps de coton;			
Culottes de bafin,			
Culottes de toile de coton,			
DESHABILLERS de toile de coton,			
TOTAL			

ARTICLE	liv.	f.	d.
Deshabillers d'indienne;			
FOURREAUX de toile de coton,			
Fourreaux de linon,			
Fourreaux d'indienne,			
GARNITURES de lit,			
Gillets de bafin,			
Gillets de toile de coton;			
JACTONS,			
Jupons de toile de coton garnis,			
Jupons de bafin garnis,			
Jupons de futaine,			
Jupons de moleton;			
LANGES piqués;			
Lange de futaine,			
Lange de laine,			
Linge de toilette,			
MANTELETS de mouffeline,			
Manchettes de garçon,			
Matelots de toile,			
Matelots de Nankin,			
Mouchoirs de toile,			
Mouchoirs de batifte,			
PAIRES de bas de coton;			
paires de bas de fil,			
paires de bas petits,			
paires de bas de laine;			
paires de poches;			
Peignoirs,			
Pierrots & Jupon de linon,			
Pierrots & Jupon de mouffeline;			
Pieces d'eftomac,			
ROBES & Jupons de toile de coton,			
Robes & Jupons de mouffeline,			
Robes & Jupons d'indienne,			
Robe de chambre,			
TETIERES,			
Tours de bonnet;			
Tours de chaifes,			
VESTES de bafin,			
Veftes de toile de coton;			
Veftes de nankin,			
Veftes de drap de coton.			
TOTAL			

ARTICLE	liv.	ſ.	d.	ARTICLE	liv.	ſ.

Linge d'Office.

CHAUSSES à paſſer,
ESSUIE-MAINS,
NAPES damaſſées,
Napes à linteaux,
Napes à grains d'orge,
Napes ouvrées,
Napes d'office,
Napes petites,
Napes de veniſe,
Napes de cuiſine,
PAQUETS de Torchons,
SERVIETTES d'amaſſées,
Serviettes à linteaux,
Serviettes à grains d'orge,
Serviettes ouvrées,
Serviettes de Veniſe]
TABLIERS d'office,
Tabliers de cuiſine,
Torchons,

Linge de la Femme de Chambre.

BANDEAUX,
Bonnets ronds,
Bonnets piqués,
CAMISOLES de toile de coton,
Camiſoles d'indienne,
Chemiſes,
Corſet de toile,
Corſet de baſin,
DESHABILLÉ complet de toile de coton,
Deshabillé complet d'indienne,
FICHUS de mouſſeline,
Fichus de linon,
JUPONS piqués,
Jupons houettés,
Jupons de toile de coton,
LINGE de toilette,
MOUCHOIRS blancs,
Mouchoirs de couleur,
PAIRES de poches,
paires de bas de coton,
paires de bas de fil,

ROBE & Jupon d'indienne,
Robe & Jupons de toile de coton,
Robe & Jupon de mouſſeline,
SERRE-TÊTES.

Linge de la Cuiſiniere.

BONNETS ronds,
Bonnets piqués,
CAMISOLES d'indienne,
Camiſoles de toile de coton,
Chemiſes,
DESHABILLÉ compl. de toile de cot.
Deshabiller complet d'indienne,
FICHUS de mouſſeline,
Fichus de linon,
JUPONS piqués,
Jupons de toile de coton,
Jupons d'indienne,
LINGE de toilette,
MOUCHOIRS blancs,
Mouchoirs de couleur,
PAIRES de poches,
paires de bas de laine,
paires de bas de coton,
paires de bas de fil,
ROBE & Jupon d'indienne,
Robe & Jupon de toile de coton,
SERRE-TETE,

Linge du Domeſtique.

BONNETS de coton,
Bonnets de laine,
CALÇONS,
Chemiſes,
Cols,
Cravattes,
Culottes blanches,
Culotte de Nankin,
MOUCHOIRS,
PAIRES de bas de coton,
paires de bas de fil,
paires de bas de laine,
paires de bas de filoſelle,
paires de chauſſons,
VESTES blanches,
Veſtes de Nankin,

TOTAL   TOTAL

donné à blanchir

SÇAVOIR à Monſieur.

ARTICLE	liv.	f.	d.	ARTICLE	liv.	f.	d.
BANDEAUX,				Mouchoirs des indes,			
Bonnets de coton,				Mouchoirs de toile blanche,			
Bonnets de laine,				Mouchoirs de batiſte,			
Bretelles.				Mouchoirs de couleurs,			
CALÇONS de toile,				NAPES,			
Calçons de futaine,				PAIRES de draps de maître,			
Gamiſoles de toile,				paires de draps de domeſtique,			
Camiſoles de futaine,				paires de bas de fil,			
Camiſoles d'indienne,				paires de bas de coton,			
Chauffettes,				paires de bas de laine,			
Chemiſes de jour, garnies,				paires de bas de filoſele,			
Chemiſes de nuit,				paires de chauſſons de toile,			
Coîffes de Bonnets,				paires de chauſſons de tricot,			
Cols de mouſſeline,				Pantalon de moleton,			
Cols de baſin,				Pantalon de toile,			
Cravattes de mouſſeline,				Pantalon de tricot,			
Cravattes de batiſte,				Peignoirs,			
Culottes de baſin,				Pieces d'eſtomac,			
Culottes de toile de coton,				ROBE-de-chambre d'indienne,			
Culottes de draps de coton,				Robe-de-chambre piquée,			
Culottes de Nankin,				SACS à pelottes,			
ESSUIE-MAINS,				Serre-têtes,			
FROTTOIRS				Serviettes de toilette,			
GANTS de fil,				Suſpenſoirs,			
Gillets de baſin,				TABLIER du matin,			
Gillets de flanelle,				Tayes d'oreillers,			
Guêtres de toile,				VESTES de baſin,			
Gillets de futaine,				Veſtes de drap de coton,			
Gillets de toile de coton,				Veſtes de Mouſſeline,			
LINGE à barbe,				Veſtes de Nankin,			
MANCHETTES de mouſſeline,				Veſtes piquées,			
Manchettes de batiſte,				Veſtes de toile de coton,			
Manchettes effilées,							
Manchettes de bottes,							
TOTAL				TOTAL			

SÇAVOIR, à Madame

ARTICLE	liv.	f.	d.
BANDES à faigner,			
Bandeaux,			
Baftiennes,			
Bloufes,			
Bonnets piqués,			
Bonnets ronds de mouffeline,			
Bonnets ronds de linon,			
Bonnets ronds de dentelle			
CAMISOLES de moufseline garnies,			
Camifoles de toile de coton garnies,			
Camifoles piquées garnies,			
Camifoles houettées garnies,			
Chemifes de jour,			
Chemifes de nuit,			
Chemifes de batifte,			
Chemifes de bain,			
Chemifes-robes de moufseline,			
Chemifes-robe d'indienne,			
Chemife-robe, de linon,			
Coiffes de moufseline,			
Collerette,			
Corfet de toile de coton garnis,			
Corfets de bafin garnis,			
Corfets de toile fine garnis,			
Courtes-pointes,			
Couverture de coton,			
Couvre-pieds piqués garnis,			
Couvre-pieds de moufseline,			
Couvre-meuble,			
DRAPS de maîtres,			
Draps fans couture,			
Draps de domeftique,			
Deshabillers garnis,			
ESSUIE-MAINS			
FOURREAUX de toile de coton,			
Fourreaux de moufseline,			
Fourreaux d'indienne,			
Fourreaux de linon,			
Fichus de moufseline,			
TOTAL			

ARTICLE	liv.	f.	d.
Fichus de batifte,			
Fichus doubles,			
Fichus de linon,			
Fichus frifés,			
Fraifettes de moufseline,			
Frottoirs de futaine,			
Frottoirs de flannelle,			
GARNITURES de lit de toile,			
Gaule de moufseline,			
Gaule d'indienne,			
HOUPELANDE,			
JUPONS piqués, blancs, garnis,			
Jupons de moleton,			
Jupons de futaine,			
Jupons de bafin garnis,			
Jupons de granat,			
Jupons houettés, garnis,			
Jupons de linon,			
Jupons de moufseline,			
LINGE de toilette,			
Linge de Garde-robe,			
Linges de baignoir,			
MANTELETS de moufseline,			
Mouchoirs de toile blanche,			
Mouchoirs de batifte,			
Mouchoirs des indes,			
PAIRES de poches de bafin, garnies,			
Paires de poches de toile, garnies,			
paire de bas de coton,			
Peignoirs de toile,			
Peignoirs de Moufseline,			
Pieces d'eftomac,			
Pierrot & Jupon de linon,			
RIDEAUX de moufseline, grands,			
Rideaux de toile de coton, grands,			
Rideaux de moufseline, petits,			
Rideaux de linon, petits,			
Robe & Jupon de toile de coton,			
TOTAL			

Article	liv.	ſ.	d.
Robe & Jupon de mouſſeline,			
Robe & Jupon de linon,			
Robe & Jupon d'indienne,			
Rodingotte d'indienne,			
SACS à pelottes,			
Serre-têtes,			
Serviettes de toilette,			
Serviettes de garderobe,			
TABLIERS de Femme-de-chambre,			
Tabliers de coëffeur,			
Tayes d'oreillers garnies,			
Toilette garnie de mouſſeline,			
Tours de chaiſe,			
Tour de baſſin,			
Linge des Enfans.			
BANDEAUX,			
Bandes,			
Bavoirs;			
Beguin,			
Braſſieres de futaine,			
Braſſieres de flanelle,			
CALÇONS,			
Camiſoles de mouſſeline,			
Camiſoles de toile de coton,			
Camiſoles d'indienne,			
Camiſoles de futaine,			
Chauſſettes,			
Chauſſons,			
Chemiſes de jour, de garçon,			
Chemiſes de nuit, de garçon,			
Chemiſes de jour, de demoiſelle			
Chemiſes de nuit, de demoiſelle,			
Chemiſes petites,			
Chemiſes-robes de mouſſeline,			
Chemiſes-robe d'indienne,			
Collerettes de mouſſeline,			
Cols de mouſſeline,			
Couches,			
Couvres-pieds garnis,			
Culottes de draps de coton,			
Culottes de baſin,			
Culottes de toile de coton,			
DESHABILLERS de toile de coton,			
TOTAL			

Article	liv.	ſ.	d.
Deſhabillers d'indienne,			
FOURREAUX de toile de coton,			
Fourreaux de linon,			
Fourreaux d'indienne,			
GARNITURES de lit,			
Gillets de baſin,			
Gillets de toile de coton,			
JACTONS,			
Jupons de toile de coton garnis,			
Jupons de baſin garnis,			
Jupons de futaine,			
Jupons de moleton,			
LANGES piqués,			
Lange de futaine,			
Lange de laine,			
Linge de toilette,			
MANTELETS de mouſſeline,			
Manchettes de garçon,			
Matelots de toile,			
Matelots de Nankin,			
Mouchoirs de toile,			
Mouchoirs de batiſte,			
PAIRES de bas de coton,			
paires de bas de fil,			
paires de bas petits,			
paires de bas de laine,			
paires de poches,			
Peignoirs,			
Pierrots & Jupon de linon,			
Pierrots & Jupon de mouſſeline,			
Pieces d'eſtomac,			
ROBES & Jupons de toile de coton,			
Robes & Jupons de mouſſeline,			
Robes & Jupons d'indienne,			
Robe de chambre,			
TETIERES,			
Tours de bonnet,			
Tours de chaiſes,			
VESTES de baſin,			
Veſtes de toile de coton,			
Veſtes de nankin,			
Veſtes de drap de coton.			
TOTAL			

ARTICLE   liv. | f. | d.

Linge d'Office.

CHAUSSES à passer,

ESSUIE-MAINS,

NAPES damassées,

Napes à linteaux,

Napes à grains d'orge,

Napes ouvrées,

Napes d'office,

Napes petites,

Napes de venise,

Napes de cuisine,

PAQUETS de Torchons,

SERVIETTES d'amassées,

Serviettes à linteaux,

Serviettes à grains d'orge,

Serviettes ouvrées,

Serviettes de Venise,

TABLIERS d'office,

Tabliers de cuisine,

Torchons,

Linge de la Femme de Chambre.

BANDEAUX,

Bonnets ronds,

Bonnets piqués,

CAMISOLES de toile de coton,

Camisoles d'indienne,

Chemises,

Corset de toile,

Corset de basin,

DESHABILLÉ complet de toile de coton,

Deshabillé complet d'indienne,

FICHUS de mousseline,

Fichus de linon,

JUPONS piqués,

Jupons houettés,

Jupons de toile de coton,

LINGE de toilette,

MOUCHOIRS blancs,

Mouchoirs de couleur,

PAIRES de poches,

paires de bas de coton,

paires de bas de fil,

TOTAL

ARTICLE   liv. | f.

ROBE & Jupon d'indienne,

Robe & Jupons de toile de coton,

Robe & Jupon de mousseline,

SERRE-TÊTES.

Linge de la Cuisiniere.

BONNETS ronds,

Bonnets piqués,

CAMISOLES d'indienne,

Camisoles de toile de coton,

Chemises,

DESHABILLÉ compl. de toile de cot.

Deshabiller complet d'indienne,

FICHUS de mousseline,

Fichus de linon,

JUPONS piqués,

Jupons de toile de coton,

Jupons d'indienne,

LINGE de toilette,

MOUCHOIRS blancs,

Mouchoirs de couleur,

PAIRES de poches,

paires de bas de laine,

paires de bas de coton,

paires de bas de fil,

ROBE & Jupon d'indienne,

Robe & Jupon de toile de coton,

SERRE-TETE,

Linge du Domestique.

BONNETS de coton,

Bonnets de laine,

CALÇONS,

Chemises,

Cols,

Cravattes,

Culottes blanches,

Culotte de Nankin,

MOUCHOIRS,

PAIRES de bas de coton,

paires de bas de fil,

paires de bas de laine,

paires de bas de filoselle,

paires de chaussons,

VESTES blanches,

Vestes de Nankin,

TOTAL

le   **DU MOIS** d

donné à blanchir

SÇAVOIR à Monfieur.

ARTICLE	liv.	f.	d.	ARTICLE	liv.	f.	d.
BANDEAUX,				Mouchoirs des indes,			
Bonnets de coton,				Mouchoirs de toile blanche,			
Bonnets de laine,				Mouchoirs de batifte,			
Bretelles.				Mouchoirs de couleurs,			
CALÇONS de toile,				NAPES,			
Calçons de futaine,				PAIRES de draps de maître,			
Camifoles de toile,				paires de draps de doméftique,			
Camifoles de futaine,				paires de bas de fil,			
Camifoles d'indienne,				paires de bas de coton,			
Chauffettes,				paires de bas de laine,			
Chemifes de jour, garnies,				paires de bas de filofele,			
Chemifes de nuit,				paires de chauffons de toile,			
Coîffes de Bonnets,				paires de chauffons de tricot,			
Cols de mouffeline,				Pantalon de moleton,			
Cols de bafin,				Pantalon de toile,			
Cravattes de mouffeline,				Pantalon de tricot,			
Cravattes de batifte,				Peignoirs,			
Culottes de bafin,				Pieces d'eftomac,			
Culottes de toile de coton,				ROBE-de-chambre d'indienne,			
Culottes de draps de coton,				Robe-de-chambre piquée,			
Culottes de Nankin,				SACS à pelottes,			
ESSUIE-MAINS,				Serre-têtes,			
FROTTOIRS,				Serviettes de toilette,			
GANTS de fil,				Sufpenfoirs,			
Gillets de bafin,				TABLIER du matin,			
Gillets de flanelle,				Tayes d'oreillers,			
Guêtres de toile,				VESTES de bafin,			
Gillets de futaine,				Veftes de drap de coton			
Gillets de toile de coton,				Veftes de Mouffeline,			
LINGE à barbe,				Veftes de Nankin,			
MANCHETTES de mouffeline,				Veftes piquées,			
Manchettes de batifte,				Veftes de toile de coton,			
Manchettes effilées,							
Manchettes de bottes,							
TOTAL				**TOTAL**			

SÇAVOIR, à Madame

ARTICLE	liv.	s.	d.	ARTICLE	liv.	s.	d.
Bandes à saigner,				Fichus de batiste,			
Bandeaux,				Fichus doubles,			
Bastiennes,				Fichus de linon,			
Blouses,				Fichus frisés,			
Bonnets piqués,				Fraisettes de mousseline,			
Bonnets ronds de mousseline,				Frottoirs de futaine,			
Bonnets ronds de linon,				Frottoirs de flannelle,			
Bonnets ronds de dentelle				Garnitures de lit de toile,			
Camisoles de mousseline garnies,				Gaule de mousseline,			
Camisoles de toile de coton garnies,				Gaule d'indienne,			
Camisoles piquées garnies,				Houpelande,			
Camisoles houettées garnies,				Jupons piqués, blancs, garnis,			
Chemises de jour,				Jupons de moleton,			
Chemises de nuit,				Jupons de futaine,			
Chemises de batiste,				Jupons de basin garnis,			
Chemises de bain,				Jupons de granat,			
Chemises-robes de mousseline,				Jupons houettés, garnis,			
Chemises-robe d'indienne,				Jupons de linon,			
Chemise-robe, de linon,				Jupons de mousseline,			
Coiffes de mousseline,				Linge de toilette,			
Collerette,				Linge de Garde-robe,			
Corset de toile de coton garnis,				Linges de baignoir,			
Corsets de basin garnis,				Mantelets de mousseline,			
Corsets de toile fine garnis,				Mouchoirs de toile blanche,			
Courtes-pointes,				Mouchoirs de batiste,			
Couverture de coton,				Mouchoirs des indes,			
Couvre-pieds piqués garnis,				Paires de poches de basin, garnies,			
Couvre-pieds de mousseline,				Paires de poches de toile, garnies,			
Couvre-meuble,				paire de bas de coton,			
Draps de maîtres,				Peignoirs de toile,			
Draps sans couture,				Peignoirs de Mousseline,			
Draps de domestique,				Pieces d'estomac,			
Deshabillers garnis,				Pierrot & Jupon de linon,			
Essuie-mains				Rideaux de mousseline, grands,			
Fourreaux de toile de coton,				Rideaux de toile de coton, grands,			
Fourreaux de mousseline,				Rideaux de mousseline, petits,			
Fourreaux d'indienne,				Rideaux de linon, petits,			
Fourreaux de linon,				Robe & Jupon de toile de coton,			
Fichus de mousseline,							
Total				**Total**			

ARTICLE	liv.	ſ.	d.	ARTICLE	liv.	ſ.	d.
Robe & Jupon de mouſſeline,				Deſhabillers d'indienne,			
Robe & Jupon de linon,				FOURREAUX de toile de coton,			
Robe & Jupon d'indienne,				Fourreaux de linon,			
Rodingotte d'indienne,				Fourreaux d'indienne,			
SACS à pelottes,				GARNITURES de lit,			
Serre-têtes,				Gillets de baſin,			
Serviettes de toilette,				Gillets de toile de coton,			
Serviettes de garderobe,				JACTONS,			
TABLIERS de Femme-de-chambre,				Jupons de toile de coton garnis,			
Tabliers de coëffeur,				Jupons de baſin garnis,			
Tayes d'oreillers garnies,				Jupons de futaine,			
Toilette garnie de mouſſeline,				Jupons de moleton,			
Tours de chaiſe,							
Tour de baſſin,				LANGES piqués,			
Linge des Enfans.				Lange de futaine,			
BANDEAUX,				Lange de laine,			
Bandes,				Linge de toilette,			
Bavoirs,				MANTELETS de mouſſeline,			
Beguin,				Manchettes de garçon,			
Braſſieres de futaine,				Matelots de toile,			
Braſſieres de flanelle,				Matelots de Nankin,			
CALÇONS,				Mouchoirs de toile,			
Camiſoles de mouſſeline,				Mouchoirs de batiſte,			
Camiſoles de toile de coton,							
Camiſoles d'indienne,				PAIRES de bas de coton,			
Camiſoles de futaine,				paires de bas de fil,			
Chauſſettes,				paires de bas petits,			
Chauſſons,				paires de bas de laine,			
Chemiſes de jour, de garçon,				paires de poches,			
Chemiſes de nuit, de garçon,				Peignoirs,			
Chemiſes de jour, de demoiſelle				Pierrots & Jupon de linon,			
Chemiſes de nuit, de demoiſelle,				Pierrots & Jupon de mouſſeline,			
Chemiſes petites,				Pieces d'eſtomac,			
Chemiſes-robes de mouſſeline,				ROBES & Jupons de toile de coton,			
Chemiſes-robe d'indienne,				Robes & Jupons de mouſſeline,			
Collerettes de mouſſeline,				Robes & Jupons d'indienne,			
Cols de mouſſeline,				Robe de chambre,			
Couches,				TETIERES,			
Couvre-pieds garnis,				Tours de bonnet,			
Culottes de draps de coton,				Tours de chaiſes,			
Culottes de baſin,				VESTES de baſin,			
Culottes de toile de coton,				Veſtes de toile de coton,			
DESHABILLERS de toile de coton,				Veſtes de nankin,			
				Veſtes de drap de coton.			
TOTAL				TOTAL			

ARTICLE	liv.	f.	d.

Linge d'Office.

CHAUSSES à paſſer,
ESSUIE-MAINS,
NAPES damaſſées,
Napes à linteaux,
Napes à grains d'orge,
Napes ouvrées,
Napes d'office,
Napes petites,
Napes de veniſe,
Napes de cuiſine,
PAQUETS de Torchons,
SERVIETTES d'amaſſées,
Serviettes à linteaux,
Serviettes à grains d'orge,
Serviettes ouvrées,
Serviettes de Veniſe,
TABLIERS d'office,
Tabliers de cuiſine,
Torchons,

Linge de la Femme de Chambre.

BANDEAUX,
Bonnets ronds,
Bonnets piqués,
CAMISOLES de toile de coton,
Camiſoles d'indienne,
Chemiſes,
Corſet de toile,
Corſet de baſin,
DESHABILLÉ complet de toile de coton,
Deshabillé complet d'indienne,
FICHUS de mouſſeline,
Fichus de linon,
JUPONS piqués,
Jupons houetrés,
Jupons de toile de coton,
LINGE de toilette,
MOUCHOIRS blancs,
Mouchoirs de couleur,
PAIRES de poches,
paires de bas de coton,
paires de bas de fil,

ARTICLE	liv.	f.

ROBE & Jupon d'indienne,
Robe & Jupons de toile de coton,
Robe & Jupon de mouſſeline,
SERRE-TÊTES.

Linge de la Cuiſiniere.

BONNETS ronds,
Bonnets piqués,
CAMISOLES d'indienne,
Camiſoles de toile de coton,
Chemiſes,
DESHABILLÉ compl. de toile de cot.
Deshabiller complet d'indienne,
FICHUS de mouſſeline,
Fichus de linon,
JUPONS piqués,
Jupons de toile de coton,
Jupons d'indienne,
LINGE de toilette,
MOUCHOIRS blancs,
Mouchoirs de couleur,
PAIRES de poches,
paires de bas de laine,
paires de bas de coton,
paires de bas de fil,
ROBE & Jupon d'indienne,
Robe & Jupon de toile de coton,
SERRE-TETE,

Linge du Domeſtique.

BONNETS de coton,
Bonnets de laine,
CALÇONS,
Chemiſes,
Cols,
Cravattes,
Culottes blanches,
Culotte de Nankin,
MOUCHOIRS,
PAIRES de bas de coton,
paires de bas de fil,
paires de bas de laine,
paires de bas de filoſelle,
paires de chauſſons,
VESTES blanches,
Veſtes de Nankin,

TOTAL

donné à blanchir

SÇAVOIR à Monsieur.

ARTICLE	liv.	f.	d.	ARTICLE	liv.	f.	d.
BANDEAUX,				Mouchoirs des indes,			
Bonnets de coton,				Mouchoirs de toile blanche,			
Bonnets de laine,				Mouchoirs de batiste,			
Bretelles.				Mouchoirs de couleurs,			
CALÇONS de toile,				NAPES,			
Calçons de futaine,				PAIRES de draps de maître,			
Camisoles de toile,				paires de draps de domestique,			
Camisoles de futaine,				paires de bas de fil,			
Camisoles d'indienne,				paires de bas de coton,			
Chauffettes,				paires de bas de laine,			
Chemises de jour, garnies,				paires de bas de filofele,			
Chemises de nuit,				paires de chauffons de toile,			
Coïffes de Bonnets,				paires de chauffons de tricot,			
Cols de mousseline,				Pantalon de moleton,			
Cols de basin,				Pantalon de toile,			
Cravattes de mousseline,				Pantalon de tricot,			
Cravattes de batiste,				Peignoirs,			
Culottes de basin,				Pieces d'estomac,			
Culottes de toile de coton,							
Culottes de draps de coton,				ROBE-de-chambre d'indienne,			
Culottes de Nankin,				Robe-de-chambre piquée,			
ESSUIE-MAINS,				SACS à pelottes,			
FROTTOIRS				Serre-têtes,			
				Serviettes de toilette,			
GANTS de fil,				Suspensoirs,			
Gillets de basin,							
Gillets de flanelle,				TABLIER du matin,			
Guêtres de toile,				Tayes d'oreillers,			
Gillets de futaine,				VESTES de basin,			
Gillets de toile de coton,				Vestes de drap de coton,			
				Vestes de Mousseline,			
LINGE à barbe,				Vestes de Nankin,			
MANCHETTES de mousseline,				Vestes piquées,			
Manchettes de batiste,				Vestes de toile de coton,			
Manchettes effilées,							
Manchettes de bottes,							
TOTAL				TOTAL			

SÇAVOIR, à Madame

ARTICLE	liv.	f.	d.
BANDES à faigner,			
Bandeaux,			
Baftiennes,			
Bloufes,			
Bonnets piqués ;			
Bonnets ronds de mouffeline,			
Bonnets ronds de linon,			
Bonnets ronds de dentelle			
CAMISOLES de mouffeline garnies,			
Camifoles de toile de coton garnies,			
Camifoles piquées garnies,			
Camifoles houettées garnies,			
Chemifes de jour,			
Chemifes de nuit,			
Chemifes de batifte,			
Chemifes de bain,			
Chemifes-robes de mouffeline,			
Chemifes-robe d'indienne,			
Chemife-robe, de linon,			
Coïffes de mouffeline,			
Collerette,			
Corfet de toile de coton garnis,			
Corfets de bafin garnis,			
Corfets de toile fine garnis,			
Courtes-pointes,			
Couverture de coton,			
Couvre-pieds piqués garnis,			
Couvre-pieds de mouffeline,			
Couvre-meuble,			
DRAPS de maîtres,			
Draps fans couture,			
Draps de domeftique,			
Deshabillers garnis,			
ESSUIE-MAINS			
FOURREAUX de toile de coton,			
Fourreaux de mouffeline,			
Fourreaux d'indienne,			
Fourreaux de linon,			
Fichus de mouffeline,			
TOTAL			

ARTICLE	liv.	f.	d.
Fichus de batifte,			
Fichus doubles,			
Fichus de linon,			
Fichus frifés,			
Fraifettes de mouffeline,			
Frottoirs de futaine,			
Frottoirs de flannelle,			
GARNITURES de lit de toile,			
Gaule de mouffeline,			
Gaule d'indienne,			
HOUPELANDE,			
JUPONS piqués, blancs, garnis,			
Jupons de moleton,			
Jupons de futaine,			
Jupons de bafin garnis,			
Jupons de granat,			
Jupons houettés, garnis,			
Jupons de linon,			
Jupons de mouffeline,			
LINGE de toilette,			
Linge de Garde-robe,			
Linges de baignoir,			
MANTELETS de mouffeline,			
Mouchoirs de toile blanche,			
Mouchoirs de batifte,			
Mouchoirs des indes,			
PAIRES de poches de bafin, garnies,			
Paires de poches de toile, garnies,			
paire de bas de coton,			
Peignoirs de toile,			
Peignoirs de Mouffeline,			
Pieces d'eftomac,			
Pierrot & Jupon de linon,			
RIDEAUX de mouffeline, grands,			
Rideaux de toile de coton, grands,			
Rideaux de mouffeline, petits,			
Rideaux de linon, petits,			
Robe & Jupon de toile de coton,			
TOTAL			

ARTICLE	liv.	f.	d.
Robe & Jupon de moufſeline,			
Robe & Jupon de linon,			
Robe & Jupon d'indienne,			
Rodingotte d'indienne,			
SACS à pelottes,			
Serre-têtes,			
Serviettes de toilette,			
Serviettes de garderobe,			
TABLIERS de Femme-de-chambre,			
Tabliers de coëffeur,			
Tayes d'oreillers garnies,			
Toilette garnie de moufſeline,			
Tours de chaiſe,			
Tour de baſſin,			

Linge des Enfans.

	liv.	f.	d.
BANDEAUX,			
Bandes,			
Bavoirs;			
Beguin,			
Braſſieres de futaine,			
Braſſieres de flanelle,			
CALÇONS,			
Camiſoles de moufſeline,			
Camiſoles de toile de coton,			
Camiſoles d'indienne,			
Camiſoles de futaine,			
Chauſſettes,			
Chauſſons,			
Chemiſes de jour, de garçon,			
Chemiſes de nuit, de garçon,			
Chemiſes de jour, de demoiſelle			
Chemiſes de nuit, de demoiſelle,			
Chemiſes petites,			
Chemiſes-robes de moufſeline,			
Chemiſes-robe d'indienne,			
Collerettes de moufſeline,			
Cols de moufſeline,			
Couches,			
Couvres-pieds garnis;			
Culottes de draps de coton,			
Culottes de baſin,			
Culottes de toile de coton;			
DESHABILLERS de toile de coton,			
TOTAL			

ARTICLE	liv.	f.	d.
Deſhabillers d'indienne,			
FOURREAUX de toile de coton,			
Fourreaux de linon,			
Fourreaux d'indienne,			
GARNITURES de lit,			
Gillets de baſin,			
Gillets de toile de coton;			
JACTONS,			
Jupons de toile de coton garnis,			
Jupons de baſin garnis,			
Jupons de futaine,			
Jupons de moleton,			
LANGES piqués,			
Lange de futaine,			
Lange de laine,			
Linge de toilette,			
MANTELETS de moufſeline,			
Manchettes de garçon,			
Matelots de toile,			
Matelots de Nankin,			
Mouchoirs de toile,			
Mouchoirs de batiſte,			
PAIRES de bas de coton,			
paires de bas de fil,			
paires de bas petits,			
paires de bas de laine,			
paires de poches,			
Peignoirs;			
Pierrots & Jupon de linon,			
Pierrots & Jupon de moufſeline,			
Pieces d'eſtomac,			
ROBES & Jupons de toile de coton,			
Robes & Jupons de moufſeline,			
Robes & Jupons d'indienne,			
Robe de chambre,			
TETIERES,			
Tours de bonnet,			
Tours de chaiſes,			
VESTES de baſin,			
Veſtes de toile de coton,			
Veſtes de nankin,			
Veſtes de drap de coton.			
TOTAL			

ARTICLE — liv. | f. | d.

Linge d'Office.

CHAUSSES à passer,
ESSUIE-MAINS,
NAPES damassées,
Napes à linteaux,
Napes à grains d'orge,
Napes ouvrées,
Napes d'office,
Napes petites,
Napes de venise,
Napes de cuisine,
PAQUETS de Torchons,
SERVIETTES d'amassées,
Serviettes à linteaux,
Serviettes à grains d'orge,
Serviettes ouvrées,
Serviettes de Venise,
TABLIERS d'office,
Tabliers de cuisine,
Torchons,

Linge de la Femme de Chambre.

BANDEAUX,
Bonnets ronds,
Bonnets piqués,
CAMISOLES de toile de coton,
Camisoles d'indienne,
Chemises,
Corset de toile,
Corset de basin,
DESHABILLÉ complet de toile de coton,
Deshabillé complet d'indienne,
FICHUS de mousseline,
Fichus de linon,
JUPONS piqués,
Jupons houettés,
Jupons de toile de coton,
LINGE de toilette,
MOUCHOIRS blancs,
Mouchoirs de couleur,
PAIRES de poches,
paires de bas de coton,
paires de bas de fil,

TOTAL

ARTICLE — liv. | f. | d.

ROBE & Jupon d'indienne,
Robe & Jupons de toile de coton,
Robe & Jupon de mousseline,
SERRE-TÊTES.

Linge de la Cuisiniere.

BONNETS ronds,
Bonnets piqués,
CAMISOLES d'indienne,
Camisoles de toile de coton,
Chemises,
DESHABILLÉ compl. de toile de cot.
Deshabiller complet d'indienne,
FICHUS de mousseline,
Fichus de linon,
JUPONS piqués,
Jupons de toile de coton,
Jupons d'indienne,
LINGE de toilette,
MOUCHOIRS blancs,
Mouchoirs de couleur,
PAIRES de poches,
paires de bas de laine,
paires de bas de coton,
paires de bas de fil,
ROBE & Jupon d'indienne,
Robe & Jupon de toile de coton,
SERRE-TÊTE,

Linge du Domestique.

BONNETS de coton,
Bonnets de laine,
CALÇONS,
Chemises,
Cols,
Cravattes,
Culottes blanches,
Culotte de Nankin,
MOUCHOIRS,
PAIRES de bas de coton,
paires de bas de fil,
paires de bas de laine,
paires de bas de filoselle,
paires de chaussons,
VESTES blanches,
Vestes de Nankin,

TOTAL

donné à blanchir

S Ç A V O I R   à Monsieur.

ARTICLE	liv.	f.	d.	ARTICLE	liv.	f.	d.
BANDEAUX,				Mouchoirs des indes,			
Bonnets de coton,				Mouchoirs de toile blanche,			
Bonnets de laine,				Mouchoirs de batifte,			
Bretelles.				Mouchoirs de couleurs,			
CALÇONS de toile,				NAPES,			
Calçons de futaine,				PAIRES de draps de maître,			
Camifoles de toile,				paires de draps de domeftique,			
Camifoles de futaine,				paires de bas de fil,			
Camifoles d'indienne,				paires de bas de coton,			
Chauffettes,				paires de bas de laine,			
Chemifes de jour, garnies,				paires de bas de filofele,			
Chemifes de nuit,				paires de chauffons de toile,			
Coïffes de Bonnets,				paires de chauffons de tricot,			
Cols de mouffeline,				Pantalon de moleton,			
Cols de bafin,				Pantalon de toile,			
Cravattes de mouffeline,				Pantalon de tricot,			
Cravattes de batifte,				Peignoirs,			
Culottes de bafin,				Pieces d'eftomac,			
Culottes de toile de coton,				ROBE-de-chambre d'indienne,			
Culottes de draps de coton,				Robe-de-chambre piquée,			
Culottes de Nankin,				SACS à pelottes,			
ESSUIE-MAINS,				Serre-têtes,			
FROTTOIRS,				Serviettes de toilette,			
GANTS de fil,				Sufpenfoirs,			
Gillets de bafin,				TABLIER du matin,			
Gillets de flanelle,				Tayes d'oreillers,			
Guêtres de toile,				VESTES de bafin,			
Gillets de futaine,				Veftes de drap de coton			
Gillets de toile de coton,				Veftes de Mouffeline,			
LINGE à barbe,				Veftes de Nankin,			
MANCHETTES de mouffeline,				Veftes piquées,			
Manchettes de batifte,				Veftes de toile de coton,			
Manchettes effilées,							
Manchettes de bottes,							
TOTAL				TOTAL			

SÇAVOIR, à Madame

ARTICLE	liv.	f.	d.	ARTICLE	liv.	f.	d.
Bandes à faigner,				Fichus de batiste,			
Bandeaux,				Fichus doubles,			
Baftiennes,				Fichus de linon,			
Bloufes,				Fichus frifés,			
Bonnets piqués,				Fraifettes de moufseline,			
Bonnets ronds de moufseline,				Frottoirs de futaine,			
Bonnets ronds de linon,				Ftottoirs de flannelle,			
Bonnets ronds de dentelle				Garnitures de lit de toile,			
Camisoles de moufseline garnies,				Gaule de moufseline,			
Camifoles de toile de coton garnies,				Gaule d'indienne,			
Camifoles piquées garnies,				Houpelande,			
Camifoles houettées garnies,				Jupons piqués, blancs, garnis,			
Chemifes de jour,				Jupons de moleton,			
Chemifes de nuit,				Jupons de futaine,			
Chemifes de batifte,				Jupons de bafin garnis,			
Chemifes de bain,				Jupons de granat,			
Chemifes-robes de moufseline,				Jupons houettés, garnis,			
Chemifes-robe d'indienne,				Jupons de linon,			
Chemife-robe, de linon,				Jupons de moufseline,			
Coïffes de moufseline,				Linge de toilette,			
Collerette,				Linge de Garde-robe,			
Corfet de toile de coton garnis,				Linges de baignoir,			
Corfets de bafin garnis,				Mantelets de moufseline,			
Corfets de toile fine garnis,				Mouchoirs de toile blanche,			
Courtes-pointes,				Mouchoirs de batifte,			
Couverture de coton,				Mouchoirs des indes,			
Couvre-pieds piqués garnis,				Paires de poches de bafin, garnies,			
Couvre-pieds de moufseline,				Paires de poches de toile, garnies,			
Couvre-meuble,				paire de bas de coton,			
Draps de maîtres,				Peignoirs de toile,			
Draps fans couture,				Peignoirs de Moufseline,			
Draps de domeftique,				Pieces d'eftomac,			
Deshabillers garnis,				Pierrot & Jupon de linon,			
Essuie-mains				Rideaux de moufseline, grands,			
Fourreaux de toile de coton,				Rideaux de toile de coton, grands,			
Fourreaux de moufseline,				Rideaux de moufseline, petits,			
Fourreaux d'indienne,				Rideaux de linon, petits,			
Fourreaux de linon,				Robe & Jupon de toile de coton,			
Fichus de moufseline,							
TOTAL				TOTAL			

ARTICLE	liv.	f.	d.
Robe & Jupon de mousseline,			
Robe & Jupon de linon,			
Robe & Jupon d'indienne,			
Rodingotte d'indienne,			
SACS à pelottes,			
Serre-têtes,			
Serviettes de toilette,			
Serviettes de garderobe,			
TABLIERS de Femme-de-chambre,			
Tabliers de coëffeur,			
Tayes d'oreillers garnies,			
Toilette garnie de mousseline,			
Tours de chaise,			
Tour de bassin,			
Linge des Enfans.			
BANDEAUX,			
Bandes,			
Bavoirs,			
Beguin,			
Brassieres de futaine,			
Brassieres de flanelle,			
CALÇONS,			
Camisoles de mousseline,			
Camisoles de toile de coton,			
Camisoles d'indienne,			
Camisoles de futaine,			
Chaussettes,			
Chaussons,			
Chemises de jour, de garçon,			
Chemises de nuit, de garçon,			
Chemises de jour, de demoiselle			
Chemises de nuit, de demoiselle,			
Chemises petites,			
Chemises-robes de mousseline,			
Chemises-robe d'indienne,			
Collerettes de mousseline,			
Cols de mousseline,			
Couches,			
Couvres-pieds garnis,			
Culottes de draps de coton,			
Culottes de basin,			
Culottes de toile de coton,			
DESHABILLERS de toile de coton,			
TOTAL			

ARTICLE	liv.	f.	d.
Deshabillers d'indienne,			
FOURREAUX de toile de coton,			
Fourreaux de linon,			
Fourreaux d'indienne,			
GARNITURES de lit,			
Gillets de basin,			
Gillets de toile de coton,			
JACTONS,			
Jupons de toile de coton garnis,			
Jupons de basin garnis,			
Jupons de futaine,			
Jupons de moleton,			
LANGES piqués,			
Lange de futaine,			
Lange de laine,			
Linge de toilette,			
MANTELETS de mousseline,			
Manchettes de garçon,			
Matelots de toile,			
Matelots de Nankin,			
Mouchoirs de toile,			
Mouchoirs de batiste,			
PAIRES de bas de coton,			
paires de bas de fil,			
paires de bas petits,			
paires de bas de laine,			
paires de poches,			
Peignoirs,			
Pierrots & Jupon de linon,			
Pierrots & Jupon de mousseline,			
Pieces d'estomac,			
ROBES & Jupons de toile de coton,			
Robes & Jupons de mousseline,			
Robes & Jupons d'indienne,			
Robe de chambre,			
TETIERES,			
Tours de bonnet,			
Tours de chaises,			
VESTES de basin,			
Vestes de toile de coton,			
Vestes de nankin,			
Vestes de drap de coton.			
TOTAL			

ARTICLE	liv.	f.	d.
Linge d'Office.			
CHAUSSES à passer,			
ESSUIE-MAINS,			
NAPES damaſſées,			
Napes à linteaux,			
Napes à grains d'orge,			
Napes ouvrées,			
Napes d'office,			
Napes petites,			
Napes de veniſe,			
Napes de cuiſine,			
PAQUETS de Torchons,			
SERVIETTES d'amaſſées,			
Serviettes à linteaux,			
Serviettes à grains d'orge,			
Serviettes ouvrées,			
Serviettes de Veniſe,			
TABLIERS d'office,			
Tabliers de cuiſine,			
Torchons,			
Linge de la Femme de Chambre.			
BANDEAUX,			
Bonnets ronds,			
Bonnets piqués,			
CAMISOLES de toile de coton,			
Camiſoles d'indienne,			
Chemiſes,			
Corſet de toile,			
Corſet de baſin,			
DESHABILLÉ complet de toile de coton,			
Deshabillé complet d'indienne,			
FICHUS de mouſſeline,			
Fichus de linon,			
JUPONS piqués,			
Jupons houettés,			
Jupons de toile de coton,			
LINGE de toilette,			
MOUCHOIRS blancs,			
Mouchoirs de couleur,			
PAIRES de poches,			
paires de bas de coton,			
paires de bas de fil,			
TOTAL			

ARTICLE	liv.	f.
ROBE & Jupon d'indienne,		
Robe & Jupons de toile de coton,		
Robe & Jupon de mouſſeline,		
SERRE-TÊTES.		
Linge de la Cuiſinière.		
BONNETS ronds,		
Bonnets piqués,		
CAMISOLES d'indienne,		
Camiſoles de toile de coton,		
Chemiſes,		
DESHABILLÉ compl. de toile de cot.		
Deshabiller complet d'indienne,		
FICHUS de mouſſeline,		
Fichus de linon,		
JUPONS piqués,		
Jupons de toile de coton,		
Jupons d'indienne,		
LINGE de toilette,		
MOUCHOIRS blancs,		
Mouchoirs de couleur,		
PAIRES de poches,		
paires de bas de laine,		
paires de bas de coton,		
paires de bas de fil,		
ROBE & Jupon d'indienne,		
Robe & Jupon de toile de coton,		
SERRE-TETE,		
Linge du Domeſtique.		
BONNETS de coton,		
Bonnets de laine,		
CALÇONS,		
Chemiſes,		
Cols,		
Cravattes,		
Culottes blanches,		
Culotte de Nankin,		
MOUCHOIRS,		
PAIRES de bas de coton,		
paires de bas de fil,		
paires de bas de laine,		
paires de bas de filoſelle,		
paires de chauſſons,		
VESTES blanches,		
Veſtes de Nankin,		
TOTAL		

donné à blanchir

SÇAVOIR à Monsieur.

ARTICLE	liv.	f.	d.	ARTICLE	liv.	f.	d.
BANDEAUX,				Mouchoirs des indes,			
Bonnets de coton,				Mouchoirs de toile blanche,			
Bonnets de laine,				Mouchoirs de batifte,			
Bretelles.				Mouchoirs de couleurs,			
CALÇONS de toile,				NAPES,			
Calçons de futaine,				PAIRES de draps de maître,			
Camifoles de toile,				paires de draps de domeftique,			
Camifoles de futaine,				paires de bas de fil,			
Camifoles d'indienne,				paires de bas de coton,			
Chauffettes,				paires de bas de laine,			
Chemifes de jour, garnies,				paires de bas de filofele,			
Chemifes de nuit,				paires de chauffons de toile,			
Coîffes de Bonnets,				paires de chauffons de tricot,			
Cols de mouffeline,				Pantalon de moleton,			
Cols de bafin,				Pantalon de toile,			
Cravattes de mouffeline,				Pantalon de tricot,			
Cravattes de batifte,				Peignoirs,			
Culottes de bafin,				Pieces d'eftomac,			
Culottes de toile de coton,				ROBE-de-chambre d'indienne,			
Culottes de draps de coton,				Robe-de-chambre piquée,			
Culottes de Nankin,				SACS à pelottes,			
ESSUIE-MAINS,				Serre-têtes,			
FROTTOIRS				Serviettes de toilette,			
GANTS de fil,				Sufpenfoirs,			
Gillets de bafin,				TABLIER du matin,			
Gillets de flanelle,				Tayes d'oreillers,			
Guêtres de toile,				VESTES de bafin,			
Gillets de futaine,				Veftes de drap de coton			
Gillets de toile de coton,				Veftes de Mouffeline,			
LINGE à barbe,				Veftes de Nankin,			
MANCHETTES de mouffeline,				Veftes piquées,			
Manchettes de batifte,				Veftes de toile de coton,			
Manchettes effilées,							
Manchettes de bottes,							
TOTAL				TOTAL			

SÇAVOIR, à Madame

ARTICLE	liv.	ſ.	d.
BANDES à ſaigner,			
Bandeaux,			
Baſtiennes,			
Blouſes,			
Bonnets piqués,			
Bonnets ronds de mouſſeline,			
Bonnets ronds de linon,			
Bonnets ronds de dentelle			
CAMISOLES de mouſſeline garnies,			
Camiſoles de toile de coton garnies,			
Camiſoles piquées garnies,			
Camiſoles houettées garnies,			
Chemiſes de jour,			
Chemiſes de nuit,			
Chemiſes de batiſte,			
Chemiſes de bain,			
Chemiſes-robes de mouſſeline,			
Chemiſes-robe d'indienne,			
Chemiſe-robe, de linon,			
Coiffes de mouſſeline,			
Collerette,			
Corſet de toile de coton garnis,			
Corſets de baſin garnis,			
Corſets de toile fine garnis,			
Courtes-pointes,			
Couverture de coton,			
Couvre-pieds piqués garnis,			
Couvre-pieds de mouſſeline,			
Couvre-meuble,			
DRAPS de maîtres,			
Draps ſans couture,			
Draps de domeſtique,			
Deshabillers garnis,			
ESSUIE-MAINS			
FOURREAUX de toile de coton,			
Fourreaux de mouſſeline,			
Fourreaux d'indienne,			
Fourreaux de linon,			
Fichus de mouſſeline,			
TOTAL			

ARTICLE	liv.	ſ.	d.
Fichus de batiſte,			
Fichus doubles,			
Fichus de linon,			
Fichus friſés,			
Fraiſettes de mouſſeline,			
Frottoirs de futaine,			
Frottoirs de flannelle,			
GARNITURES de lit de toile,			
Gaule de mouſſeline,			
Gaule d'indienne,			
HOUPELANDE,			
JUPONS piqués, blancs, garnis,			
Jupons de moleton,			
Jupons de futaine,			
Jupons de baſin garnis,			
Jupons de granat,			
Jupons houettés, garnis,			
Jupons de linon,			
Jupons de mouſſeline,			
LINGE de toilette,			
Linge de Garde-robe,			
Linges de baignoir,			
MANTELETS de mouſſeline,			
Mouchoirs de toile blanche,			
Mouchoirs de batiſte,			
Mouchoirs des indes,			
PAIRES de poches de baſin, garnies,			
Paires de poches de toile, garnies,			
paire de bas de coton,			
Peignoirs de toile,			
Peignoirs de Mouſſeline,			
Pieces d'eſtomac,			
Pierrot & Jupon de linon,			
RIDEAUX de mouſſeline, grands,			
Rideaux de toile de coton, grands,			
Rideaux de mouſſeline, petits,			
Rideaux de linon, petits,			
Robe & Jupon de toile de coton,			
TOTAL			

ARTICLE	liv.	f.	d.
Robe & Jupon de mousseline,			
Robe & Jupon de linon,			
Robe & Jupon d'indienne,			
Rodingotte d'indienne,			
SACS à pelottes,			
Serre-têtes,			
Serviettes de toilette,			
Serviettes de garderobe,			
TABLIERS de Femme-de-chambre,			
Tabliers de coëffeur,			
Tayes d'oreillers garnies,			
Toilette garnie de mousseline,			
Tours de chaise,			
Tour de bassin,			

Linge des Enfans.

ARTICLE	liv.	f.	d.
BANDEAUX,			
Bandes,			
Bavoirs;			
Beguin,			
Brassieres de futaine,			
Brassieres de flanelle,			
CALÇONS,			
Camisoles de mousseline,			
Camisoles de toile de coton,			
Camisoles d'indienne,			
Camisoles de futaine,			
Chaussettes,			
Chaussons,			
Chemises de jour, de garçon,			
Chemises de nuit, de garçon,			
Chemises de jour, de demoiselle			
Chemises de nuit, de demoiselle,			
Chemises petites,			
Chemises-robes de mousseline,			
Chemises-robe d'indienne,			
Collerettes de mousseline,			
Cols de mousseline,			
Couches,			
Couvres-pieds garnis,			
Culottes de draps de coton,			
Culottes de basin,			
Culottes de toile de coton,			
DESHABILLERS de toile de coton,			
TOTAL			

ARTICLE	liv.	f.	d.
Deshabillers d'indienne,			
FOURREAUX de toile de coton,			
Fourreaux de linon,			
Fourreaux d'indienne,			
GARNITURES de lit,			
Gillets de basin,			
Gillets de toile de coton,			
JACTONS,			
Jupons de toile de coton garnis,			
Jupons de basin garnis,			
Jupons de futaine,			
Jupons de moleton,			
LANGES piqués,			
Lange de futaine,			
Lange de laine,			
Linge de toilette,			
MANTELETS de mousseline,			
Manchettes de garçon,			
Matelots de toile,			
Matelots de Nankin,			
Mouchoirs de toile,			
Mouchoirs de batiste,			
PAIRES de bas de coton,			
paires de bas de fil,			
paires de bas petits,			
paires de bas de laine,			
paires de poches,			
Peignoirs,			
Pierrots & Jupon de linon,			
Pierrots & Jupon de mousseline,			
Pieces d'estomac,			
ROBES & Jupons de toile de coton,			
Robes & Jupons de mousseline,			
Robes & Jupons d'indienne,			
Robe de chambre,			
TETIERES,			
Tours de bonnet,			
Tours de chaises,			
VESTES de basin,			
Vestes de toile de coton,			
Vestes de nankin,			
Vestes de drap de coton.			
TOTAL			

ARTICLE	liv.	ſ.	d.

Linge d'Office.

CHAUSSES à paſſer,
ESSUIE-MAINS,
NAPES damaſſées,
Napes à linteaux,
Napes à grains d'orge,
Napes ouvrées,
Napes d'office,
Napes petites,
Napes de veniſe,
Napes de cuiſine,
PAQUETS de Torchons,
SERVIETTES d'amaſſées,
Serviettes à linteaux,
Serviettes à grains d'orge,
Serviettes ouvrées,
Serviettes de Veniſe,
TABLIERS d'office,
Tabliers de cuiſine,
Torchons,

Linge de la Femme de Chambre.

BANDEAUX,
Bonnets ronds,
Bonnets piqués,
CAMISOLES de toile de coton,
Camiſoles d'indienne,
Chemiſes,
Corſet de toile,
Corſet de baſin,
DESHABILLÉ complet de toile de coton,
Deshabillé complet d'indienne,
FICHUS de mouſſeline,
Fichus de linon,
JUPONS piqués,
Jupons houetrés,
Jupons de toile de coton,
LINGE de toilette,
MOUCHOIRS blancs,
Mouchoirs de couleur,
PAIRES de poches,
paires de bas de coton,
paires de bas de fil,

ROBE & Jupon d'indienne,
Robe & Jupons de toile de coton,
Robe & Jupon de mouſſeline,
SERRE-TÊTES.

Linge de la Cuiſiniere.

BONNETS ronds,
Bonnets piqués,
CAMISOLES d'indienne,
Camiſoles de toile de coton,
Chemiſes,
DESHABILLÉ compl. de toile de cot.
Deshabiller complet d'indienne,
FICHUS de mouſſeline,
Fichus de linon,
JUPONS piqués,
Jupons de toile de coton,
Jupons d'indienne,
LINGE de toilette,
MOUCHOIRS blancs,
Mouchoirs de couleur,
PAIRES de poches,
paires de bas de laine,
paires de bas de coton,
paires de bas de fil,
ROBE & Jupon d'indienne,
Robe & Jupon de toile de coton,
SERRE-TETE,

Linge du Domeſtique.

BONNETS de coton,
Bonnets de laine,
CALÇONS,
Chemiſes,
Cols,
Cravattes,
Culottes blanches,
Culotte de Nankin,
MOUCHOIRS,
PAIRES de bas de coton,
paires de bas de fil,
paires de bas de laine,
paires de bas de filoſelle,
paires de chauſſons,
VESTES blanches,
Veſtes de Nankin,

TOTAL

donné à blanchir

S Ç A V O I R à Monſieur.

Article	liv.	f.	d.	Article	liv.	f.	d.
Bandeaux,				Mouchoirs des indes,			
Bonnets de coton,				Mouchoirs de toile blanche,			
Bonnets de laine,				Mouchoirs de batiſte,			
Bretelles.				Mouchoirs de couleurs,			
Calçons de toile,				Napes,			
Calçons de futaine,				Paires de draps de maître,			
Camiſoles de toile,				paires de draps de domeſtique,			
Camiſoles de futaine,				paires de bas de fil,			
Camiſoles d'indienne,				paires de bas de coton,			
Chauſſettes,				paires de bas de laine,			
Chemiſes de jour, garnies,				paires de bas de filoſele,			
Chemiſes de nuit,				paires de chauſſons de toile,			
Coïffes de Bonnets,				paires de chauſſons de tricot,			
Cols de mouſſeline,				Pantalon de moleton,			
Cols de baſin,				Pantalon de toile,			
Cravattes de mouſſeline,				Pantalon de tricot,			
Cravattes de batiſte, .				Peignoirs,			
Culottes de baſin,				Pieces d'eſtomac,			
Culottes de toile de coton,				Robe-de-chambre d'indienne,			
Culottes de draps de coton,				Robe-de-chambre piquée,			
Culottes de Nankin,				Sacs à pelottes,			
Essuie-mains,				Serre-têtes,			
Frottoirs,				Serviettes de toilette,			
Gants de fil,				Suſpenſoirs,			
Gillets de baſin,				Tablier du matin,			
Gillets de flanelle,				Tayes d'oreillets,			
Guêtres de toile,				Veſtes de baſin,			
Gillets de futaine,				Veſtes de drap de coton			
Gillets de toile de coton,				Veſtes de Mouſſeline,			
Linge à barbe,				Veſtes de Nankin,			
Manchettes de mouſſeline,				Veſtes piquées,			
Manchettes de batiſte,				Veſtes de toile de coton,			
Manchettes effilées,							
Manchettes de bottes,							
Total				**Total**			

SÇAVOIR, à Madame

ARTICLE	liv.	f.	d.	ARTICLE	liv.	f.	d.
BANDES à faigner,				Fichus de batifte,			
Bandeaux,				Fichus doubles,			
Baftiennes,				Fichus de linon,			
Bloufes,				Fichus frifés,			
Bonnets piqués,				Fraifettes de mouffeline,			
Bonnets ronds de mouffeline,				Frottoirs de futaine,			
Bonnets ronds de linon,				Frottoirs de flannelle,			
Bonnets ronds de dentelle				GARNITURES de lit de toile,			
CAMISOLES de mouffeline garnies,				Gaule de mouffeline,			
Camifoles de toile de coton garnies,				Gaule d'indienne,			
Camifoles piquées garnies,				HOUPELANDE,			
Camifoles houettées garnies,				JUPONS piqués, blancs, garnis,			
Chemifes de jour,				Jupons de moleton,			
Chemifes de nuit,				Jupons de futaine,			
Chemifes de batifte,				Jupons de bafin garnis,			
Chemifes de bain,				Jupons de granat,			
Chemifes-robes de mouffeline,				Jupons houettés, garnis,			
Chemifes-robe d'indienne,				Jupons de linon,			
Chemife-robe, de linon,				Jupons de mouffeline,			
Coîffes de mouffeline,				LINGE de toilette,			
Collerette,				Linge de Garde-robe,			
Corfet de toile de coton garnis,				Linges de baignoir,			
Corfets de bafin garnis,				MANTELETS de mouffeline,			
Corfets de toile fine garnis,				Mouchoirs de toile blanche,			
Courtes-pointes,				Mouchoirs de batifte,			
Couverture de coton,				Mouchoirs des indes,			
Couvre-pieds piqués garnis,				PAIRES de poches de bafin, garnies,			
Couvre-pieds de mouffeline,				Paires de poches de toile, garnies,			
Couvre-meuble,				paire de bas de coton,			
DRAPS dé maîtres,				Peignoirs de toile,			
Draps fans couture,				Peignoirs de Mouffeline,			
Draps de domeftique,				Pieces d'eftomac,			
Deshabillers garnis,				Pierrot & Jupon de linon,			
ESSUIE-MAINS				RIDEAUX de mouffeline, grands,			
FOURREAUX de toile de coton,				Rideaux de toile de coton, grands,			
Fourreaux de mouffeline,				Rideaux de mouffeline, petits,			
Fourreaux d'indienne,				Rideaux de linon, petits,			
Fourreaux de linon,				Robe & Jupon de toile de coton,			
Fichus de mouffeline,							
TOTAL				TOTAL			

ARTICLE	liv.	f.	d.
Robe & Jupon de mousseline,			
Robe & Jupon de linon,			
Robe & Jupon d'indienne,			
Rodingotte d'indienne,			
SACS à pelottes,			
Serre-têtes,			
Serviettes de toilette,			
Serviettes de garderobe,			
TABLIERS de Femme-de-chambre,			
Tabliers de coëffeur,			
Tayes d'oreillers garnies,			
Toilette garnie de mousseline,			
Tours de chaise,			
Tour de bassin,			
Linge des Enfans.			
BANDEAUX,			
Bandes,			
Bavoirs,			
Beguin,			
Brassieres de futaine,			
Brassieres de flanelle,			
CALÇONS,			
Camisoles de mousseline,			
Camisoles de toile de coton,			
Camisoles d'indienne,			
Camisoles de futaine,			
Chaussettes,			
Chaussons,			
Chemises de jour, de garçon,			
Chemises de nuit, de garçon,			
Chemises de jour, de demoiselle			
Chemises de nuit, de demoiselle,			
Chemises petites,			
Chemises-robes de mousseline,			
Chemises-robe d'indienne,			
Collerettes de mousseline,			
Cols de mousseline,			
Couches,			
Couvres-pieds garnis,			
Culottes de draps de coton,			
Culottes de basin,			
Culottes de toile de coton,			
DESHABILLERS de toile de coton,			
TOTAL			

ARTICLE	liv.	f.	d.
Deshabillers d'indienne,			
FOURREAUX de toile de coton,			
Fourreaux de linon,			
Fourreaux d'indienne,			
GARNITURES de lit,			
Gillets de basin,			
Gillets de toile de coton,			
JACTONS,			
Jupons de toile de coton garnis,			
Jupons de basin garnis,			
Jupons de futaine,			
Jupons de moleton,			
LANGES piqués,			
Lange de futaine,			
Lange de laine,			
Linge de toilette,			
MANTELETS de mousseline,			
Manchettes de garçon,			
Matelots de toile,			
Matelots de Nankin,			
Mouchoirs de toile,			
Mouchoirs de batiste,			
PAIRES de bas de coton,			
paires de bas de fil,			
paires de bas petits,			
paires de bas de laine,			
paires de poches,			
Peignoirs,			
Pierrots & Jupon de linon,			
Pierrots & Jupon de mousseline,			
Pieces d'estomac,			
ROBES & Jupons de toile de coton,			
Robes & Jupons de mousseline,			
Robes & Jupons d'indienne,			
Robe de chambre,			
TETIERES,			
Tours de bonnet,			
Tours de chaises,			
VESTES de basin,			
Vestes de toile de coton,			
Vestes de nankin,			
Vestes de drap de coton.			
TOTAL			

ARTICLE — liv. | ſ | d.

Linge d'Office.

CHAUSSES à paſſer,
ESSUIE-MAINS,
NAPES damaſſées,
Napes à linteaux,
Napes à grains d'orge,
Napes ouvrées,
Napes d'office,
Napes petites,
Napes de veniſe,
Napes de cuiſine,
PAQUETS de Torchons,
SERVIETTES d'amaſſées,
Serviettes à linteaux,
Serviettes à grains d'orge,
Serviettes ouvrées,
Serviettes de Veniſe,
TABLIERS d'office,
Tabliers de cuiſine,
Torchons,

Linge de la Femme de Chambre.

BANDEAUX,
Bonnets ronds,
Bonnets piqués,
CAMISOLES de toile de coton,
Camiſoles d'indienne,
Chemiſes,
Corſet de toile,
Corſet de baſin,
DESHABILLÉ complet de toile de coton,
Deshabillé complet d'indienne,
FICHUS de mouſſeline,
Fichus de linon,
JUPONS piqués,
Jupons houetrés,
Jupons de toile de coton,
LINGE de toilette,
MOUCHOIRS blancs,
Mouchoirs de couleur,
PAIRES de poches,
paires de bas de coton,
paires de bas de fil,

TOTAL

ARTICLE — liv. | ſ | d.

ROBE & Jupon d'indienne,
Robe & Jupons de toile de coton,
Robe & Jupon de mouſſeline,
SERRÉ-TÊTES.

Linge de la Cuiſiniere.

BONNETS ronds,
Bonnets piqués,
CAMISOLES d'indienne,
Camiſoles de toile de coton,
Chemiſes,
DESHABILLÉ compl. de toile de cot.
Deshabiller complet d'indienne,
FICHUS de mouſſeline,
Fichus de linon,
JUPONS piqués,
Jupons de toile de coton,
Jupons d'indienne,
LINGE de toilette,
MOUCHOIRS blancs,
Mouchoirs de couleur,
PAIRES de poches,
paires de bas de laine,
paires de bas de coton,
paires de bas de fil,
ROBE & Jupon d'indienne,
Robe & Jupon de toile de coton,
SERRE-TÊTE,

Linge du Domeſtique.

BONNETS de coton,
Bonnets de laine,
CALÇONS,
Chemiſes,
Cols,
Cravattes,
Culottes blanches,
Culotte de Nankin,
MOUCHOIRS,
PAIRES de bas de coton,
paires de bas de fil,
paires de bas de laine,
paires de bas de filoſelle,
paires de chauſſons,
VESTES blanches,
Veſtes de Nankin,

TOTAL

donné à blanchir

S Ç A V O I R à Monſieur.

ARTICLE	liv.	ſ.	d.	ARTICLE	liv.	ſ.	d.
Bandeaux,				Mouchoirs des indes,			
Bonnets de coton,				Mouchoirs de toile blanche,			
Bonnets de laine,				Mouchoirs de batiſte,			
Bretelles.				Mouchoirs de couleurs,			
Calçons de toile,				Napes,			
Calçons de futaine,				Paires de draps de maître,			
Camiſoles de toile,				paires de draps de domeſtique,			
Camiſoles de futaine,				paires de bas de fil,			
Camiſoles d'indienne,				paires de bas de coton,			
Chauſſettes,				paires de bas de laine,			
Chemiſes de jour, garnies,				paires de bas de filoſele,			
Chemiſes de nuit,				paires de chauſſons de toile,			
Coïffes de Bonnets,				paires de chauſſons de tricot,			
Cols de mouſſeline,				Pantalon de moleton,			
Cols de baſin,				Pantalon de toile.			
Cravattes de mouſſeline,				Pantalon de tricot,			
Cravattes de batiſte,				Peignoirs,			
Culottes de baſin,				Pieces d'eſtomac,			
Culottes de toile de coton,				Robe-de-chambre d'indienne,			
Culottes de draps de coton,				Robe-de-chambre piquée,			
Culottes de Nankin,				Sacs à pelottes,			
Essuie-mains,				Serre-têtes,			
Frottoirs				Serviettes de toilette,			
Gants de fil,				Suſpenſoirs,			
Gillets de baſin,				Tablier du matin,			
Gillets de flanelle,				Tayes d'oreillers,			
Guêtres de toile,				Vestes de baſin,			
Gillets de futaine,				Veſtes de drap de coton			
Gillets de toile de coton,				Veſtes de Mouſſeline,			
Linge à barbe,				Veſtes de Nankin,			
Manchettes de mouſſeline,				Veſtes piquées,			
Manchettes de batiſte,				Veſtes de toile de coton,			
Manchettes effilées,							
Manchettes de bottes,							
Total				**Total**			

SÇAVOIR, à Madame

ARTICLE	liv.	f.	d.	ARTICLE	liv.	f.	d.
Bandes à saigner,				Fichus de batiste,			
Bandeaux,				Fichus doubles,			
Bastiennes,				Fichus de linon,			
Blouses,				Fichus frisés,			
Bonnets piqués,				Fraisettes de mousseline,			
Bonnets ronds de mousseline,				Frottoirs de futaine,			
Bonnets ronds de linon,				Frottoirs de flannelle,			
Bonnets ronds de dentelle				Garnitures de lit de toile,			
Camisoles de mousseline garnies,				Gaule de mousseline,			
Camisoles de toile de coton garnies,				Gaule d'indienne,			
Camisoles piquées garnies,				Houpelande,			
Camisoles houettées garnies,				Jupons piqués, blancs, garnis,			
Chemises de jour,				Jupons de moleton,			
Chemises de nuit,				Jupons de futaine,			
Chemises de batiste,				Jupons de basin garnis,			
Chemises de bain,				Jupons de granat,			
Chemises-robes de mousseline,				Jupons houettés, garnis,			
Chemises-robe d'indienne,				Jupons de linon,			
Chemise-robe, de linon,				Jupons de mousseline,			
Coiffes de mousseline,				Linge de toilette,			
Collerette,				Linge de Garde-robe,			
Corset de toile de coton garnis,				Linges de baignoir,			
Corsets de basin garnis,				Mantelets de mousseline,			
Corsets de toile fine garnis,				Mouchoirs de toile blanche,			
Courtes-pointes,				Mouchoirs de batiste,			
Couverture de coton,				Mouchoirs des indes,			
Couvre-pieds piqués garnis,				Paires de poches de basin, garnies,			
Couvre-pieds de mousseline,				Paires de poches de toile, garnies,			
Couvre-meuble,				paire de bas de coton,			
Draps de maîtres,				Peignoirs de toile,			
Draps sans couture,				Peignoirs de Mousseline,			
Draps de domestique,				Pieces d'estomac,			
Deshabillers garnis,				Pierrot & Jupon de linon,			
Essuie-mains				Rideaux de mousseline, grands,			
Fourreaux de toile de coton,				Rideaux de toile de coton, grands,			
Fourreaux de mousseline,				Rideaux de mousseline, petits,			
Fourreaux d'indienne,				Rideaux de linon, petits,			
Fourreaux de linon,				Robe & Jupon de toile de coton,			
Fichus de mousseline,							
Total				**Total**			

ARTICLE	liv.	f.	d.
Robe & Jupon de mouffeline,			
Robe & Jupon de linon,			
Robe & Jupon d'indienne,			
Rodingotte d'indienne,			
SACS à pelottes,			
Serre-têtes,			
Serviettes de toilette,			
Serviettes de garderobe,			
TABLIERS de Femme-de-chambre,			
Tabliers de coëffeur,			
Tayes d'oreillers garnies,			
Toilette garnie de mouffeline,			
Tours de chaife,			
Tour de baffin,			

Linge des Enfans.

ARTICLE	liv.	f.	d.
BANDEAUX,			
Bandes,			
Bavoirs,			
Beguin,			
Braffieres de futaine,			
Braffieres de flanelle,			
CALÇONS,			
Camifoles de mouffeline,			
Camifoles de toile de coton,			
Camifoles d'indienne,			
Camifoles de futaine,			
Chauffettes,			
Chauffons,			
Chemifes de jour, de garçon,			
Chemifes de nuit, de garçon,			
Chemifes de jour, de demoifelle			
Chemifes de nuit, de demoifelle,			
Chemifes petites,			
Chemifes-robes de mouffeline,			
Chemifes-robe d'indienne,			
Collerettes de mouffeline,			
Cols de mouffeline,			
Couches,			
Couvres-pieds garnis,			
Culottes de draps de coton,			
Culottes de bafin,			
Culottes de toile de coton,			
DESHABILLERS de toile de coton,			
TOTAL			

ARTICLE	liv.	f.	d.
Defhabillers d'indienne,			
FOURREAUX de toile de coton,			
Fourreaux de linon,			
Fourreaux d'indienne,			
GARNITURES de lit,			
Gillets de bafin,			
Gillets de toile de coton,			
JACTONS,			
Jupons de toile de coton garnis,			
Jupons de bafin garnis,			
Jupons de futaine,			
Jupons de moleton,			
LANGES piqués,			
Lange de futaine,			
Lange de laine,			
Linge de toilette,			
MANTELETS de mouffeline,			
Manchettes de garçon,			
Matelots de toile,			
Matelots de Nankin,			
Mouchoirs de toile,			
Mouchoirs de batifte,			
PAIRES de bas de coton,			
paires de bas de fil,			
paires de bas petits,			
paires de bas de laine,			
paires de poches,			
Peignoirs,			
Pierrots & Jupon de linon,			
Pierrots & Jupon de mouffeline,			
Pieces d'eftomac,			
ROBES & Jupons de toile de coton,			
Robes & Jupons de mouffeline,			
Robes & Jupons d'indienne,			
Robe de chambre,			
TETIERES,			
Tours de bonnet,			
Tours de chaifes,			
VESTES de bafin,			
Veftes de toile de coton,			
Veftes de nankin,			
Veftes de drap de coton.			
TOTAL			

ARTICLE

Linge d'Office.

CHAUSSES à paſſer,
ESSUIE-MAINS,
NAPES damaſſées,
Napes à linteaux,
Napes à grains d'orge,
Napes ouvrées,
Napes d'office,
Napes petites,
Napes de veniſe,
Napes de cuiſine,
PAQUETS de Torchons,
SERVIETTES d'amaſſées,
Serviettes à linteaux,
Serviettes à grains d'orge,
Serviettes ouvrées,
Serviettes de Veniſe,
TABLIERS d'office,
Tabliers de cuiſine,
Torchons,

Linge de la Femme de Chambre.

BANDEAUX,
Bonnets ronds,
Bonnets piqués,
CAMISOLES de toile de coton,
Camiſoles d'indienne,
Chemiſes,
Corſet de toile,
Corſet de baſin,
DESHABILLÉ complet de toile de coton,
Deshabillé complet d'indienne,
FICHUS de mouſſeline,
Fichus de linon,
JUPONS piqués,
Jupons houetrés,
Jupons de toile de coton,
LINGE de toilette,
MOUCHOIRS blancs,
Mouchoirs de couleur,
PAIRES de poches,
paires de bas de coton,
paires de bas de fil,

ARTICLE

ROBE & Jupon d'indienne,
Robe & Jupons de toile de coton,
Robe & Jupon de mouſſeline,
SERRE-TÊTES.

Linge de la Cuiſiniere.

BONNETS ronds,
Bonnets piqués,
CAMISOLES d'indienne,
Camiſoles de toile de coton,
Chemiſes,
DESHABILLÉ compl. de toile de cot.
Deshabiller complet d'indienne,
FICHUS de mouſſeline,
Fichus de linon,
JUPONS piqués,
Jupons de toile de coton,
Jupons d'indienne,
LINGE de toilette,
MOUCHOIRS blancs,
Mouchoirs de couleur,
PAIRES de poches,
paires de bas de laine,
paires de bas de coton,
paires de bas de fil,
ROBE & Jupon d'indienne,
Robe & Jupon de toile de coton,
SERRE-TÊTE,

Linge du Domeſtique.

BONNETS de coton,
Bonnets de laine,
CALÇONS,
Chemiſes,
Cols,
Cravattes,
Culottes blanches,
Culotte de Nankin,
MOUCHOIRS,
PAIRES de bas de coton,
paires de bas de fil,
paires de bas de laine,
paires de bas de filoſelle,
paires de chauſſons,
VESTES blanches,
Veſtes de Nankin,

TOTAL

le **DU MOIS** d

donné à blanchir

SÇAVOIR à Monsieur.

ARTICLE	liv.	f.	d.	ARTICLE	liv.	f.	d.
Bandeaux,				Mouchoirs des indes,			
Bonnets de coton,				Mouchoirs de toile blanche,			
Bonnets de laine,				Mouchoirs de batifte,			
Bretelles.				Mouchoirs de couleurs,			
Calçons de toile,				Napes,			
Calçons de futaine,				Paires de draps de maître,			
Camifoles de toile,				paires de draps de domeftique,			
Camifoles de futaine,				paires de bas de fil,			
Camifoles d'indienne,				paires de bas de coton,			
Chauffettes,				paires de bas de laine,			
Chemifes de jour, garnies,				paires de bas de filofele,			
Chemifes de nuit,				paires de chauffons de toile,			
Coiffes de Bonnets,				paires de chauffons de tricot,			
Cols de mouffeline,				Pantalon de moleton,			
Cols de bafin,				Pantalon de toile,			
Cravattes de mouffeline,				Pantalon de tricot,			
Cravattes de batifte,				Peignoirs,			
Culottes de bafin,				Pieces d'eftomac,			
Culottes de toile de coton,				Robe-de-chambre d'indienne,			
Culottes de draps de coton,				Robe-de-chambre piquée,			
Culottes de Nankin,				Sacs à pelottes,			
Essuie-mains,				Serre-têtes,			
Frottoirs,				Serviettes de toilette,			
Gants de fil,				Sufpenfoirs,			
Gillets de bafin,				Tablier du matin,			
Gillets de flanelle,				Tayes d'oreillers,			
Guêtres de toile,				Vestes de bafin,			
Gillets de futaine,				Veftes de drap de coton			
Gillets de toile de coton,				Veftes de Mouffeline,			
Linge à barbe,				Veftes de Nankin,			
Manchettes de moufseline,				Veftes piquées,			
Manchettes de batifte,				Veftes de toile de coton,			
Manchettes effilées,							
Manchettes de bottes,							
TOTAL				**TOTAL**			

SÇAVOIR, à Madame

ARTICLE	liv.	f.	d.
BANDES à faigner,			
Bandeaux,			
Baftiennes,			
Bloufes,			
Bonnets piqués,			
Bonnets ronds de mouffeline,			
Bonnets ronds de linon, —			
Bonnets ronds de dentelle			
CAMISOLES de mouffeline garnies,			
Camifoles de toile de coton garnies,			
Camifoles piquées garnies,			
Camifoles houettées garnies,			
Chemifes de jour,			
Chemifes de nuit,			
Chemifes de batifte,			
Chemifes de bain,			
Chemifes-robes de mouffeline,			
Chemifes-robe d'indienne,			
Chemife-robe, de linon,			
Coïffes de mouffeline,			
Collerette,			
Corfet de toile de coton garnis,			
Corfets de bafin garnis,			
Corfets de toile fine garnis,			
Courtes-pointes,			
Couverture de coton,			
Couvre-pieds piqués garnis,			
Couvre-pieds de mouffeline,			
Couvre-meuble,			
DRAPS de maîtres,			
Draps fans couture,			
Draps de domeftique,			
Deshabillers garnis,			
ESSUIE-MAINS			
FOURREAUX de toile de coton,			
Fourreaux de mouffeline,			
Fourreaux d'indienne,			
Fourreaux de linon,			
Fichus de mouffeline;			
TOTAL			

ARTICLE	liv.	f.	d.
Fichus de batifte,			
Fichus doubles,			
Fichus de linon,			
Fichus frifés,			
Fraifettes de mouffeline,			
Frottoirs de futaine,			
Frottoirs de flannelle,			
GARNITURES de lit de toile,			
Gaule de mouffeline,			
Gaule d'indienne,			
HOUPELANDE,			
JUPONS piqués, blancs, garnis,			
Jupons de moleton,			
Jupons de futaine,			
Jupons de bafin garnis,			
Jupons de granat,			
Jupons houettés, garnis,			
Jupons de linon,			
Jupons de mouffeline,			
LINGE de toilette,			
Linge de Garde-robe,			
Linges de baignoir,			
MANTELETS de mouffeline,			
Mouchoirs de toile blanche,			
Mouchoirs de batifte,			
Mouchoirs des indes,			
PAIRES de poches de bafin, garnies,			
Paires de poches de toile, garnies,			
paire de bas de coton,			
Peignoirs de toile,			
Peignoirs de Mouffeline,			
Pieces d'eftomac,			
Pierrot & Jupon de linon,			
RIDEAUX de mouffeline, grands,			
Rideaux de toile de coton, grands,			
Rideaux de mouffeline, petits,			
Rideaux de linon, petits,			
Robe & Jupon de toile de coton,			
TOTAL			

ARTICLE	liv.	f.	d.
Robe & Jupon de mousseline,			
Robe & Jupon de linon,			
Robe & Jupon d'indienne ,			
Rodingotte d'indienne ,			
SACS à pelottes,			
Serre-têtes,			
Serviettes de toilette,			
Serviettes de garderobe,			
TABLIERS de Femme-de-chambre,			
Tabliers de coëffeur,			
Tayes d'oreillers garnies ,			
Toilette garnie de mousseline ,			
Tours de chaise,			
Tour de bassin ,			

Linge des Enfans.

ARTICLE	liv.	f.	d.
BANDEAUX,			
Bandes,			
Bavoirs ;			
Beguin,			
Brassieres de futaine ;			
Brassieres de flanelle ,			
CALÇONS,			
Camisoles de mousseline ,			
Camisoles de toile de coton ;			
Camisoles d'indienne ,			
Camisoles de futaine,			
Chauffettes,			
Chauffons,			
Chemises de jour, de garçon,			
Chemises de nuit, de garçon,			
Chemises de jour, de demoiselle			
Chemises de nuit, de demoiselle ,			
Chemises petites,			
Chemises-robes de mousseline ,			
Chemises-robe d'indienne,			
Collerettes de mousseline ,			
Cols de mousseline ,			
Couches ,			
Couvres-pieds garnis ;			
Culottes de draps de coton ;			
Culottes de basin,			
Culottes de toile de coton ,			
DESHABILLERS de toile de coton,			
TOTAL			

ARTICLE	liv.	f.	d.
Deshabillers d'indienne ;			
FOURREAUX de toile de coton,			
Fourreaux de linon ,			
Fourreaux d'indienne ,			
GARNITURES de lit ;			
Gillets de basin ,			
Gillets de toile de coton ;			
JACTONS,			
Jupons de toile de coton garnis ,			
Jupons de basin garnis ,			
Jupons de futaine ,			
Jupons de moleton ,			
LANGES piqués ;			
Lange de futaine ,			
Lange de laine ,			
Linge de toilette ;			
MANTELETS de mousseline,			
Manchettes de garçon ,			
Matelots de toile ,			
Matelots de Nankin ,			
Mouchoirs de toile ,			
Mouchoirs de batiste ,			
PAIRES de bas de coton ;			
paires de bas de fil ,			
paires de bas petits,			
paires de bas de laine ;			
paires de poches ,			
Peignoirs ,			
Pierrots & Jupon de linon,			
Pierrots & Jupon de mousseline ;			
Pieces d'estomac,			
ROBES & Jupons de toile de coton,			
Robes & Jupons de mousseline,			
Robes & Jupons d'indienne,			
Robe de chambre ,			
TETIERES,			
Tours de bonnet ;			
Tours de chaises,			
VESTES de basin ,			
Vestes de toile de coton ,			
Vestes de nankin ,			
Vestes de drap de coton.			
TOTAL			

ARTICLE	liv.	f.	d.
Linge d'Office.			
CHAUSSES à paſſer,			
ESSUIE-MAINS,			
NAPES damaſſées,			
Napes à linteaux,			
Napes à grains d'orge,			
Napes ouvrées,			
Napes d'office,			
Napes petites,			
Napes de veniſe,			
Napes de cuiſine,			
PAQUETS de Torchons,			
SERVIETTES d'amaſſées,			
Serviettes à linteaux,			
Serviettes à grains d'orge,			
Serviettes ouvrées,			
Serviettes de Veniſe,			
TABLIERS d'office,			
Tabliers de cuiſine,			
Torchons,			
Linge de la Femme de Chambre.			
BANDEAUX,			
Bonnets ronds,			
Bonnets piqués,			
CAMISOLES de toile de coton,			
Camiſoles d'indienne,			
Chemiſes,			
Corſet de toile,			
Corſet de baſin,			
DESHABILLÉ complet de toile de coton,			
Deshabillé complet d'indienne,			
FICHUS de mouſſeline,			
Fichus de linon,			
JUPONS piqués,			
Jupons houetrés,			
Jupons de toile de coton,			
LINGE de toilette,			
MOUCHOIRS blancs,			
Mouchoirs de couleur,			
PAIRES de poches,			
paires de bas de coton,			
paires de bas de fil,			
TOTAL			

ARTICLE	liv.	f.	
ROBE & Jupon d'indienne,			
Robe & Jupons de toile de coton,			
Robe & Jupon de mouſſeline,			
SERRE-TÊTES.			
Linge de la Cuiſiniere.			
BONNETS ronds,			
Bonnets piqués,			
CAMISOLES d'indienne,			
Camiſoles de toile de coton,			
Chemiſes,			
DESHABILLÉ compl. de toile de cot.			
Deshabiller complet d'indienne,			
FICHUS de mouſſeline,			
Fichus de linon,			
JUPONS piqués,			
Jupons de toile de coton,			
Jupons d'indienne,			
LINGE de toilette,			
MOUCHOIRS blancs,			
Mouchoirs de couleur,			
PAIRES de poches,			
paires de bas de laine,			
paires de bas de coton,			
paires de bas de fil,			
ROBE & Jupon d'indienne,			
Robe & Jupon de toile de coton,			
SERRE-TETE,			
Linge du Domeſtique.			
BONNETS de coton,			
Bonnets de laine,			
CALÇONS,			
Chemiſes,			
Cols,			
Cravattes,			
Culottes blanches,			
Culotte de Nankin,			
MOUCHOIRS,			
PAIRES de bas de coton,			
paires de bas de fil,			
paires de bas de laine,			
paires de bas de filoſelle,			
paires de chauſſons,			
VESTES blanches,			
Veſtes de Nankin,			
TOTAL			

donné à blanchir

SÇAVOIR à Monfieur.

ARTICLE	liv.	f.	d.	ARTICLE	liv.	f.	d.
Bandeaux,				Mouchoirs des indes,			
Bonnets de coton,				Mouchoirs de toile blanche,			
Bonnets de laine,				Mouchoirs de batifte,			
Bretelles.				Mouchoirs de couleurs,			
Calçons de toile,				Napes,			
Calçons de futaine,				Paires de draps de maître,			
Camifoles de toile,				paires de draps de domeftique,			
Camifoles de futaine,				paires de bas de fil,			
Camifoles d'indienne,				paires de bas de coton,			
Chauffettes,				paires de bas de laine,			
Chemifes de jour, garnies,				paires de bas de filofele,			
Chemifes de nuit,				paires de chauffons de toile,			
Coïffes de Bonnets,				paires de chauffons de tricot,			
Cols de mouffeline,				Pantalon de moleton,			
Cols de bafin,				Pantalon de toile,			
Cravattes de mouffeline,				Pantalon de tricot,			
Cravattes de batifte,				Peignoirs,			
Culottes de bafin,				Pieces d'eftomac,			
Culottes de toile de coton,				Robe-de-chambre d'indienne,			
Culottes de draps de coton,				Robe-de-chambre piquée,			
Culottes de Nankin,				Sacs à pelottes,			
Essuie-mains,				Serre-têtes,			
Frottoirs				Serviettes de toilette,			
Gants de fil,				Sufpenfoirs,			
Gillets de bafin,				Tablier du matin,			
Gillets de flanelle,				Tayes d'oreillers,			
Guêtres de toile,				Veftes de bafin,			
Gillets de futaine,				Veftes de drap de coton			
Gillets de toile de coton,				Veftes de Mouffeline,			
Linge à barbe,				Veftes de Nankin,			
Manchettes de moufseline,				Veftes piquées,			
Manchettes de batifte,				Veftes de toile de coton,			
Manchettes effilées,							
Manchettes de bottes,							
TOTAL				**TOTAL**			

SÇAVOIR, à Madame

ARTICLE	liv.	s.	d.
BANDES à saigner,			
Bandeaux,			
Baſtiennes,			
Blouſes,			
Bonnets piqués,			
Bonnets ronds de mouſſeline,			
Bonnets ronds de linon,			
Bonnets ronds de dentelle			
CAMISOLES de mouſſeline garnies,			
Camiſoles de toile de coton garnies,			
Camiſoles piquées garnies,			
Camiſoles houettées garnies,			
Chemiſes de jour,			
Chemiſes de nuit,			
Chemiſes de batiſte,			
Chemiſes de bain,			
Chemiſes-robes de mouſſeline,			
Chemiſes-robe d'indienne,			
Chemiſe-robe, de linon,			
Coïffes de mouſſeline,			
Collerette,			
Corſet de toile de coton garnis,			
Corſets de baſin garnis,			
Corſets de toile fine garnis,			
Courtes-pointes,			
Couverture de coton,			
Couvre-pieds piqués garnis,			
Couvre-pieds de mouſſeline,			
Couvre-meuble,			
DRAPS de maîtres,			
Draps ſans couture,			
Draps de domeſtique,			
Deshabillers garnis,			
ESSUIE-MAINS			
FOURREAUX de toile de coton,			
Fourreaux de mouſſeline,			
Fourreaux d'indienne,			
Fourreaux de linon,			
Fichus de mouſſeline,			
TOTAL			

ARTICLE	liv.	s.	d.
Fichus de batiſte,			
Fichus doubles,			
Fichus de linon,			
Fichus friſés,			
Fraiſettes de mouſſeline,			
Frottoirs de futaine,			
Frottoirs de flannelle,			
GARNITURES de lit de toile,			
Gaule de mouſſeline,			
Gaule d'indienne,			
HOUPELANDE,			
JUPONS piqués, blancs, garnis,			
Jupons de moleton,			
Jupons de futaine,			
Jupons de baſin garnis,			
Jupons de granat,			
Jupons houettés, garnis,			
Jupons de linon,			
Jupons de mouſſeline,			
LINGE de toilette,			
Linge de Garde-robe,			
Linges de baignoir,			
MANTELETS de mouſſeline,			
Mouchoirs de toile blanche,			
Mouchoirs de batiſte,			
Mouchoirs des indes,			
PAIRES de poches de baſin, garnies,			
Paires de poches de toile, garnies,			
paire de bas de coton,			
Peignoirs de toile,			
Peignoirs de Mouſſeline,			
Pieces d'eſtomac,			
Pierrot & Jupon de linon,			
RIDEAUX de mouſſeline, grands,			
Rideaux de toile de coton, grands,			
Rideaux de mouſſeline, petits,			
Rideaux de linon, petits,			
Robe & Jupon de toile de coton,			
TOTAL			

ARTICLE	liv.	f.	d.
Robe & Jupon de mousseline,			
Robe & Jupon de linon,			
Robe & Jupon d'indienne,			
Rodingotte d'indienne,			
SACS à pelottes,			
Serre-têtes,			
Serviettes de toilette,			
Serviettes de garderobe,			
TABLIERS de Femme-de-chambre,			
Tabliers de coëffeur,			
Tayes d'oreillers garnies,			
Toilette garnie de mousseline,			
Tours de chaise,			
Tour de bassin,			

Linge des Enfans.

ARTICLE	liv.	f.	d.
BANDEAUX,			
Bandes,			
Bavoirs,			
Béguin,			
Brassieres de futaine,			
Brassieres de flanelle,			
CALÇONS,			
Camisoles de mousseline,			
Camisoles de toile de coton,			
Camisoles d'indienne,			
Camisoles de futaine,			
Chauffettes,			
Chaussons,			
Chemises de jour, de garçon,			
Chemises de nuit, de garçon,			
Chemises de jour, de demoiselle.			
Chemises de nuit, de demoiselle,			
Chemises petites,			
Chemises-robes de mousseline,			
Chemises-robe d'indienne,			
Collerettes de mousseline,			
Cols de mousseline,			
Couches,			
Couvre-pieds garnis,			
Culottes de draps de coton,			
Culottes de basin,			
Culottes de toile de coton,			
DESHABILLERS de toile de coton,			
TOTAL			

ARTICLE	liv.	f.	d.
Deshabillers d'indienne,			
FOURREAUX de toile de coton,			
Fourreaux de linon,			
Fourreaux d'indienne,			
GARNITURES de lit,			
Gillets de basin,			
Gillets de toile de coton,			
JACTONS,			
Jupons de toile de coton garnis,			
Jupons de basin garnis,			
Jupons de futaine,			
Jupons de moleton,			
LANGES piqués,			
Lange de futaine,			
Lange de laine,			
Linge de toilette,			
MANTELETS de mousseline,			
Manchettes de garçon,			
Matelots de toile,			
Matelots de Nankin,			
Mouchoirs de toile,			
Mouchoirs de batiste,			
PAIRES de bas de coton,			
paires de bas de fil,			
paires de bas petits,			
paires de bas de laine,			
paires de poches,			
Peignoirs,			
Pierrots & Jupon de linon,			
Pierrots & Jupon de mousseline,			
Pieces d'estomac,			
ROBES & Jupons de toile de coton,			
Robes & Jupons de mousseline,			
Robes & Jupons d'indienne,			
Robe de chambre,			
TETIERES,			
Tours de bonnet,			
Tours de chaises,			
VESTES de basin,			
Vestes de toile de coton,			
Vestes de nankin,			
Vestes de drap de coton.			
TOTAL			

ARTICLE | | liv. | f. | d.

Linge d'Office.

CHAUSSES à paſſer,
ESSUIE-MAINS,
NAPES damaſſées,
Napes à linteaux,
Napes à grains d'orge,
Napes ouvrées,
Napes d'office,
Napes petites,
Napes de veniſe,
Napes de cuiſine,
PAQUETS de Torchons,
SERVIETTES d'amaſſées,
Serviettes à linteaux,
Serviettes à grains d'orge,
Serviettes ouvrées,
Serviettes de Veniſe,
TABLIERS d'office,
Tabliers de cuiſine,
Torchons,

Linge de la Femme de Chambre.

BANDEAUX,
Bonnets ronds,
Bonnets piqués,
CAMISOLES de toile de coton,
Camiſoles d'indienne,
Chemiſes,
Corſet de toile,
Corſet de baſin,
DESHABILLÉ complet de toile de coton,
Deshabillé complet d'indienne,
FICHUS de mouſſeline,
Fichus de linon,
JUPONS piqués,
Jupons houetrés,
Jupons de toile de coton,
LINGE de toilette,
MOUCHOIRS blancs,
Mouchoirs de couleur,
PAIRES de poches,
paires de bas de coton,
paires de bas de fil,

TOTAL

ARTICLE | | liv. | f. | d.

ROBE & Jupon d'indienne,
Robe & Jupons de toile de coton,
Robe & Jupon de mouſſeline,
SERRE-TÈTES.

Linge de la Cuiſiniere.

BONNETS ronds,
Bonnets piqués,
CAMISOLES d'indienne,
Camiſoles de toile de coton,
Chemiſes,
DESHABILLÉ compl. de toile de cot.
Deshabiller complet d'indienne,
FICHUS de mouſſeline,
Fichus de linon,
JUPONS piqués,
Jupons de toile de coton,
Jupons d'indienne,
LINGE de toilette,
MOUCHOIRS blancs,
Mouchoirs de couleur,
PAIRES de poches,
paires de bas de laine,
paires de bas de coton,
paires de bas de fil,
ROBE & Jupon d'indienne,
Robe & Jupon de toile de coton,
SERRE-TETE,

Linge du Domeſtique.

BONNETS de coton,
Bonnets de laine,
CALÇONS,
Chemiſes,
Cols,
Cravattes,
Culottes blanches,
Culotte de Nankin,
MOUCHOIRS,
PAIRES de bas de coton,
paires de bas de fil,
paires de bas de laine,
paires de bas de filoſelle,
paires de chauſſons,
VESTES blanches,
Veſtes de Nankin,

TOTAL

le DU MOIS d

donné à blanchir

SÇAVOIR à Monsieur.

ARTICLE	liv.	f.	d.
BANDEAUX,			
Bonnets de coton,			
Bonnets de laine,			
Bretelles.			
CALÇONS de toile,			
Calçons de futaine,			
Camisoles de toile,			
Camisoles de futaine,			
Camisoles d'indienne,			
Chauffettes,			
Chemises de jour, garnies,			
Chemises de nuit,			
Coîffes de Bonnets,			
Cols de mousseline,			
Cols de basin,			
Cravattes de mousseline,			
Cravattes de batifte,			
Culottes de basin,			
Culottes de toile de coton,			
Culottes de draps de coton,			
Culottes de Nankin,			
ESSUIE-MAINS,			
FROTTOIRS,			
GANTS de fil,			
Gillets de basin,			
Gillets de flanelle,			
Guêtres de toile,			
Gillets de futaine,			
Gillets de toile de coton,			
LINGE à barbe,			
MANCHETTES de mousseline,			
Manchettes de batifte,			
Manchettes effilées,			
Manchettes de bottes,			
TOTAL			

ARTICLE	liv.	f.	d.
Mouchoirs des indes,			
Mouchoirs de toile blanche,			
Mouchoirs de batifte,			
Mouchoirs de couleurs,			
NAPES,			
PAIRES de draps de maître,			
paires de draps de domeftique,			
paires de bas de fil,			
paires de bas de coton,			
paires de bas de laine,			
paires de bas de filofele,			
paires de chauffons de toile,			
paires de chauffons de tricot,			
Pantalon de moleton,			
Pantalon de toile,			
Pantalon de tricot,			
Peignoirs,			
Pieces d'eftomac,			
ROBE-de-chambre d'indienne,			
Robe-de-chambre piquée,			
SACS à pelottes,			
Serre-têtes,			
Serviettes de toilette,			
Suspenfoirs,			
TABLIER du matin,			
Tayes d'oreillers,			
VESTES de basin,			
Veftes de drap de coton			
Veftes de Mousseline,			
Veftes de Nankin,			
Veftes piquées,			
Veftes de toile de coton,			
TOTAL			

SÇAVOIR, à Madame

ARTICLE	liv.	f.	d.
BANDES à faigner,			
Bandeaux,			
Baftiennes,			
Bloufes,			
Bonnets piqués,			
Bonnets ronds de mouffeline,			
Bonnets ronds de linon,			
Bonnets ronds de dentelle			
CAMISOLES de mouffeline garnies,			
Camifoles de toile de coton garnies,			
Camifoles piquées garnies,			
Camifoles houettées garnies,			
Chemifes de jour,			
Chemifes de nuit,			
Chemifes de batifte,			
Chemifes de bain,			
Chemifes-robes de mouffeline,			
Chemifes-robe d'indienne,			
Chemife-robe, de linon,			
Coïffes de mouffeline,			
Collerette,			
Corfet de toile de coton garnis,			
Corfets de bafin garnis,			
Corfets de toile fine garnis,			
Courtes-pointes,			
Couverture de coton,			
Couvre-pieds piqués garnis,			
Couvre-pieds de mouffeline,			
Couvre-meuble,			
DRAPS dé maîtres,			
Draps fans couture,			
Draps de domeftique,			
Deshabillers garnis,			
ESSUIE-MAINS			
FOURREAUX de toile de coton,			
Fourreaux de mouffeline,			
Fourreaux d'indienne,			
Fourreaux de linon,			
Fichus de mouffeline,			
TOTAL			

ARTICLE	liv.	f.	d.
Fichus de batifte,			
Fichus doubles,			
Fichus de linon,			
Fichus frifés,			
Fraifettes de mouffeline,			
Frottoirs de futaine,			
Frottoirs de flannelle,			
GARNITURES de lit de toile,			
Gaule de mouffeline,			
Gaule d'indienne,			
HOUPELANDE,			
JUPONS piqués, blancs, garnis,			
Jupons de moleton,			
Jupons de futaine,			
Jupons de bafin garnis,			
Jupons de granat,			
Jupons houettés, garnis,			
Jupons de linon,			
Jupons de mouffeline,			
LINGE de toilette,			
Linge de Garde-robe,			
Linges de baignoir,			
MANTELETS de mouffeline,			
Mouchoirs de toile blanche,			
Mouchoirs de batifte,			
Mouchoirs des indes,			
PAIRES de poches de bafin, garnies,			
Paires de poches de toile, garnies,			
paire de bas de coton,			
Peignoirs de toile,			
Peignoirs de Mouffeline,			
Pieces d'eftomac,			
Pierrot & Jupon de linon,			
RIDEAUX de mouffeline, grands,			
Rideaux de toile de coton, grands,			
Rideaux de mouffeline, petits,			
Rideaux de linon, petits,			
Robe & Jupon de toile de coton,			
TOTAL			

ARTICLE	liv.	f.	d.
Robe & Jupon de mousseline,			
Robe & Jupon de linon,			
Robe & Jupon d'indienne,			
Rodingotte d'indienne,			
SACS à pelottes,			
Serre-têtes,			
Serviettes de toilette,			
Serviettes de garderobe,			
TABLIERS de Femme-de-chambre,			
Tabliers de coëffeur,			
Tayes d'oreillers garnies,			
Toilette garnie de mousseline,			
Tours de chaise,			
Tour de bassin,			
Linge des Enfans.			
BANDEAUX,			
Bandes,			
Bavoirs,			
Beguin,			
Brassieres de futaine,			
Brassieres de flanelle,			
CALÇONS,			
Camisoles de mousseline,			
Camisoles de toile de coton,			
Camisoles d'indienne,			
Camisoles de futaine,			
Chaussettes,			
Chaussons,			
Chemises de jour, de garçon,			
Chemises de nuit, de garçon,			
Chemises de jour, de demoiselle			
Chemises de nuit, de demoiselle,			
Chemises petites,			
Chemises-robes de mousseline,			
Chemises-robe d'indienne,			
Collerettes de mousseline,			
Cols de mousseline,			
Couches,			
Couvre-pieds garnis,			
Culottes de draps de coton,			
Culottes de basin,			
Culottes de toile de coton,			
DESHABILLERS de toile de coton,			
TOTAL			

ARTICLE	liv.	f.	d.
Deshabillers d'indienne,			
FOURREAUX de toile de coton,			
Fourreaux de linon,			
Fourreaux d'indienne,			
GARNITURES de lit,			
Gillets de basin,			
Gillets de toile de coton,			
JACTONS,			
Jupons de toile de coton garnis,			
Jupons de basin garnis,			
Jupons de futaine,			
Jupons de moleton,			
LANGES piqués,			
Lange de futaine,			
Lange de laine,			
Linge de toilette,			
MANTELETS de mousseline,			
Manchettes de garçon,			
Matelots de toile,			
Matelots de Nankin,			
Mouchoirs de toile,			
Mouchoirs de batiste,			
PAIRES de bas de coton,			
paires de bas de fil,			
paires de bas petits,			
paires de bas de laine,			
paires de poches,			
Peignoirs,			
Pierrots & Jupon de linon,			
Pierrots & Jupon de mousseline,			
Pieces d'estomac,			
ROBES & Jupons de toile de coton,			
Robes & Jupons de mousseline,			
Robes & Jupons d'indienne,			
Robe de chambre,			
TETIERES,			
Tours de bonnet,			
Tours de chaises,			
VESTES de basin,			
Vestes de toile de coton,			
Vestes de nankin,			
Vestes de drap de coton.			
TOTAL			

ARTICLE	liv.	f.	d.

Linge d'Office.

CHAUSSES à paſſer,
   ESSUIE-MAINS,
   NAPES damaſſées,
Napes à linteaux,
Napes à grains d'orge,
Napes ouvrées,
Napes d'office,
Napes petites,
Napes de veniſe,
Napes de cuiſine,
   PAQUETS de Torchons,
   SERVIETTES d'amaſſées,
Serviettes à linteaux,
Serviettes à grains d'orge,
Serviettes ouvrées,
Serviettes de Veniſe,
   TABLIERS d'office,
Tabliers de cuiſine,
Torchons,

Linge de la Femme de Chambre.

BANDEAUX,
Bonnets ronds,
Bonnets piqués,
   CAMISOLES de toile de coton,
Camiſoles d'indienne,
Chemiſes,
Corſet de toile,
Corſet de baſin,
   DESHABILLÉ complet de toile de coton,
Deshabillé complet d'indienne,
   FICHUS de mouſſeline,
Fichus de linon,
   JUPONS piqués,
Jupons houettés,
Jupons de toile de coton,
   LINGE de toilette,
   MOUCHOIRS blancs,
Mouchoirs de couleur,
   PAIRES de poches,
paires de bas de coton,
paires de bas de fil,

           TOTAL

ARTICLE	liv.	f.	d.

   ROBE & Jupon d'indienne,
Robe & Jupons de toile de coton,
Robe & Jupon de mouſſeline,
   SERRE-TÊTES.

Linge de la Cuiſinière.

BONNETS ronds,
Bonnets piqués,
   CAMISOLES d'indienne,
Camiſoles de toile de coton,
Chemiſes,
   DESHABILLÉ compl. de toile de cot.
Deshabiller complet d'indienne,
   FICHUS de mouſſeline,
Fichus de linon,
   JUPONS piqués,
Jupons de toile de coton,
Jupons d'indienne,
   LINGE de toilette,
   MOUCHOIRS blancs,
Mouchoirs de couleur,
   PAIRES de poches,
paires de bas de laine,
paires de bas de coton,
paires de bas de fil,
   ROBE & Jupon d'indienne,
Robe & Jupon de toile de coton,
   SERRE-TÊTE,

Linge du Domeſtique.

BONNETS de coton,
Bonnets de laine,
   CALÇONS,
Chemiſes,
Cols,
Cravattes,
Culottes blanches,
Culotte de Nankin,
   MOUCHOIRS,
   PAIRES de bas de coton,
paires de bas de fil,
paires de bas de laine,
paires de bas de filoſelle,
paires de chauſſons,
   VESTES blanches,
Veſtes de Nankin,

           TOTAL

donné à blanchir

SÇAVOIR à Monsieur.

ARTICLE	liv.	f.	d.	ARTICLE	liv.	f.	d.
BANDEAUX,				Mouchoirs des indes,			
Bonnets de coton,				Mouchoirs de toile blanche,			
Bonnets de laine,				Mouchoirs de batiste,			
Bretelles,				Mouchoirs de couleurs,			
CALÇONS de toile,				NAPES,			
Calçons de futaine,				PAIRES de draps de maître,			
Camifoles de toile,				paires de draps de domestique,			
Camifoles de futaine,				paires de bas de fil,			
Camifoles d'indienne,				paires de bas de coton,			
Chauffettes,				paires de bas de laine,			
Chemises de jour, garnies,				paires de bas de filofele,			
Chemises de nuit,				paires de chauffons de toile,			
Coîffes de Bonnets,				paires de chauffons de tricot,			
Cols de mousseline,				Pantalon de moleton,			
Cols de basin,				Pantalon de toile,			
Cravattes de mousseline,				Pantalon de tricot,			
Cravattes de batiste,				Peignoirs;			
Culottes de basin,				Pieces d'estomac,			
Culottes de toile de coton,				ROBE-de-chambre d'indienne,			
Culottes de draps de coton,				Robe-de-chambre piquée,			
Culottes de Nankin,				SACS à pelottes,			
ESSUIE-MAINS,				Serre-têtes,			
FROTTOIRS				Serviettes de toilette,			
GANTS de fil,				Sufpenfoirs,			
Gillets de basin,				TABLIER du matin,			
Gillets de flanelle,				Tayes d'oreillers,			
Guêtres de toile,				VESTES de basin,			
Gillets de futaine,				Vestes de drap de coton			
Gillets de toile de coton,				Vestes de Mousseline,			
LINGE à barbe,				Vestes de Nankin,			
MANCHETTES de mousseline,				Vestes piquées,			
Manchettes de batiste,				Vestes de toile de coton,			
Manchettes effilées,							
Manchettes de bottes,							
TOTAL				**TOTAL**			

SÇAVOIR, à Madame

ARTICLE	liv.	f.	d.
BANDES à faigner,			
Bandeaux,			
Baftiennes,			
Bloufes,			
Bonnets piqués,			
Bonnets ronds de mouffeline,			
Bonnets ronds de linon,			
Bonnets ronds de dentelle			
CAMISOLES de mouffeline garnies,			
Camifoles de toile de coton garnies,			
Camifoles piquées garnies,			
Camifoles houettées garnies,			
Chemifes de jour,			
Chemifes de nuit,			
Chemifes de batifte,			
Chemifes de bain,			
Chemifes-robes de mouffeline,			
Chemifes-robe d'indienne,			
Chemife-robe, de linon,			
Coïffes de mouffeline,			
Collerette,			
Corfet de toile de coton garnis,			
Corfets de bafin garnis,			
Corfets de toile fine garnis,			
Courtes-pointes,			
Couverture de coton,			
Couvre-pieds piqués garnis,			
Couvre-pieds de mouffeline,			
Couvre-meuble,			
DRAPS de maîtres,			
Draps fans couture,			
Draps de domeftique,			
Deshabillers garnis,			
ESSUIE-MAINS			
FOURREAUX de toile de coton,			
Fourreaux de mouffeline,			
Fourreaux d'indienne,			
Fourreaux de linon,			
Fichus de mouffeline,			

TOTAL

ARTICLE	liv.	f.	d.
Fichus de batifte,			
Fichus doubles,			
Fichus de linon,			
Fichus frifés,			
Fraifettes de mouffeline,			
Frottoirs de futaine,			
Frottoirs de flannelle,			
GARNITURES de lit de toile,			
Gaule de mouffeline,			
Gaule d'indienne,			
HOUPELANDE,			
JUPONS piqués, blancs, garnis,			
Jupons de molcton,			
Jupons de futaine,			
Jupons de bafin garnis,			
Jupons de granat,			
Jupons houettés, garnis,			
Jupons de linon,			
Jupons de mouffeline,			
LINGE de toilette,			
Linge de Garde-robe,			
Linges de baignoir,			
MANTELETS de mouffeline,			
Mouchoirs de toile blanche,			
Mouchoirs de batifte,			
Mouchoirs des indes,			
PAIRES de poches de bafin, garnies,			
Paires de poches de toile, garnies,			
paire de bas de coton,			
Peignoirs de toile,			
Peignoirs de Mouffeline,			
Pieces d'eftomac,			
Pierrot & Jupon de linon,			
RIDEAUX de mouffeline, grands,			
Rideaux de toile de coton, grands,			
Rideaux de mouffeline, petits,			
Rideaux de linon, petits,			
Robe & Jupon de toile de coton,			

TOTAL

ARTICLE	liv.	s.	d.
Robe & Jupon de mousseline,			
Robe & Jupon de linon,			
Robe & Jupon d'indienne,			
Rodingotte d'indienne,			
SACS à pelottes,			
Serre-têtes,			
Serviettes de toilette,			
Serviettes de garderobe,			
TABLIERS de Femme-de-chambre,			
Tabliers de coëffeur,			
Tayes d'oreillers garnies,			
Toilette garnie de mousseline,			
Tours de chaise,			
Tour de bassin,			

Linge des Enfans.

ARTICLE	liv.	s.	d.
BANDEAUX,			
Bandes,			
Bavoirs;			
Beguin,			
Brassieres de futaine,			
Brassieres de flanelle,			
CALÇONS,			
Camisoles de mousseline,			
Camisoles de toile de coton,			
Camisoles d'indienne,			
Camisoles de futaine,			
Chauffettes,			
Chaussons,			
Chemises de jour, de garçon,			
Chemises de nuit, de garçon,			
Chemises de jour, de demoiselle			
Chemises de nuit, de demoiselle,			
Chemises petites,			
Chemises-robes de mousseline,			
Chemises-robe d'indienne,			
Collerettes de mousseline,			
Cols de mousseline,			
Couches,			
Couvres-pieds garnis,			
Culottes de draps de coton,			
Culottes de basin,			
Culottes de toile de coton,			
DESHABILLERS de toile de coton,			
TOTAL			

ARTICLE	liv.	s.	d.
Deshabillers d'indienne,			
FOURREAUX de toile de coton,			
Fourreaux de linon,			
Fourreaux d'indienne,			
GARNITURES de lit,			
Gillets de basin,			
Gillets de toile de coton,			
JACTONS,			
Jupons de toile de coton garnis,			
Jupons de basin garnis,			
Jupons de futaine,			
Jupons de moleton,			
LANGES piqués,			
Lange de futaine,			
Lange de laine,			
Linge de toilette,			
MANTELETS de mousseline,			
Manchettes de garçon,			
Matelots de toile,			
Matelots de Nankin,			
Mouchoirs de toile,			
Mouchoirs de batiste,			
PAIRES de bas de coton,			
paires de bas de fil,			
paires de bas petits,			
paires de bas de laine,			
paires de poches,			
Peignoirs,			
Pierrots & Jupon de linon,			
Pierrots & Jupon de mousseline,			
Pieces d'estomac,			
ROBES & Jupons de toile de coton,			
Robes & Jupons de mousseline,			
Robes & Jupons d'indienne,			
Robe de chambre,			
TETIERES,			
Tours de bonnet,			
Tours de chaises,			
VESTES de basin,			
Vestes de toile de coton,			
Vestes de nankin,			
Vestes de drap de coton.			
TOTAL			

ARTICLE	liv.	C	d.

Linge d'Office.

CHAUSSES à paſſer,
ESSUIE-MAINS,
NAPES damaſſées,
Napes à linteaux,
Napes à grains d'orge,
Napes ouvrées,
Napes d'office,
Napes petites,
Napes de veniſe,
Napes de cuiſine,
PAQUETS de Torchons,
SERVIETTES d'amaſſées,
Serviettes à linteaux,
Serviettes à grains d'orge,
Serviettes ouvrées,
Serviettes de Veniſe,
TABLIERS d'office,
Tabliers de cuiſine,
Torchons,

Linge de la Femme de Chambre.

BANDEAUX,
Bonnets ronds,
Bonnets piqués,
CAMISOLES de toile de coton,
Camiſoles d'indienne,
Chemiſes,
Corſet de toile,
Corſet de baſin,
DESHABILLÉ complet de toile de coton,
Deshabillé complet d'indienne,
FICHUS de mouſſeline,
Fichus de linon,
JUPONS piqués,
Jupons houettés,
Jupons de toile de coton,
LINGE de toilette,
MOUCHOIRS blancs,
Mouchoirs de couleur,
PAIRES de poches,
paires de bas de coton,
paires de bas de fil,

TOTAL

ARTICLE	liv.	C	d.

ROBE & Jupon d'indienne,
Robe & Jupons de toile de coton,
Robe & Jupon de mouſſeline,
SERRE-TÊTES.

Linge de la Cuiſiniere.

BONNETS ronds,
Bonnets piqués,
CAMISOLES d'indienne,
Camiſoles de toile de coton,
Chemiſes,
DESHABILLÉ compl. de toile de cot.
Deshabiller complet d'indienne,
FICHUS de mouſſeline,
Fichus de linon,
JUPONS piqués,
Jupons de toile de coton,
Jupons d'indienne,
LINGE de toilette,
MOUCHOIRS blancs,
Mouchoirs de couleur,
PAIRES de poches,
paires de bas de laine,
paires de bas de coton,
paires de bas de fil,
ROBE & Jupon d'indienne,
Robe & Jupon de toile de coton,
SERRE-TETE,

Linge du Domeſtique.

BONNETS de coton,
Bonnets de laine,
CALÇONS,
Chemiſes,
Cols,
Cravattes,
Culottes blanches,
Culotte de Nankin,
MOUCHOIRS,
PAIRES de bas de coton,
paires de bas de fil,
paires de bas de laine,
paires de bas de filoſelle,
paires de chauſſons,
VESTES blanches,
Veſtes de Nankin,

TOTAL

le   DU MOIS d

donné à blanchir

SÇAVOIR à Monfieur.

ARTICLE	liv.	f.	d.	ARTICLE	liv.	f.	d.
BANDEAUX,				Mouchoirs des indes,			
Bonnets de coton,				Mouchoirs de toile blanche,			
Bonnets de laine,				Mouchoirs de batifte,			
Bretelles.				Mouchoirs de couleurs,			
CALÇONS de toile,				NAPES,			
Calçons de futaine,				PAIRES de draps de maître,			
Camifoles de toile,				paires de draps de domeftique,			
Camifoles de futaine,				paires de bas de fil,			
Camifoles d'indienne,				paires de bas de coton,			
Chauffettes,				paires de bas de laine,			
Chemifes de jour, garnies,				paires de bas de filofele,			
Chemifes de nuit,				paires de chauffons de toile,			
Coîffes de Bonnets,				paires de chauffons de tricot,			
Cols de mouffeline,				Pantalon de moleton,			
Cols de bafin,				Pantalon de toile,			
Cravattes de mouffeline,				Pantalon de tricot,			
Cravattes de batifte,				Peignoirs,			
Culottes de bafin,				Piecés d'eftomac,			
Culottes de toile de coton,							
Culottes de draps de coton,				ROBE-de-chambre d'indienne,			
Culottes de Nankin,				Robe-de-chambre piquée,			
ESSUIE-MAINS,				SACS à pelottes,			
FROTTOIRS,				Serre-têtes,			
				Serviettes de toilette,			
GANTS de fil,				Sufpenfoirs,			
Gillets de bafin,							
Gillets de flanelle,				TABLIER du matin,			
Guêtres de toile,				Tayés d'oreillers,			
Gillets de futaine,							
Gillets de toile de coton,				VESTES de bafin,			
				Veftes de drap de coton			
LINGE à barbe,				Veftes de Mouffeline,			
				Veftes de Nankin,			
MANCHETTES de mouffeline,				Veftes piquées,			
Manchettes de batifte,				Veftes de toile de coton,			
Manchettes effilées,							
Manchettes de bottes,							
TOTAL				**TOTAL**			

SÇAVOIR, à Madame

ARTICLE	liv.	f.	d.
BANDES à faigner,			
Bandeaux,			
Baftiennes,			
Bloufes,			
Bonnets piqués,			
Bonnets ronds de mouffeline,			
Bonnets ronds de linon,			
Bonnets ronds de dentelle			
CAMISOLES de mouffeline garnies,			
Camifoles de toile de coton garnies,			
Camifoles piquées garnies,			
Camifoles houettées garnies,			
Chemifes de jour,			
Chemifes de nuit,			
Chemifes de batifte,			
Chemifes de bain,			
Chemifes-robes de mouffeline,			
Chemifes-robe d'indienne,			
Chemife-robe, de linon,			
Coîffes de mouffeline,			
Collerette,			
Corfet de toile de coton garnis,			
Corfets de bafin garnis,			
Corfets de toile fine garnis,			
Courtes-pointes,			
Couverture de coton,			
Couvre-pieds piqués garnis,			
Couvre-pieds de mouffeline,			
Couvre-meuble,			
DRAPS de maîtres,			
Draps fans couture,			
Draps de domeftique,			
Deshabillers garnis,			
ESSUIE-MAINS			
FOURREAUX de toile de coton,			
Fourreaux de mouffeline,			
Fourreaux d'indienne,			
Fourreaux de linon,			
Fichus de mouffeline,			

TOTAL

ARTICLE	liv.	f.	d.
Fichus de batifte,			
Fichus doubles,			
Fichus de linon,			
Fichus frifés,			
Fraifettes de mouffeline,			
Frottoirs de futaine,			
Frottoirs de flannelle,			
GARNITURES de lit de toile,			
Gaule de mouffeline,			
Gaule d'indienne,			
HOUPELANDE,			
JUPONS piqués, blancs, garnis,			
Jupons de moleton,			
Jupons de futaine,			
Jupons de bafin garnis,			
Jupons de granat,			
Jupons houettés, garnis,			
Jupons de linon,			
Jupons de mouffeline,			
LINGE de toilette,			
Linge de Garde-robe,			
Linges de baignoir,			
MANTELETS de mouffeline,			
Mouchoirs de toile blanche,			
Mouchoirs de batifte,			
Mouchoirs des indes,			
PAIRES de poches de bafin, garnies,			
Paires de poches de toile, garnies,			
paire de bas de coton,			
Peignoirs de toile,			
Peignoirs de Mouffeline,			
Pieces d'eftomac,			
Pierrot & Jupon de linon,			
RIDEAUX de mouffeline, grands,			
Rideaux de toile de coton, grands,			
Rideaux de mouffeline, petits,			
Rideaux de linon, petits,			
Robe & Jupon de toile de coton,			

TOTAL

ARTICLE	liv.	f.	d.
Robe & Jupon de mousseline,			
Robe & Jupon de linon,			
Robe & Jupon d'indienne,			
Rodingotte d'indienne,			
SACS à pelottes,			
Serre-têtes,			
Serviettes de toilette,			
Serviettes de garderobe,			
TABLIERS de Femme-de-chambre,			
Tabliers de coëffeur,			
Tayes d'oreillers garnies,			
Toilette garnie de mousseline,			
Tours de chaise,			
Tour de bassin,			
Linge des Enfans.			
BANDEAUX,			
Bandes,			
Bavoirs,			
Beguin,			
Brassieres de futaine,			
Brassieres de flanelle,			
CALÇONS,			
Camisoles de mousseline,			
Camisoles de toile de coton,			
Camisoles d'indienne,			
Camisoles de futaine,			
Chaussettes,			
Chaussons,			
Chemises de jour, de garçon,			
Chemises de nuit, de garçon,			
Chemises de jour, de demoiselle			
Chemises de nuit, de demoiselle,			
Chemises petites,			
Chemises-robes de mousseline,			
Chemises-robe d'indienne,			
Collerettes de mousseline,			
Cols de mousseline,			
Couches,			
Couvres-pieds garnis,			
Culottes de draps de coton,			
Culottes de basin,			
Culottes de toile de coton,			
DESHABILLERS de toile de coton,			
TOTAL			

ARTICLE	liv.	f.	d.
Deshabillers d'indienne,			
FOURREAUX de toile de coton,			
Fourreaux de linon,			
Fourreaux d'indienne,			
GARNITURES de lit,			
Gillets de basin,			
Gillets de toile de coton,			
JACTONS,			
Jupons de toile de coton garnis,			
Jupons de basin garnis,			
Jupons de futaine,			
Jupons de moleton,			
LANGES piqués,			
Lange de futaine,			
Lange de laine,			
Linge de toilette,			
MANTELETS de mousseline,			
Manchettes de garçon,			
Matelots de toile,			
Matelots de Nankin,			
Mouchoirs de toile,			
Mouchoirs de batiste,			
PAIRES de bas de coton,			
paires de bas de fil,			
paires de bas petits,			
paires de bas de laine,			
paires de pochés,			
Peignoirs,			
Pierrots & Jupon de linon,			
Pierrots & Jupon de mousseline,			
Pieces d'estomac,			
ROBES & Jupons de toile de coton,			
Robes & Jupons de mousseline,			
Robes & Jupons d'indienne,			
Robe de chambre,			
TETIERES,			
Tours de bonnet,			
Tours de chaises,			
VESTES de basin,			
Vestes de toile de coton,			
Vestes de nankin,			
Vestes de drap de coton.			
TOTAL			

ARTICLE	liv.	f.	d.

Linge d'Office.

CHAUSSES à passer,
    ESSUIE-MAINS,
    NAPES damassées,
Napes à linteaux,
Napes à grains d'orge,
Napes ouvrées,
Napes d'office,
Napes petites,
Napes de venise,
Napes de cuisine,
    PAQUETS de Torchons,
    SERVIETTES d'amassées,
Serviettes à linteaux,
Serviettes à grains d'orge,
Serviettes ouvrées,
Serviettes de Venise,
    TABLIERS d'office,
Tabliers de cuisine,
Torchons,

Linge de la Femme de Chambre.

BANDEAUX,
Bonnets ronds,
Bonnets piqués,
    CAMISOLES de toile de coton,
Camisoles d'indienne,
Chemises,
Corset de toile,
Corset de basin,
    DESHABILLÉ complet de toile de
    coton,
Deshabillé complet d'indienne,
    FICHUS de mousseline,
Fichus de linon,
    JUPONS piqués,
Jupons houettés,
Jupons de toile de coton,
    LINGE de toilette,
    MOUCHOIRS blancs,
Mouchoirs de couleur,
    PAIRES de poches,
paires de bas de coton,
paires de bas de fil,

Robe & Jupon d'indienne,
Robe & Jupons de toile de coton,
Robe & Jupon de mousseline,
    SERRE-TÊTES.
    Linge de la Cuisiniere.
BONNETS ronds,
Bonnets piqués,
    CAMISOLES d'indienne,
Camisoles de toile de coton,
Chemises,
    DESHABILLÉ compl. de toile de cot.
Deshabiller complet d'indienne,
    FICHUS de mousseline,
Fichus de linon,
    JUPONS piqués,
Jupons de toile de coton,
Jupons d'indienne,
    LINGE de toilette,
    MOUCHOIRS blancs,
Mouchoirs de couleur,
    PAIRES de poches,
paires de bas de laine,
paires de bas de coton,
paires de bas de fil,
    ROBE & Jupon d'indienne,
Robe & Jupon de toile de coton,
    SERRE-TETE,
    Linge du Domestique.
BONNETS de coton,
Bonnets de laine,
    CALÇONS,
Chemises,
Cols,
Cravattes,
Culottes blanches,
Culotte de Nankin,
    MOUCHOIRS,
    PAIRES de bas de coton,
paires de bas de fil,
paires de bas de laine,
paires de bas de filoselle,
paires de chaussons,
    VESTES blanches,
Vestes de Nankin,

TOTAL

le **DU MOIS** d

donné à blanchir

SÇAVOIR à Monſieur.

Article	liv.	ſ.	d.
BANDEAUX,			
Bonnets de coton,			
Bonnets de laine,			
Bretelles.			
CALÇONS de toile,			
Calçons de futaine,			
Camiſoles de toile,			
Camiſoles de futaine,			
Camiſoles d'indienne,			
Chauſſettes,			
Chemiſes de jour, garnies,			
Chemiſes de nuit,			
Coîffes de Bonnets,			
Cols de mouſſeline,			
Cols de baſin,			
Cravattes de mouſſeline,			
Cravattes de batiſte,			
Culottes de baſin,			
Culottes de toile de coton,			
Culottes de draps de coton,			
Culottes de Nankin,			
ESSUIE-MAINS,			
FROTTOIR S			
GANTS de fil,			
Gillets de baſin,			
Gillets de flanelle,			
Guêtres de toile,			
Gillets de futaine,			
Gillets de toile de-coton,			
LINGE à barbe,			
MANCHETTES de mouſſeline,			
Manchettes de batiſte,			
Manchettes effilées,			
Manchettes de bottes,			
TOTAL			

Article	liv.	ſ.	d.
Mouchoirs des indes,			
Mouchoirs de toile blanche,			
Mouchoirs de batiſte,			
Mouchoirs de couleurs,			
NAPES,			
PAIRES de draps de maître,			
paires de draps de domeſtique,			
paires de bas de fil,			
paires de bas de coton,			
paires de bas de laine,			
paires de bas de filoſele,			
paires de chauſſons de toile,			
paires de chauſſons de tricot,			
Pantalon de moleton,			
Pantalon de toile,			
Pantalon de tricot,			
Peignoirs,			
Pieces d'eſtomac,			
ROBE-de-chambre d'indienne,			
Robe-de-chambre piquée,			
SACS à pelottes,			
Serre-têtes,			
Serviettes de toilette,			
Suſpenſoirs,			
TABLIER du matin,			
Tayes d'oreillers,			
VESTES de baſin,			
Veſtes de drap de coton			
Veſtes de Mouſſeline,			
Veſtes de Nankin,			
Veſtes piquées,			
Veſtes de toile de coton,			
TOTAL			

SÇAVOIR, à Madame

ARTICLE	liv.	f.	d.
BANDES à faigner,			
Bandeaux,			
Baftiennes,			
Bloufes,			
Bonnets piqués,			
Bonnets ronds de mouffeline,			
Bonnets ronds de linon,			
Bonnets ronds de dentelle			
CAMISOLES de mouffeline garnies,			
Camifoles de toile de coton garnies,			
Camifoles piquées garnies,			
Camifoles houettées garnies,			
Chemifes de jour,			
Chemifes de nuit,			
Chemifes de batifte,			
Chemifes de bain,			
Chémifes-robes de mouffeline,			
Chemifes-robe d'indienne,			
Chemife-robe, de linon,			
Coïffes de mouffeline,			
Collerette,			
Corfet de toile de coton garnis,			
Corfets de bafin garnis,			
Corfets de toile fine garnis,			
Courtes-pointes,			
Couverture de coton,			
Couvre-pieds piqués garnis,			
Couvre-pieds de mouffeline,			
Couvre-meuble,			
DRAPS de maîtres,			
Draps fans couture,			
Draps de domeftique,			
Deshabillers garnis,			
ESSUIE-MAINS			
FOURREAUX de toile de coton,			
Fourreaux de mouffeline,			
Fourreaux d'indienne,			
Fourreaux de linon,			
Fichus de mouffeline,			
TOTAL			

ARTICLE	liv.	f.	d.
Fichus de batifte,			
Fichus doubles,			
Fichus de linon,			
Fichus frifés,			
Fraifettes de mouffeline,			
Frottoirs de futaine,			
Frottoirs de flannelle,			
GARNITURES de lit de toile,			
Gaule de moufceline,			
Gaule d'indienne,			
HOUPELANDE,			
JUPONS piqués, blancs, garnis,			
Jupons de moleton,			
Jupons de futaine,			
Jupons de bafin garnis,			
Jupons de granat,			
Jupons houettés, garnis,			
Jupons de linon,			
Jupons de moufceline,			
LINGE de toilette,			
Linge de Garde-robe,			
Linges de baignoir,			
MANTELETS de moufceline,			
Mouchoirs de toile blanche,			
Mouchoirs de batifte,			
Mouchoirs des indes,			
PAIRES de poches de bafin, garnies,			
Paires de poches de toile, garnies,			
paire de bas de coton,			
Peignoirs de toile,			
Peignoirs de Moufceline,			
Pieces d'eftomac,			
Pierrot & Jupon de linon,			
RIDEAUX de moufceline, grands,			
Rideaux de toile de coton, grands,			
Rideaux de moufceline, petits,			
Rideaux de linon, petits,			
Robe & Jupon de toile de coton,			
TOTAL			

ARTICLE	liv.	f.	d.
Robe & Jupon de mousseline,			
Robe & Jupon de linon,			
Robe & Jupon d'indienne ,			
Rodingotte d'indienne ;			
SACS à pelottes,			
Serre-têtes,			
Serviettes de toilette,			
Serviettes de garderobe,			
TABLIERS de Femme-de-chambre,			
Tabliers de coëffeur,			
Tayes d'oreillers garnies ,			
Toilette garnie de mousseline ,			
Tours de chaise,			
Tour de bassin,			
Linge des Enfans.			
BANDEAUX,			
Bandes,			
Bavoirs;			
Beguin,			
Brassieres de futaine,			
Brassieres de flanelle ,			
CALÇONS,			
Camisoles de mousseline,			
Camisoles de toile de coton ,			
Camisoles d'indienne;			
Camisoles de futaine,			
Chauffettes,			
Chaussons,			
Chemises de jour, de garçon,			
Chemises de nuit, de garçon,			
Chemises de jour, de demoiselle			
Chemises de nuit, de demoiselle ,			
Chemises petites ,			
Chemises-robes de mousseline ,			
Chemises-robe d'indienne,			
Collerettes de mousseline ,			
Cols de mousseline ;			
Couches ,			
Couvre-pieds garnis;			
Culottes de draps de coton,			
Culottes de basin,			
Culottes de toile de coton;			
DESHABILLERS de toile de coton,			
TOTAL			

ARTICLE	liv.	f.	d.
Deshabillers d'indienne ;			
FOURREAUX de toile de coton,			
Fourreaux de linon ,			
Fourreaux d'indienne ,			
GARNITURES de lit,			
Gillets de basin ,			
Gillets de toile de coton ;			
JACTONS,			
Jupons de toile de coton garnis ,			
Jupons de basin garnis ,			
Jupons de futaine ,			
Jupons de moleton ,			
LANGES piqués ,			
Lange de futaine ,			
Lange de laine ,			
Linge de toilette ,			
MANTELETS de mousseline,			
Manchettes de garçon ,			
Matelots de toile ,			
Matelots de Nankin ,			
Mouchoirs de toile ,			
Mouchoirs de batiste ,			
PAIRES de bas de coton ,			
paires de bas de fil ,			
paires de bas petits ,			
paires de bas de laine ,			
paires de poches ,			
Peignoirs ,			
Pierrots & Jupon de linon ,			
Pierrots & Jupon de mousseline ,			
Pieces d'eftomac ;			
ROBES & Jupons de toile de coton,			
Robes & Jupons de mousseline,			
Robes & Jupons d'indienne ,			
Robe de chambre ,			
TETIERES,			
Tours de bonnet,			
Tours de chaises ;			
VESTES de basin ;			
Vestes de toile de coton ,			
Vestes de nankin ,			
Vestes de drap de coton.			
TOTAL			

ARTICLE	liv.	f.	d.

Linge d'Office.

CHAUSSES à paſſer,
ESSUIE-MAINS,
NAPES damaſſées,
Napes à linteaux,
Napes à grains d'orge,
Napes ouvrées,
Napes d'office,
Napes petites,
Napes de veniſe,
Napes de cuiſine,
PAQUETS de Torchons,
SERVIETTES d'amaſſées,
Serviettes à linteaux,
Serviettes à grains d'orge,
Serviettes ouvrées,
Serviettes de Veniſe,
TABLIERS d'office,
Tabliers de cuiſine,
Torchons,

Linge de la Femme de Chambre.

BANDEAUX,
Bonnets ronds,
Bonnets piqués,
CAMISOLES de toile de coton,
Camiſoles d'indienne,
Chemiſes,
Corſet de toile,
Corſet de baſin,
DESHABILLÉ complet de toile de coton,
Deshabillé complet d'indienne,
FICHUS de mouſſeline,
Fichus de linon,
JUPONS piqués,
Jupons houetrés,
Jupons de toile de coton,
LINGE de toilette,
MOUCHOIRS blancs,
Mouchoirs de couleur,
PAIRES de poches,
paires de bas de coton,
paires de bas de fil,

TOTAL

ARTICLE	liv.	f.	d.

Robe & Jupon d'indienne,
Robe & Jupons de toile de coton,
Robe & Jupon de mouſſeline,
SERRE-TÊTES.

Linge de la Cuiſiniere.

BONNETS ronds,
Bonnets piqués,
CAMISOLES d'indienne,
Camiſoles de toile de coton,
Chemiſes,
DESHABILLÉ compl. de toile de cot.
Deshabiller complet d'indienne,
FICHUS de mouſſeline,
Fichus de linon,
JUPONS piqués,
Jupons de toile de coton,
Jupons d'indienne,
LINGE de toilette,
MOUCHOIRS blancs,
Mouchoirs de couleur,
PAIRES de poches,
paires de bas de laine,
paires de bas de coton,
paires de bas de fil,
ROBE & Jupon d'indienne,
Robe & Jupon de toile de coton,
SERRE-TÊTE,

Linge du Domeſtique.

BONNETS de coton,
Bonnets de laine,
CALÇONS,
Chemiſes,
Cols,
Cravattes,
Culottes blanches,
Culotte de Nankin,
MOUCHOIRS,
PAIRES de bas de coton,
paires de bas de fil,
paires de bas de laine,
paires de bas de filoſelle,
paires de chauſſons,
VESTES blanches,
Veſtes de Nankin,

TOTAL

donné à blanchir

SÇAVOIR à Monsieur.

ARTICLE	liv.	f.	d.	ARTICLE	liv.	f.	d.
Bandeaux,				Mouchoirs des indes,			
Bonnets de coton,				Mouchoirs de toile blanche,			
Bonnets de laine,				Mouchoirs de batifte,			
Bretelles.				Mouchoirs de couleurs,			
Calçons de toile,				Napes,			
Calçons de futaine,				Paires de draps de maître,			
Camifoles de toile,				paires de draps de domeftique,			
Camifoles de futaine,				paires de bas de fil,			
Camifoles d'indienne,				paires de bas de coton,			
Chauffettes,				paires de bas de laine,			
Chemifes de jour, garnies,				paires de bas de filofele,			
Chemifes de nuit,				paires de chauffons de toile,			
Coîffes de Bonnets,				paires de chauffons de tricot,			
Cols de mouffeline,				Pantalon de moleton,			
Cols de bafin,				Pantalon de toile,			
Cravattes de mouffeline,				Pantalon de tricot,			
Cravattes de batifte,				Peignoirs,			
Culottes de bafin,				Pieces d'eftomac,			
Culottes de toile de coton,				Robe-de-chambre d'indienne,			
Culottes de draps de coton,				Robe-de-chambre piquée,			
Culottes de Nankin,				Sacs à pelottes,			
Essuie-mains,				Serre-têtes,			
Frottoirs,				Serviettes de toilette,			
Gants de fil,				Sufpenfoirs,			
Gillets de bafin,				Tablier du matin,			
Gillets de flanelle,				Tayes d'oreillers,			
Guêtres de toile,				Veftes de bafin,			
Gillets de futaine,				Veftes de drap de coton			
Gillets de toile de coton,				Veftes de Mouffeline,			
Linge à barbe,				Veftes de Nankin,			
Manchettes de mouffeline,				Veftes piquées,			
Manchettes de batifte,				Veftes de toile de coton,			
Manchettes effilées,							
Manchettes de bottes,							
TOTAL				TOTAL			

SÇAVOIR, à Madame

ARTICLE	liv.	f.	d.	ARTICLE	liv.	f.	d.
BANDES à faigner,				Fichus de batifte,			
Bandeaux,				Fichus doubles,			
Baftiennes,				Fichus de linon,			
Bloufes,				Fichus frifés,			
Bonnets piqués,				Fraifettes de mouffeline,			
Bonnets ronds de mouffeline,				Frottoirs de futaine,			
Bonnets ronds de linon,				Frottoirs de flannelle,			
Bonnets ronds de dentelle				GARNITURES de lit de toile,			
CAMISOLES de mouffeline garnies,				Gaule de mouffeline,			
Camifoles de toile de coton garnies,				Gaule d'indienne,			
Camifoles piquées garnies,				HOUPELANDE,			
Camifoles houettées garnies,				JUPONS piqués, blancs, garnis,			
Chemifes de jour,				Jupons de moleton,			
Chemifes de nuit,				Jupons de futaine,			
Chemifes de batifte,				Jupons de bafin garnis,			
Chemifes de bain,				Jupons de granat,			
Chemifes-robes de mouffeline,				Jupons houettés, garnis,			
Chemifes-robe d'indienne,				Jupons de linon,			
Chemife-robe, de linon,				Jupons de moufseline,			
Coîffes de mouffeline,				LINGE de toilette,			
Collerette,				Linge de Garde-robe,			
Corfet de toile de coton garnis,				Linges de baignoir,			
Corfets de bafin garnis,				MANTELETS de mouffeline,			
Corfets de toile fine garnis,				Mouchoirs de toile blanche,			
Courtes-pointes,				Mouchoirs de batifte,			
Couverture de coton,				Mouchoirs des indes,			
Couvre-pieds piqués garnis,				PAIRES de poches de bafin, garnies,			
Couvre-pieds de mouffeline,				Paires de poches de toile, garnies,			
Couvre-meuble,				paire de bas de coton,			
DRAPS de maîtres,				Peignoirs de toile,			
Draps fans couture,				Peignoirs de Mouffeline,			
Draps de domeftique,				Pieces d'eftomac,			
Deshabillers garnis,				Pierrot & Jupon de linon,			
ESSUIE-MAINS				RIDEAUX de mouffeline, grands,			
FOURREAUX de toile de coton,				Rideaux de toile de coton, grands,			
Fourreaux de mouffeline,				Rideaux de mouffeline, petits,			
Fourreaux d'indienne,				Rideaux de linon, petits,			
Fourreaux de linon,				Robe & Jupon de toile de coton,			
Fichus de mouffeline,							
TOTAL				**TOTAL**			

ARTICLE	liv.	f.	d.
Robe & Jupon de mousseline,			
Robe & Jupon de linon,			
Robe & Jupon d'indienne,			
Rodingotte d'indienne,			
SACS à pelottes,			
Serre-têtes,			
Serviettes de toilette,			
Serviettes de garderobe,			
TABLIERS de Femme-de-chambre,			
Tabliers de coëffeur,			
Tayes d'oreillers garnies,			
Toilette garnie de mousseline,			
Tours de chaise,			
Tour de bassin,			

Linge des Enfans.

ARTICLE	liv.	f.	d.
BANDEAUX,			
Bandes,			
Bavoirs;			
Beguin,			
Brassieres de futaine;			
Brassieres de flanelle,			
CALÇONS,			
Camisoles de mousseline,			
Camisoles de toile de coton,			
Camisoles d'indienne,			
Camisoles de futaine,			
Chauffettes,			
Chauffons,			
Chemises de jour, de garçon,			
Chemises de nuit, de garçon,			
Chemises de jour, de demoiselle			
Chemises de nuit, de demoiselle,			
Chemises petites,			
Chemises-robes de mousseline,			
Chemises-robe d'indienne,			
Collerettes de mousseline,			
Cols de mousseline,			
Couches,			
Couvres-pieds garnis;			
Culottes de draps de coton;			
Culottes de basin,			
Culottes de toile de coton,			
DESHABILLERS de toile de coton,			
TOTAL			

ARTICLE	liv.	f.	d.
Deshabillers d'indienne;			
FOURREAUX de toile de coton,			
Fourreaux de linon,			
Fourreaux d'indienne,			
GARNITURES de lit,			
Gillets de basin,			
Gillets de toile de coton;			
JACTONS,			
Jupons de toile de coton garnis,			
Jupons de basin garnis,			
Jupons de futaine,			
Jupons de moleton,			
LANGES piqués,			
Lange de futaine,			
Lange de laine,			
Linge de toilette,			
MANTELETS de mousseline,			
Manchettes de garçon,			
Matelots de toile,			
Matelots de Nankin,			
Mouchoirs de toile,			
Mouchoirs de batiste,			
PAIRES de bas de coton;			
paires de bas de fil,			
paires de bas petits,			
paires de bas de laine;			
paires de poches,			
Peignoirs,			
Pierrots & Jupon de linon,			
Pierrots & Jupon de mousseline,			
Pieces d'estomac,			
ROBES & Jupons de toile de coton,			
Robes & Jupons de mousseline,			
Robes & Jupons d'indienne,			
Robe de chambre,			
TETIERES,			
Tours de bonnet,			
Tours de chaises,			
VESTES de basin,			
Vestes de toile de coton,			
Vestes de nankin,			
Vestes de drap de coton.			
TOTAL			

ARTICLE	liv.	f.	d.
Linge d'Office.			
CHAUSSES à passer,			
ESSUIE-MAINS,			
NAPES damaſſées,			
Napes à linteaux,			
Napes à grains d'orge,			
Napes ouvrées,			
Napes d'office,			
Napes petites,			
Napes de veniſe,			
Napes de cuiſine,			
PAQUETS de Torchons,			
SERVIETTES d'amaſſées,			
Serviettes à linteaux,			
Serviettes à grains d'orge,			
Serviettes ouvrées,			
Serviettes de Veniſe,			
TABLIERS d'office,			
Tabliers de cuiſine,			
Torchons,			
Linge de la Femme de Chambre.			
BANDEAUX,			
Bonnets ronds,			
Bonnets piqués,			
CAMISOLES de toile de coton,			
Camiſoles d'indienne,			
Chemiſes,			
Corſet de toile,			
Corſet de baſin,			
DESHABILLÉ complet de toile de coton,			
Deshabillé complet d'indienne,			
FICHUS de mouſſeline,			
Fichus de linon,			
JUPONS piqués,			
Jupons houetrés,			
Jupons de toile de coton,			
LINGE de toilette,			
MOUCHOIRS blancs,			
Mouchoirs de couleur,			
PAIRES de poches,			
paires de bas de coton,			
paires de bas de fil,			
TOTAL			

ARTICLE	liv.	f.
ROBE & Jupon d'indienne,		
Robe & Jupons de toile de coton,		
Robe & Jupon de mouſſeline,		
SERRE-TÊTES.		
Linge de la Cuiſiniere.		
BONNETS ronds,		
Bonnets piqués,		
CAMISOLES d'indienne,		
Camiſoles de toile de coton,		
Chemiſes,		
DESHABILLÉ compl. de toile de cot.		
Deshabiller complet d'indienne,		
FICHUS de mouſſeline,		
Fichus de linon,		
JUPONS piqués,		
Jupons de toile de coton,		
Jupons d'indienne,		
LINGE de toilette,		
MOUCHOIRS blancs,		
Mouchoirs de couleur,		
PAIRES de poches,		
paires de bas de laine,		
paires de bas de coton,		
paires de bas de fil,		
ROBE & Jupon d'indienne,		
Robe & Jupon de toile de coton,		
SERRE-TETE,		
Linge du Domeſtique.		
BONNETS de coton,		
Bonnets de laine,		
CALÇONS,		
Chemiſes,		
Cols,		
Cravattes,		
Culottes blanches,		
Culotte de Nankin,		
MOUCHOIRS,		
PAIRES de bas de coton,		
paires de bas de fil,		
paires de bas de laine,		
paires de bas de filoſelle,		
paires de chauſſons,		
VESTES blanches,		
Veſtes de Nankin,		
TOTAL		

donné à blanchir

SÇAVOIR à Monsieur.

ARTICLE	liv.	f.	d.	ARTICLE	liv.	f.	d.
BANDEAUX,				Mouchoirs des indes,			
Bonnets de coton,				Mouchoirs de toile blanche,			
Bonnets de laine,				Mouchoirs de batiste,			
Bretelles.				Mouchoirs de couleurs,			
CALÇONS de toile,				NAPES,			
Calçons de futaine,				PAIRES de draps de maître,			
Camisoles de toile,				paires de draps de domestique,			
Camisoles de futaine,				paires de bas de fil,			
Camisoles d'indienne,				paires de bas de coton,			
Chauffettes,				paires de bas de laine,			
Chemises de jour, garnies,				paires de bas de filosele,			
Chemises de nuit,				paires de chaussons de toile,			
Coîffes de Bonnets,				paires de chaussons de tricot,			
Cols de mousseline,				Pantalon de moleton,			
Cols de basin,				Pantalon de toile,			
Cravattes de mousseline,				Pantalon de tricot,			
Cravattes de batiste,				Peignoirs,			
Culottes de basin,				Pieces d'estomac,			
Culottes de toile de coton,				ROBE-de-chambre d'indienne,			
Culottes de draps de coton,				Robe-de-chambre piquée,			
Culottes de Nankin,				SACS à pelottes,			
ESSUIE-MAINS,				Serre-têtes,			
FROTTOIRS				Serviettes de toilette,			
GANTS de fil,				Suspensoirs,			
Gillets de basin,				TABLIER du matin,			
Gillets de flanelle,				Tayes d'oreillers,			
Guêtres de toile,				VESTES de basin,			
Gillets de futaine,				Vestes de drap de coton			
Gillets de toile de coton,				Vestes de Mousseline,			
LINGE à barbe,				Vestes de Nankin,			
MANCHETTES de mousseline,				Vestes piquées,			
Manchettes de batiste,				Vestes de toile de coton,			
Manchettes effilées,							
Manchettes de bottes,							
TOTAL				**TOTAL**			

SÇAVOIR, à Madame

ARTICLE	liv.	f.	d.
BANDES à faigner,			
Bandeaux,			
Baftiennes,			
Bloufes,			
Bonnets piqués,			
Bonnets ronds de moufteline,			
Bonnets ronds de linon,			
Bonnets ronds de dentelle			
CAMISOLES de moufteline garnies,			
Camifoles de toile de coton garnies,			
Camifoles piquées garnies,			
Camifoles houettées garnies,			
Chemifes de jour,			
Chemifes de nuit,			
Chemifes de batifte,			
Chemifes de bain,			
Chemifes-robes de moufteline,			
Chemifes-robe d'indienne,			
Chemife-robe, de linon,			
Coîffes de moufteline,			
Collerette,			
Corfet de toile de coton garnis,			
Corfets de bafin garnis,			
Corfets de toile fine garnis,			
Courtes-pointes,			
Couverture de coton,			
Couvre-pieds piqués garnis,			
Couvre-pieds de moufteline,			
Couvre-meuble,			
DRAPS de maîtres,			
Draps fans couture,			
Draps de domeftique,			
Deshabillers garnis,			
ESSUIE-MAINS			
FOURREAUX de toile de coton,			
Fourreaux de moufteline,			
Fourreaux d'indienne,			
Fourreaux de linon,			
Fichus de moufteline,			
TOTAL			

ARTICLE	liv.	f.	d.
Fichus de batifte,			
Fichus doubles,			
Fichus de linon,			
Fichus frifés,			
Fraifettes de moufteline,			
Frottoirs de futaine,			
Frottoirs de flannelle,			
GARNITURES de lit de toile,			
Gaule de moufteline,			
Gaule d'indienne,			
HOUPELANDE,			
JUPONS piqués, blancs, garnis,			
Jupons de moleton,			
Jupons de futaine,			
Jupons de bafin garnis,			
Jupons de granat,			
Jupons houettés, garnis,			
Jupons de linon,			
Jupons de moufteline,			
LINGE de toilette,			
Linge de Garde-robe,			
Linges de baignoir,			
MANTELETS de moufteline,			
Mouchoirs de toile blanche,			
Mouchoirs de batifte,			
Mouchoirs des indes,			
PAIRES de poches de bafin, garnies,			
Paires de poches de toile, garnies,			
paire de bas de coton,			
Peignoirs de toile,			
Peignoirs de Moufteline,			
Pieces d'eftomac,			
Pierrot & Jupon de linon,			
RIDEAUX de moufteline, grands,			
Rideaux de toile de coton, grands,			
Rideaux de moufteline, petits,			
Rideaux de linon, petits,			
Robe & Jupon de toile de coton,			
TOTAL			

ARTICLE	liv.	f.	d.
Robe & Jupon de mousseline,			
Robe & Jupon de linon,			
Robe & Jupon d'indienne,			
Rodingotte d'indienne,			
SACS à pelottes,			
Serre-têtes,			
Serviettes de toilette,			
Serviettes de garderobe,			
TABLIERS de Femme-de-chambre,			
Tabliers de coëffeur,			
Tayes d'oreillers garnies,			
Toilette garnie de mousseline,			
Tours de chaise,			
Tour de bassin,			

Linge des Enfans.

ARTICLE	liv.	f.	d.
BANDEAUX,			
Bandes,			
Bavoirs,			
Beguin,			
Brassieres de futaine,			
Brassieres de flanelle,			
CALÇONS,			
Camisoles de mousseline,			
Camisoles de toile de coton,			
Camisoles d'indienne,			
Camisoles de futaine,			
Chauffettes,			
Chaussons,			
Chemises de jour, de garçon,			
Chemises de nuit, de garçon,			
Chemises de jour, de demoiselle			
Chemises de nuit, de demoiselle,			
Chemises petites,			
Chemises-robes de mousseline,			
Chemises-robe d'indienne,			
Collerettes de mousseline,			
Cols de mousseline,			
Couches,			
Couvres-pieds garnis,			
Culottes de draps de coton,			
Culottes de basin,			
Culottes de toile de coton,			
DESHABILLERS de toile de coton,			
TOTAL			

ARTICLE	liv.	f.	d.
Deshabillers d'indienne,			
FOURREAUX de toile de coton,			
Fourreaux de linon,			
Fourreaux d'indienne,			
GARNITURES de lit,			
Gillets de basin,			
Gillets de toile de coton,			
JACTONS,			
Jupons de toile de coton garnis,			
Jupons de basin garnis,			
Jupons de futaine,			
Jupons de moleton,			
LANGES piqués,			
Lange de futaine,			
Lange de laine,			
Linge de toilette,			
MANTELETS de mousseline,			
Manchettes de garçon,			
Matelots de toile,			
Matelots de Nankin,			
Mouchoirs de toile,			
Mouchoirs de batiste,			
PAIRES de bas de coton,			
paires de bas de fil,			
paires de bas petits,			
paires de bas de laine,			
paires de poches,			
Peignoirs,			
Pierrots & Jupon de linon,			
Pierrots & Jupon de mousseline,			
Pieces d'estomac,			
ROBES & Jupons de toile de coton,			
Robes & Jupons de mousseline,			
Robes & Jupons d'indienne,			
Robe de chambre,			
TETIERES,			
Tours de bonnet,			
Tours de chaises,			
VESTES de basin,			
Vestes de toile de coton,			
Vestes de nankin,			
Vestes de drap de coton.			
TOTAL			

ARTICLE	liv.	f.	d.	ARTICLE	liv.	f.	d.
Linge d'Office.				ROBE & Jupon d'indienne,			
CHAUSSES à paſſer,				Robe & Jupons de toile de coton,			
ESSUIE-MAINS,				Robe & Jupon de mouſſeline,			
NAPES damaſſées,				SERRE-TÊTES.			
Napes à linteaux,				*Linge de la Cuiſiniere.*			
Napes à grains d'orge,				BONNETS ronds,			
Napes ouvrées,				Bonnets piqués,			
Napes d'office,				CAMISOLES d'indienne,			
Napes petites,				Camiſoles de toile de coton,			
Napes de veniſe,				Chemiſes,			
Napes de cuiſine,				DESHABILLÉ compl. de toile de cot.			
PAQUETS de Torchons,				Deshabiller complet d'indienne,			
SERVIETTES d'amaſſées,				FICHUS de mouſſeline,			
Serviettes à linteaux,				Fichus de linon,			
Serviettes à grains d'orge,				JUPONS piqués,			
Serviettes ouvrées,				Jupons de toile de coton,			
Serviettes de Veniſe,				Jupons d'indienne,			
TABLIERS d'office,				LINGE de toilette,			
Tabliers de cuiſine,				MOUCHOIRS blancs,			
Torchons,				Mouchoirs de couleur,			
Linge de la Femme de Chambre.				PAIRES de poches,			
BANDEAUX,				paires de bas de laine,			
Bonnets ronds,				paires de bas de coton,			
Bonnets piqués,				paires de bas de fil,			
CAMISOLES de toile de coton,				ROBE & Jupon d'indienne,			
Camiſoles d'indienne,				Robe & Jupon de toile de coton,			
Chemiſes,				SERRE-TÊTE,			
Corſet de toile,				*Linge du Domeſtique.*			
Corſet de baſin,				BONNETS de coton,			
DESHABILLÉ complet de toile de coton,				Bonnets de laine,			
Deshabillé complet d'indienne,				CALÇONS,			
FICHUS de mouſſeline,				Chemiſes,			
Fichus de linon,				Cols,			
JUPONS piqués,				Cravattes,			
Jupons houettés,				Culottes blanches,			
Jupons de toile de coton,				Culotte de Nankin,			
LINGE de toilette,				MOUCHOIRS,			
MOUCHOIRS blancs,				PAIRES de bas de coton,			
Mouchoirs de couleur,				paires de bas de fil,			
PAIRES de poches,				paires de bas de laine,			
paires de bas de coton,				paires de bas de filoſelle,			
paires de bas de fil,				paires de chauſſons,			
				VESTES blanches,			
				Veſtes de Nankin,			
TOTAL				TOTAL			

donné à blanchir

SÇAVOIR à Monsieur.

ARTICLE.	liv.	f.	d.
BANDEAUX,			
Bonnets de coton,			
Bonnets de laine,			
Bretelles.			
CALÇONS de toile,			
Calçons de futaine,			
Camifoles de toile,			
Camifoles de futaine,			
Camifoles d'indienne,			
Chauffettes,			
Chemifes de jour, garnies,			
Chemifes de nuit,			
Coïffes de Bonnets,			
Cols de mouffeline,			
Cols de bafin,			
Cravattes de mouffeline,			
Cravattes de batifte,			
Culottes de bafin,			
Culottes de toile de coton,			
Culottes de draps de coton,			
Culottes de Nankin,			
ESSUIE-MAINS,			
FROTTOIRS,			
GANTS de fil,			
Gillets de bafin,			
Gillets de flanelle,			
Guêtres de toile,			
Gillets de futaine,			
Gillets de toile de coton,			
LINGE à barbe,			
MANCHETTES de mouffeline,			
Manchettes de batifte,			
Manchettes effilées,			
Manchettes de bottes,			
TOTAL			

ARTICLE	liv.	f.	d.
Mouchoirs des indes,			
Mouchoirs de toile blanche,			
Mouchoirs de batifte,			
Mouchoirs de couleurs,			
NAPES,			
PAIRES de draps de maître,			
paires de draps de domeftique,			
paires de bas de fil,			
paires de bas de coton,			
paires de bas de laine,			
paires de bas de filofele,			
paires de chauffons de toile,			
paires de chauffons de tricot,			
Pantalon de moleton,			
Pantalon de toile,			
Pantalon de tricot,			
Peignoirs,			
Pieces d'eftomac,			
ROBE-de-chambre d'indienne,			
Robe-de-chambre piquée,			
SACS à pelottes,			
Serre-têtes,			
Serviettes de toilette,			
Sufpenfoirs,			
TABLIER du matin,			
Tayes d'oreillers,			
VESTES de bafin,			
Veftes de drap de coton			
Veftes de Mouffeline,			
Veftes de Nankin,			
Veftes piquées,			
Veftes de toile de coton,			
TOTAL			

SÇAVOIR, à Madame

ARTICLE	liv.	f.	d.	ARTICLE	liv.	f.	d.
BANDES à saigner,				Fichus de batiste,			
Bandeaux,				Fichus doubles,			
Bastiennes,				Fichus de linon,			
Blouses,				Fichus frisés,			
Bonnets piqués,				Fraisettes de mousseline,			
Bonnets ronds de mousseline,				Frottoirs de futaine,			
Bonnets ronds de linon,				Frottoirs de flannelle,			
Bonnets ronds de dentelle				GARNITURES de lit de toile,			
CAMISOLES de mousseline garnies,				Gaule de mousseline,			
Camisoles de toile de coton garnies,				Gaule d'indienne,			
Camisoles piquées garnies,				HOUPELANDE,			
Camisoles houettées garnies,				JUPONS piqués, blancs, garnis,			
Chemises de jour,				Jupons de moleton,			
Chemises de nuit,				Jupons de futaine,			
Chemises de batiste,				Jupons de basin garnis,			
Chemises de bain,				Jupons de granat,			
Chemises-robes de mousseline,				Jupons houettés, garnis,			
Chemises-robe d'indienne,				Jupons de linon,			
Chemise-robe, de linon,				Jupons de mousseline,			
Coiffes de mousseline,				LINGE de toilette,			
Collerette,				Linge de Garde-robe,			
Corset de toile de coton garnis,				Linges de baignoir,			
Corsets de basin garnis,				MANTELETS de mousseline,			
Corsets de toile fine garnis,				Mouchoirs de toile blanche,			
Courtes-pointes,				Mouchoirs de batiste,			
Couverture de coton,				Mouchoirs des indes,			
Couvre-pieds piqués garnis,				PAIRES de poches de basin, garnies,			
Couvre-pieds de mousseline,				Paires de poches de toile, garnies,			
Couvre-meuble,				paire de bas de coton,			
DRAPS de maîtres,				Peignoirs de toile,			
Draps sans couture,				Peignoirs de Mousseline,			
Draps de domestique,				Pieces d'estomac,			
Deshabillers garnis,				Pierrot & Jupon de linon,			
ESSUIE-MAINS				RIDEAUX de mousseline, grands,			
FOURREAUX de toile de coton,				Rideaux de toile de coton, grands,			
Fourreaux de mousseline,				Rideaux de mousseline, petits,			
Fourreaux d'indienne,				Rideaux de linon, petits,			
Fourreaux de linon,				Robe & Jupon de toile de coton,			
Fichus de mousseline;							
TOTAL				**TOTAL**			

ARTICLE	liv.	f.	d.	ARTICLE	liv.	f.	d.
Robe & Jupon de mousseline,				Deshabillers d'indienne ;			
Robe & Jupon de linon,				FOURREAUX de toile de coton,			
Robe & Jupon d'indienne ,				Fourreaux de linon,			
Rodingotte d'indienne ,				Fourreaux d'indienne ,			
SACS à pelottes,				GARNITURES de lit,			
Serre-têtes,				Gillets de basin ;			
Serviettes de toilette,				Gillets de toile de coton ;			
Serviettes de garderobe,				JACTONS,			
TABLIERS de Femme-de-chambre,				Jupons de toile de coton garnis,			
Tabliers de coëffeur,				Jupons de basin garnis,			
Tayes d'oreillers garnies ,				Jupons de futaine ,			
Toilette garnie de mousseline ,				Jupons de moleton ,			
Tours de chaise ,							
Tout de basin ,				LANGES piqués ,			
Linge des Enfans.				Lange de futaine ,			
BANDEAUX,				Lange de laine ,			
Bandes,				Linge de toilette ,			
Bavoirs ;				MANTELETS de mousseline ,			
Beguin,				Manchettes de garçon ;			
Brassieres de futaine ;				Matelots de toile ,			
Brassieres de flanelle ,				Matelots de Nankin ,			
CALÇONS,				Mouchoirs de toile ,			
Camisoles de mousseline ;				Mouchoirs de batiste ,			
Camisoles de toile de coton ,							
Camisoles d'indienne ,				PAIRES de bas de coton ;			
Camisoles de futaine ,				paires de bas de fil ,			
Chauffettes ,				paires de bas petits ,			
Chauffons ,				paires de bas de laine ;			
Chemises de jour , de garçon ,				paires de poches ,			
Chemises de nuit , de garçon ,				Peignoirs ,			
Chemises de jour , de demoiselle				Pierrots & Jupon de linon ,			
Chemises de nuit , de demoiselle ,				Pierrots & Jupon de mousseline ;			
Chemises petites ,				Pieces d'estomac ,			
Chemises-robes de mousseline ;				ROBES & Jupons de toile de coton,			
Chemises-robe d'indienne,				Robes & Jupons de mousseline,			
Collerettes de mousseline ;				Robes & Jupons d'indienne,			
Cols de mousseline ,				Robe de chambre ,			
Couches ,				TETIERES,			
Couvres-pieds garnis ;				Tours de bonnet ,			
Culottes de draps de coton ;				Tours de chaises ,			
Culottes de basin,				VESTES de basin ,			
Culottes de toile de coton ;				Vestes de toile de coton ,			
DESHABILLERS de toile de coton,				Vestes de nankin ,			
				Vestes de drap de coton.			
TOTAL				**TOTAL**			

ARTICLE	liv.	f.	d.
Linge d'Office.			
CHAUSSES à paſſer,			
ESSUIE-MAINS,			
NAPES damaſſées,			
Napes à linteaux,			
Napes à grains d'orge,			
Napes ouvrées,			
Napes d'office,			
Napes petites,			
Napes de veniſe,			
Napes de cuiſine,			
PAQUETS de Torchons,			
SERVIETTES d'amaſſées,			
Serviettes à linteaux,			
Serviettes à grains d'orge,			
Serviettes ouvrées,			
Serviettes de Veniſe,			
TABLIERS d'office,			
Tabliers de cuiſine,			
Torchons,			
Linge de la Femme de Chambre.			
BANDEAUX,			
Bonnets ronds,			
Bonnets piqués,			
CAMISOLES de toile de coton,			
Camiſoles d'indienne,			
Chemiſes,			
Corſet de toile,			
Corſet de baſin,			
DESHABILLÉ complet de toile de coton,			
Deshabillé complet d'indienne,			
FICHUS de mouſſeline,			
Fichus de linon,			
JUPONS piqués,			
Jupons houettés,			
Jupons de toile de coton,			
LINGE de toilette,			
MOUCHOIRS blancs,			
Mouchoirs de couleur,			
PAIRES de poches,			
paires de bas de coton,			
paires de bas de fil,			
TOTAL			

ARTICLE	liv.	f.	
ROBE & Jupon d'indienne,			
Robe & Jupons de toile de coton,			
Robe & Jupon de mouſſeline,			
SERRE-TÊTES.			
Linge de la Cuiſiniere.			
BONNETS ronds,			
Bonnets piqués,			
CAMISOLES d'indienne,			
Camiſoles de toile de coton,			
Chemiſes,			
DESHABILLÉ compl. de toile de cot.			
Deshabiller complet d'indienne,			
FICHUS de mouſſeline,			
Fichus de linon,			
JUPONS piqués,			
Jupons de toile de coton,			
Jupons d'indienne,			
LINGE de toilette,			
MOUCHOIRS blancs,			
Mouchoirs de couleur,			
PAIRES de poches,			
paires de bas de laine,			
paires de bas de coton,			
paires de bas de fil,			
ROBE & Jupon d'indienne,			
Robe & Jupon de toile de coton,			
SERRE-TÊTE,			
Linge du Domeſtique.			
BONNETS de coton,			
Bonnets de laine,			
CALÇONS,			
Chemiſes,			
Cols,			
Cravattes,			
Culottes blanches,			
Culotte de Nankin,			
MOUCHOIRS,			
PAIRES de bas de coton,			
paires de bas de fil,			
paires de bas de laine,			
paires de bas de filoſelle,			
paires de chauſſons,			
VESTES blanches,			
Veſtes de Nankin,			
TOTAL			

donné à blanchir

SÇAVOIR à Monsieur.

ARTICLE	liv.	f.	d.
BANDEAUX,			
Bonnets de coton,			
Bonnets de laine,			
Bretelles.			
CALÇONS de toile,			
Calçons de futaine,			
Camifoles de toile,			
Camifoles de futaine,			
Camifoles d'indienne,			
Chauffettes,			
Chemifes de jour, garnies,			
Chemifes de nuit,			
Coîffes de Bonnets,			
Cols de mouffeline,			
Cols de bafin,			
Cravattes de mouffeline,			
Cravattes de batifte,			
Culottes de bafin,			
Culottes de toile de coton,			
Culottes de draps de coton,			
Culottes de Nankin,			
ESSUIE-MAINS,			
FROTTOIR s			
GANTS de fil,			
Gillets de bafin,			
Gillets de flanelle,			
Guêtres de toile,			
Gillets de futaine,			
Gillets de toile de coton,			
LINGE à barbe,			
MANCHETTES de mouffeline,			
Manchettes de batifte,			
Manchettes effilées,			
Manchettes de bottes,			
TOTAL			

ARTICLE	liv.	f.	d.
Mouchoirs des indes,			
Mouchoirs de toile blanche,			
Mouchoirs de batifte,			
Mouchoirs de couleurs,			
NAPES,			
PAIRES de draps de maître,			
paires de draps de domeftique,			
paires de bas de fil,			
paires de bas de coton,			
paires de bas de laine,			
paires de bas de filofele,			
paires de chauffons de toile,			
paires de chauffons de tricot,			
Pantalon de moleton,			
Pantalon de toile,			
Pantalon de tricot,			
Peignoirs,			
Pieces d'eftomac,			
ROBE-de-chambre d'indienne,			
Robe-de-chambre piquée,			
SACS à pelottes,			
Serre-têtes,			
Serviettes de toilette,			
Sufpenfoirs,			
TABLIER du matin,			
Tayes d'oreillers,			
VESTES de bafin,			
Veftes de drap de coton			
Veftes de Mouffeline,			
Veftes de Nankin,			
Veftes piquées,			
Veftes de toile de coton,			
TOTAL			

SÇAVOIR, à Madame

Article	liv.	ſ.	d.
Bandes à ſaigner,			
Bandeaux,			
Baſtiennes,			
Blouſes,			
Bonnets piqués,			
Bonnets ronds de mouſſeline,			
Bonnets ronds de linon,			
Bonnets ronds de dentelle			
Camisoles de mouſſeline garnies,			
Camiſoles de toile de coton garnies,			
Camiſoles piquées garnies,			
Camiſoles houettées garnies,			
Chemiſes de jour,			
Chemiſes de nuit,			
Chemiſes de batiſte,			
Chemiſes de bain,			
Chemiſes-robes de mouſſeline,			
Chemiſes-robe d'indienne,			
Chemiſe-robe, de linon,			
Coîffes de mouſſeline,			
Collerette,			
Corſet de toile de coton garnis,			
Corſets de baſin garnis,			
Corſets de toile fine garnis,			
Courtes-pointes,			
Couverture de coton,			
Couvre-pieds piqués garnis,			
Couvre-pieds de mouſſeline,			
Couvre-meuble,			
Draps de maîtres,			
Draps ſans couture,			
Draps de domeſtique,			
Deshabillers garnis,			
Essuie-mains			
Fourreaux de toile de coton,			
Fourreaux de mouſſeline,			
Fourreaux d'indienne,			
Fourreaux de linon,			
Fichus de mouſſeline,			
Total			

Article	liv.	ſ.	d.
Fichus de batiſte,			
Fichus doubles,			
Fichus de linon,			
Fichus friſés,			
Fraiſettes de mouſſeline,			
Frottoirs de futaine,			
Frottoirs de flannelle,			
Garnitures de lit de toile,			
Gaule de mouſſeline,			
Gaule d'indienne,			
Houpelande,			
Jupons piqués, blancs, garnis,			
Jupons de moleton,			
Jupons de futaine,			
Jupons de baſin garnis,			
Jupons de granat,			
Jupons houettés, garnis,			
Jupons de linon,			
Jupons de mouſſeline,			
Linge de toilette,			
Linge de Garde-robe,			
Linges de baignoir,			
Mantelets de mouſſeline,			
Mouchoirs de toile blanche,			
Mouchoirs de batiſte,			
Mouchoirs des indes,			
Paires de poches de baſin, garnies,			
Paires de poches de toile, garnies,			
paire de-bas de coton,			
Peignoirs de toile,			
Peignoirs de Mouſſeline,			
Pieces d'eſtomac,			
Pierrot & Jupon de linon,			
Rideaux de mouſſeline, grands,			
Rideaux de toile de coton, grands,			
Rideaux de mouſſeline, petits,			
Rideaux de linon, petits,			
Robe & Jupon de toile de coton,			
Total			

ARTICLE	liv.	f.	d.
Robe & Jupon de mousseline,			
Robe & Jupon de linon,			
Robe & Jupon d'indienne,			
Rodingotte d'indienne,			
SACS à pelottes,			
Serre-têtes,			
Serviettes de toilette,			
Serviettes de garderobe,			
TABLIERS de Femme-de-chambre,			
Tabliers de coëffeur,			
Tayes d'oreillers garnies,			
Toilette garnie de mousseline,			
Tours de chaise,			
Tour de bassin,			

Linge des Enfans.

ARTICLE	liv.	f.	d.
BANDEAUX,			
Bandes,			
Bavoirs,			
Beguin,			
Brassieres de futaine,			
Brassieres de flanelle,			
CALÇONS,			
Camisoles de mousseline,			
Camisoles de toile de coton,			
Camisoles d'indienne,			
Camisoles de futaine,			
Chauffettes,			
Chauffons,			
Chemises de jour, de garçon,			
Chemises de nuit, de garçon,			
Chemises de jour, de demoiselle,			
Chemises de nuit, de demoiselle,			
Chemises petites,			
Chemises-robes de mousseline,			
Chemises-robe d'indienne,			
Collerettes de mousseline,			
Cols de mousseline,			
Couches,			
Couvres-pieds garnis,			
Culottes de draps de coton,			
Culottes de basin,			
Culottes de toile de coton,			
DESHABILLERS de toile de coton,			
TOTAL			

ARTICLE	liv.	f.	d.
Deshabillers d'indienne,			
FOURREAUX de toile de coton,			
Fourreaux de linon,			
Fourreaux d'indienne,			
GARNITURES de lit,			
Gillets de basin,			
Gillets de toile de coton,			
JACTONS,			
Jupons de toile de coton garnis,			
Jupons de basin garnis,			
Jupons de futaine,			
Jupons de moleton,			
LANGES piqués,			
Lange de futaine,			
Lange de laine,			
Linge de toilette,			
MANTELETS de mousseline,			
Manchettes de garçon,			
Matelots de toile,			
Matelots de Nankin,			
Mouchoirs de toile,			
Mouchoirs de batiste,			
PAIRES de bas de coton,			
paires de bas de fil,			
paires de bas petits,			
paires de bas de laine,			
paires de poches,			
Peignoirs,			
Pierrots & Jupon de linon,			
Pierrots & Jupon de mousseline,			
Pieces d'estomac,			
ROBES & Jupons de toile de coton,			
Robes & Jupons de mousseline,			
Robes & Jupons d'indienne,			
Robe de chambre,			
TETIERES,			
Tours de bonnet,			
Tours de chaises,			
VESTES de basin,			
Vestes de toile de coton,			
Vestes de nankin,			
Vestes de drap de coton.			
TOTAL			

ARTICLE	liv.	f.	d.
Linge d'Office.			
CHAUSSES à paſſer,			
ESSUIE-MAINS,			
NAPES damaſſées,			
Napes à linteaux,			
Napes à grains d'orge,			
Napes ouvrées,			
Napes d'office,			
Napes petites,			
Napes de veniſe,			
Napes de cuiſine,			
PAQUETS de Torchons,			
SERVIETTES d'amaſſées,			
Serviettes à linteaux,			
Serviettes à grains d'orge,			
Serviettes ouvrées,			
Serviettes de Veniſe,			
TABLIERS d'office,			
Tabliers de cuiſine,			
Torchons,			
Linge de la Femme de Chambre.			
BANDEAUX,			
Bonnets ronds,			
Bonnets piqués,			
CAMISOLES de toile de coton,			
Camiſoles d'indienne,			
Chemiſes,			
Corſet de toile,			
Corſet de baſin,			
DESHABILLÉ complet de toile de coton,			
Deshabillé complet d'indienne,			
FICHUS de mouſſeline,			
Fichus de linon,			
JUPONS piqués,			
Jupons houettés,			
Jupons de toile de coton,			
LINGE de toilette,			
MOUCHOIRS blancs,			
Mouchoirs de couleur,			
PAIRES de poches,			
paires de bas de coton,			
paires de bas de fil,			
TOTAL			

ARTICLE	liv.	f.	
ROBE & Jupon d'indienne,			
Robe & Jupons de toile de coton,			
Robe & Jupon de mouſſeline,			
SERRE-TÊTES.			
Linge de la Cuiſiniere.			
BONNETS ronds,			
Bonnets piqués,			
CAMISOLES d'indienne,			
Camiſoles de toile de coton,			
Chemiſes,			
DESHABILLÉ compl. de toile de cot.			
Deshabiller complet d'indienne,			
FICHUS de mouſſeline,			
Fichus de linon,			
JUPONS piqués,			
Jupons de toile de coton,			
Jupons d'indienne,			
LINGE de toilette,			
MOUCHOIRS blancs,			
Mouchoirs de couleur,			
PAIRES de poches,			
paires de bas de laine,			
paires de bas de coton,			
paires de bas de fil,			
ROBE & Jupon d'indienne,			
Robe & Jupon de toile de coton,			
SERRE-TETE,			
Linge du Domeſtique.			
BONNETS de coton,			
Bonnets de laine,			
CALÇONS,			
Chemiſes,			
Cols,			
Cravattes,			
Culottes blanches,			
Culotte de Nankin,			
MOUCHOIRS,			
PAIRES de bas de coton,			
paires de bas de fil,			
paires de bas de laine,			
paires de bas de filoſelle,			
paires de chauſſons,			
VESTES blanches,			
Veſtes de Nankin,			
TOTAL			

donné à blanchir

SÇAVOIR à Monsieur.

ARTICLE	liv.	f.	d.	ARTICLE	liv.	f.	d.
BANDEAUX ,				Mouchoirs des indes ,			
Bonnets de coton ,				Mouchoirs de toile blanche ,			
Bonnets de laine ,				Mouchoirs de batifte ,			
Bretelles.				Mouchoirs de couleurs ,			
CALÇONS de toile ,				NAPES ,			
Calçons de futaine ,				PAIRES de draps de maître ,			
Camifoles de toile ,				paires de draps de domeftique ,			
Camifoles de futaine ,				paires de bas de fil ,			
Camifoles d'indienne ,				paires de bas de coton ,			
Chauffettes ,				paires de bas de laine ,			
Chemifes de jour , garnies ,				paires de bas de filofele ,			
Chemifes de nuit ,				paires de chauffons de toile ,			
Coiffes de Bonnets ,				paires de chauffons de tricot ,			
Cols de mouffeline ,				Pantalon de moleton ,			
Cols de bafin ,				Pantalon de toile ,			
Cravattes de mouffeline ,				Pantalon de tricot ,			
Cravattes de batifte ,				Peignoirs ,			
Culottes de bafin ,				Pieces d'eftomac ,			
Culottes de toile de coton ,				ROBE-de-chambre d'indienne ,			
Culottes de draps de coton ,				Robe-de-chambre piquée ,			
Culottes de Nankin ,				SACS à pelottes ,			
ESSUIE-MAINS ,				Serre-têtes ,			
FROTTOIRS ,				Serviettes de toilette ,			
GANTS de fil ,				Sufpenfoirs ,			
Gillets de bafin ,				TABLIER du matin ,			
Gillets de flanelle ,				Tayes d'oreillers ,			
Guêtres de toile ,				VESTES de bafin ,			
Gillets de futaine ,				Veftes de drap de coton			
Gillets de toile de coton ,				Veftes de Mouffeline ,			
LINGE à barbe ,				Veftes de Nankin ,			
MANCHETTES de mouffeline ,				Veftes piquées ,			
Manchettes de batifte ,				Veftes de toile de coton ,			
Manchettes effilées ,							
Manchettes de bottes ,							
TOTAL				TOTAL			

SÇAVOIR, à Madame

ARTICLE	liv.	f.	d.
BANDES à faigner,			
Bandeaux,			
Baftiennes,			
Bloufes,			
Bonnets piqués,			
Bonnets ronds de mouffeline,			
Bonnets ronds de linon,			
Bonnets ronds de dentelle			
CAMISOLES de mouffeline garnies,			
Camifoles de toile de coton garnies,			
Camifoles piquées garnies,			
Camifoles houettées garnies,			
Chemifes de jour,			
Chemifes de nuit,			
Chemifes de batifte,			
Chemifes de bain,			
Chemifes-robes de mouffeline,			
Chemifes-robe d'indienne,			
Chemife-robe, de linon,			
Coïffes de mouffeline,			
Collerette,			
Corfet de toile de coton garnis,			
Corfets de bafin garnis,			
Corfets de toile fine garnis,			
Courtes-pointes,			
Couverture de coton,			
Couvre-pieds piqués garnis,			
Couvre-pieds de mouffeline,			
Couvre-meuble,			
DRAPS dé maîtres,			
Draps fans couture,			
Draps de domeftique,			
Deshabillers garnis,			
ESSUIE-MAINS			
FOURREAUX de toile de coton,			
Fourreaux de mouffeline,			
Fourreaux d'indienne,			
Fourreaux de linon,			
Fichus de mouffeline,			
TOTAL			

ARTICLE	liv.	f.	d.
Fichus de batifte,			
Fichus doubles,			
Fichus de linon,			
Fichus frifés,			
Fraifettes de mouffeline,			
Frottoirs de futaine,			
Frottoirs de flannelle,			
GARNITURES de lit de toile,			
Gaule de mouffeline,			
Gaule d'indienne,			
HOUPELANDE,			
JUPONS piqués, blancs, garnis,			
Jupons de moleton,			
Jupons de futaine,			
Jupons de bafin garnis,			
Jupons de granat,			
Jupons houettés, garnis,			
Jupons de linon,			
Jupons de mouffeline,			
LINGE de toilette,			
Linge de Garde-robe,			
Linges de baignoir,			
MANTELETS de mouffeline,			
Mouchoirs de toile blanche,			
Mouchoirs de batifte,			
Mouchoirs des indes,			
PAIRES de poches de bafin, garnies,			
Paires de poches de toile, garnies,			
paire de bas de coton,			
Peignoirs de toile,			
Peignoirs de Mouffeline,			
Pieces d'eftomac,			
Pierrot & Jupon de linon,			
RIDEAUX de mouffeline, grands,			
Rideaux de toile de coton, grands,			
Rideaux de mouffeline, petits,			
Rideaux de linon, petits,			
Robe & Jupon de toile de coton,			
TOTAL			

ARTICLE	liv.	s.	d.
Robe & Jupon de mousseline,			
Robe & Jupon de linon,			
Robe & Jupon d'indienne,			
Rodingotte d'indienne,			
SACS à pelottes,			
Serre-têtes,			
Serviettes de toilette,			
Serviettes de garderobe,			
TABLIERS de Femme-de-chambre,			
Tabliers de coëffeur,			
Tayes d'oreillers garnies,			
Toilette garnie de mousseline,			
Tours de chaise,			
Tour de bassin,			

Linge des Enfans.

ARTICLE	liv.	s.	d.
BANDEAUX,			
Bandes,			
Bavoirs;			
Beguin,			
Brassieres de futaine;			
Brassieres de flanelle,			
CALÇONS,			
Camisoles de mousseline,			
Camisoles de toile de coton,			
Camisoles d'indienne,			
Camisoles de futaine,			
Chauffettes,			
Chauffons,			
Chemises de jour, de garçon,			
Chemises de nuit, de garçon,			
Chemises de jour, de demoiselle			
Chemises de nuit, de demoiselle,			
Chemises petites,			
Chemises-robes de mousseline,			
Chemises-robe d'indienne,			
Collerettes de mousseline,			
Cols de mousseline,			
Couches,			
Couvres-pieds garnis;			
Culottes de draps de coton;			
Culottes de basin,			
Culottes de toile de coton,			
DESHABILLERS de toile de coton,			

TOTAL

ARTICLE	liv.	s.	d.
Deshabillers d'indienne,			
FOURREAUX de toile de coton,			
Fourreaux de linon,			
Fourreaux d'indienne,			
GARNITURES de lit,			
Gillets de basin,			
Gillets de toile de coton,			
JACTONS,			
Jupons de toile de coton garnis,			
Jupons de basin garnis,			
Jupons de futaine,			
Jupons de moleton,			
LANGES piqués,			
Lange de futaine,			
Lange de laine,			
Linge de toilette,			
MANTELETS de mousseline,			
Manchettes de garçon,			
Matelots de toile,			
Matelots de Nankin,			
Mouchoirs de toile,			
Mouchoirs de batiste;			
PAIRES de bas de coton;			
paires de bas de fil,			
paires de bas petits,			
Paires de bas de laine;			
paires de poches,			
Peignoirs,			
Pierrots & Jupon de linon,			
Pierrots & Jupon de mousseline,			
Pieces d'estomac,			
ROBES & Jupons de toile de coton,			
Robes & Jupons de mousseline,			
Robes & Jupons d'indienne,			
Robe de chambre,			
TETIERES,			
Tours de bonnet,			
Tours de chaises,			
VESTES de basin,			
Vestes de toile de coton,			
Vestes de nankin,			
Vestes de drap de coton.			

TOTAL

ARTICLE | liv. | s. | d.

Linge d'Office.

CHAUSSES à passer,
ESSUIE-MAINS,
NAPES damassées,
Napes à linteaux,
Napes à grains d'orge,
Napes ouvrées,
Napes d'office,
Napes petites,
Napes de venise,
Napes de cuisine,
PAQUETS de Torchons,
SERVIETTES d'amassées,
Serviettes à linteaux,
Serviettes à grains d'orge,
Serviettes ouvrées,
Serviettes de Venise)
TABLIERS d'office,
Tabliers de cuisine,
Torchons,

Linge de la Femme de Chambre.

BANDEAUX,
Bonnets ronds,
Bonnets piqués,
CAMISOLES de toile de coton,
Camisoles d'indienne,
Chemises,
Corset de toile,
Corset de basin,
DESHABILLÉ complet de toile de coton,
Deshabillé complet d'indienne,
FICHUS de mousseline,
Fichus de linon,
JUPONS piqués,
Jupons houettés,
Jupons de toile de coton,
LINGE de toilette,
MOUCHOIRS blancs,
Mouchoirs de couleur,
PAIRES de poches,
paires de bas de coton,
paires de bas de fil,

TOTAL

ARTICLE | liv. | s. | d.

Robe & Jupon d'indienne,
Robe & Jupons de toile de coton,
Robe & Jupon de mousseline,
SERRE-TÊTES.

Linge de la Cuisinière.

BONNETS ronds,
Bonnets piqués,
CAMISOLES d'indienne,
Camisoles de toile de coton,
Chemises,
DESHABILLÉ compl. de toile de cot,
Deshabiller complet d'indienne,
FICHUS de mousseline,
Fichus de linon,
JUPONS piqués,
Jupons de toile de coton,
Jupons d'indienne,
LINGE de toilette,
MOUCHOIRS blancs,
Mouchoirs de couleur,
PAIRES de poches,
paires de bas de laine,
paires de bas de coton,
paires de bas de fil,
ROBE & Jupon d'indienne,
Robe & Jupon de toile de coton,
SERRE-TETE,

Linge du Domestique.

BONNETS de coton,
Bonnets de laine,
CALÇONS,
Chemises,
Cols,
Cravattes,
Culottes blanches,
Culotte de Nankin,
MOUCHOIRS,
PAIRES de bas de coton,
paires de bas de fil,
paires de bas de laine,
paires de bas de filoselle,
paires de chaussons,
VESTES blanches,
Vestes de Nankin,

TOTAL

donné à blanchir

SÇAVOIR à Monsieur.

ARTICLE	liv.	ſ.	d.
BANDEAUX ,			
Bonnets de coton ,			
Bonnets de laine ,			
Bretelles.			
CALÇONS de toile ,			
Calçons de futaine ,			
Camiſoles de toile ,			
Camiſoles de futaine ,			
Camiſoles d'indienne ,			
Chauſſettes ,			
Chemiſes de jour , garnies ,			
Chemiſes de nuit ,			
Coîffes de Bonnets ,			
Cols de mouſſeline ,			
Cols de baſin ,			
Cravattes de mouſſeline ;			
Cravattes de batiſte ,			
Culottes de baſin ,			
Culottes de toile de coton ,			
Culottes de draps de coton ,			
Culottes de Nankin ;			
ESSUIE-MAINS ,			
FROTTOIRS			
GANTS de fil ,			
Gillets de baſin ,			
Gillets de flanelle ,			
Guêtres de toile ,			
Gillets de futaine ,			
Gillets de toile de coton ,			
LINGE à barbe ,			
MANCHETTES de mouſſeline ,			
Manchettes de batiſte ,			
Manchettes effilées ,			
Manchettes de bottes ,			

TOTAL

ARTICLE	liv.	ſ.	d.
Mouchoirs des indes ,			
Mouchoirs de toile blanche ,			
Mouchoirs de batiſte ,			
Mouchoirs de couleurs ,			
NAPES ,			
PAIRES de draps de maître ,			
paires de draps de domeſtique ,			
paires de bas de fil ,			
paires de bas de coton ,			
paires de bas de laine ,			
paires de bas de filoſele ;			
paires de chauſſons de toile ,			
paires de chauſſons de tricot ,			
Pantalon de moleton ,			
Pantalon de toile ,			
Pantalon de tricot ,			
Peignoirs ,			
Pieces d'eſtomac ,			
ROBE-de-chambre d'indienne ,			
Robe-de-chambre piquée ,			
SACS à pelottes ,			
Serre-têtes ,			
Serviettes de toilette ,			
Suſpenſoirs ,			
TABLIER du matin ,			
Tayes d'oreillers ,			
VESTES de baſin ,			
Veſtes de drap de coton			
Veſtes de Mouſſeline ,			
Veſtes de Nankin ,			
Veſtes piquées ,			
Veſtes de toile de coton ,			

TOTAL

S Ç A V O I R, à Madame

ARTICLE	liv.	f.	d.
Bandes à faigner,			
Bandeaux,			
Baftiennes,			
Bloufes,			
Bonnets piqués,			
Bonnets ronds de mouffeline,			
Bonnets ronds de linon,			
Bonnets ronds de dentelle			
Camisoles de mouffeline garnies,			
Camifoles de toile de coton garnies,			
Camifoles piquées garnies,			
Camifoles houettées garnies,			
Chemifes de jour,			
Chemifes de nuit,			
Chemifes de batifte,			
Chemifes de bain,			
Chemifes-robes de mouffeline,			
Chemifes-robe d'indienne,			
Chemife-robe, de linon,			
Coîffes de mouffeline,			
Collerette,			
Corfet de toile de coton garnis,			
Corfets de bafin garnis,			
Corfets de toile fine garnis,			
Courtes-pointes,			
Couverture de coton,			
Couvre-pieds piqués garnis,			
Couvre-pieds de mouffeline,			
Couvre-meuble,			
Draps de maîtres,			
Draps fans couture,			
Draps de domeftique,			
Deshabillers garnis,			
Essuie-mains			
Fourreaux de toile de coton,			
Fourreaux de mouffeline,			
Fourreaux d'indienne,			
Fourreaux de linon,			
Fichus de mouffeline,			
TOTAL			

ARTICLE	liv.	f.	d.
Fichus de batifte,			
Fichus doubles,			
Fichus de linon,			
Fichus frifés,			
Fraifettes de mouffeline,			
Frottoirs de futaine,			
Frottoirs de flannelle,			
Garnitures de lit de toile,			
Gaule de mouffeline,			
Gaule d'indienne,			
Houpelande,			
Jupons piqués, blancs, garnis,			
Jupons de moleton,			
Jupons de futaine,			
Jupons de bafin garnis,			
Jupons de granat,			
Jupons houettés, garnis,			
Jupons de linon,			
Jupons de mouffeline,			
Linge de toilette,			
Linge de Garde-robe,			
Linges de baignoir,			
Mantelets de mouffeline,			
Mouchoirs de toile blanche,			
Mouchoirs de batifte,			
Mouchoirs des indes,			
Paires de poches de bafin, garnies,			
Paires de poches de toile, garnies,			
paire de bas de coton,			
Peignoirs de toile,			
Peignoirs de Mouffeline,			
Pieces d'eftomac,			
Pierrot & Jupon de linon,			
Rideaux de mouffeline, grands,			
Rideaux de toile de coton, grands,			
Rideaux de mouffeline, petits,			
Rideaux de linon, petits,			
Robe & Jupon de toile de coton,			
TOTAL			

ARTICLE	liv.	f.	d.
Robe & Jupon de mousseline,			
Robe & Jupon de linon,			
Robe & Jupon d'indienne,			
Rodingotte d'indienne,			
SACS à pelottes,			
Serre-têtes,			
Serviettes de toilette,			
Serviettes de garderobe,			
TABLIERS de Femme-de-chambre,			
Tabliers de coëffeur,			
Tayes d'oreillers garnies,			
Toilette garnie de mousseline,			
Tours de chaise,			
Tour de baffin,			

Linge des Enfans.

ARTICLE	liv.	f.	d.
BANDEAUX,			
Bandes,			
Bavoirs,			
Beguin,			
Braffieres de futaine,			
Braffieres de flanelle,			
CALÇONS,			
Camisoles de mousseline,			
Camisoles de toile de coton,			
Camisoles d'indienne,			
Camisoles de futaine,			
Chauffettes,			
Chauffons,			
Chemises de jour, de garçon,			
Chemises de nuit, de garçon,			
Chemises de jour, de demoiselle			
Chemises de nuit, de demoiselle,			
Chemises petites,			
Chemises-robes de mousseline,			
Chemises-robe d'indienne,			
Collerettes de mousseline,			
Cols de mousseline,			
Couches,			
Couvres-pieds garnis,			
Culottes de draps de coton,			
Culottes de basin,			
Culottes de toile de coton,			
DESHABILLERS de toile de coton,			
TOTAL			

ARTICLE	liv.	f.	d.
Deshabillers d'indienne,			
FOURREAUX de toile de coton,			
Fourreaux de linon,			
Fourreaux d'indienne,			
GARNITURES de lit,			
Gillets de basin,			
Gillets de toile de coton,			
JACTONS,			
Jupons de toile de coton garnis,			
Jupons de basin garnis,			
Jupons de futaine,			
Jupons de moleton,			
LANGES piqués,			
Lange de futaine,			
Lange de laine,			
Linge de toilette,			
MANTELETS de mousseline,			
Manchettes de garçon,			
Matelots de toile,			
Matelots de Nankin,			
Mouchoirs de toile,			
Mouchoirs de batiste,			
PAIRES de bas de coton,			
paires de bas de fil,			
paires de bas petits,			
paires de bas de laine,			
paires de poches,			
Peignoirs,			
Pierrots & Jupon de linon,			
Pierrots & Jupon de mousseline,			
Pieces d'estomac,			
ROBES & Jupons de toile de coton,			
Robes & Jupons de mousseline,			
Robes & Jupons d'indienne,			
Robe de chambre,			
TETIERES,			
Tours de bonnet,			
Tours de chaises,			
VESTES de basin,			
Vestes de toile de coton,			
Vestes de nankin,			
Vestes de drap de coton.			
TOTAL			

ARTICLE	liv.	f.	d.
Linge d'Office.			
CHAUSSES à paſſer,			
ESSUIE-MAINS,			
NAPES damaſſées,			
Napes à linteaux,			
Napes à grains d'orge,			
Napes ouvrées,			
Napes d'office,			
Napes petites,			
Napes de veniſe,			
Napes de cuiſine,			
PAQUETS de Torchons,			
SERVIETTES d'amaſſées,			
Serviettes à linteaux,			
Serviettes à grains d'orge,			
Serviettes ouvrées,			
Serviettes de Veniſe,			
TABLIERS d'office,			
Tabliers de cuiſine,			
Torchons,			
Linge de la Femme de Chambre.			
BANDEAUX,			
Bonnets ronds,			
Bonnets piqués,			
CAMISOLES de toile de coton,			
Camiſoles d'indienne,			
Chemiſes,			
Corſet de toile,			
Corſet de baſin,			
DESHABILLÉ complet de toile de coton,			
Deshabillé complet d'indienne,			
FICHUS de mouſſeline,			
Fichus de linon,			
JUPONS piqués,			
Jupons houettés,			
Jupons de toile de coton,			
LINGE de toilette,			
MOUCHOIRS blancs,			
Mouchoirs de couleur,			
PAIRES de poches,			
paires de bas de coton,			
paires de bas de fil,			

TOTAL

ARTICLE	liv.	f.	d.
ROBE & Jupon d'indienne,			
Robe & Jupons de toile de coton,			
Robe & Jupon de mouſſeline,			
SERRE-TÊTES.			
Linge de la Cuiſiniere.			
BONNETS ronds,			
Bonnets piqués,			
CAMISOLES d'indienne,			
Camiſoles de toile de coton,			
Chemiſes,			
DESHABILLÉ compl. de toile de cot.			
Deshabiller complet d'indienne,			
FICHUS de mouſſeline,			
Fichus de linon,			
JUPONS piqués,			
Jupons de toile de coton,			
Jupons d'indienne,			
LINGE de toilette,			
MOUCHOIRS blancs,			
Mouchoirs de couleur,			
PAIRES de poches,			
paires de bas de laine,			
paires de bas de coton,			
paires de bas de fil,			
ROBE & Jupon d'indienne,			
Robe & Jupon de toile de coton,			
SERRE-TETE,			
Linge du Domeſtique.			
BONNETS de coton,			
Bonnets de laine,			
CALEONS,			
Chemiſes,			
Cols,			
Cravattes,			
Culottes blanches,			
Culotte de Nankin,			
MOUCHOIRS,			
PAIRES de bas de coton,			
paires de bas de fil,			
paires de bas de laine,			
paires de bas de filoſelle,			
paires de chauſſons,			
VESTES blanches,			
Veſtes de Nankin,			

TOTAL

donné à blanchir

S Ç A V O I R à Monsieur.

ARTICLE	liv.	f.	d.	ARTICLE	liv.	f.	d.
Bandeaux,				Mouchoirs des indes,			
Bonnets de coton,				Mouchoirs de toile blanche,			
Bonnets de laine,				Mouchoirs de batifte,			
Bretelles.				Mouchoirs de couleurs,			
Calçons de toile,				Napes,			
Calçons de futaine,				Paires de draps de maître,			
Camifoles de toile,				paires de draps de domeftique,			
Camifoles de futaine,				paires de bas de fil,			
Camifoles d'indienne,				paires de bas de coton,			
Chauffettes,				paires de bas de laine,			
Chemifes de jour, garnies,				paires de bas de filofele,			
Chemifes de nuit,				paires de chauffons de toile,			
Coîffes de Bonnets,				paires de chauffons de tricot,			
Cols de mouffeline,				Pantalon de moleton,			
Cols de bafin,				Pantalon de toile,			
Cravattes de mouffeline,				Pantalon de tricot,			
Cravattes de batifte,				Peignoirs,			
Culottes de bafin,				Pieces d'eftomac,			
Culottes de toile de coton,							
Culottes de draps de coton,				Robe-de-chambre d'indienne,			
Culottes de Nankin,				Robe-de-chambre piquée,			
Essuie-mains,				Sacs à pelottes,			
Frottoirs,				Serre-têtes,			
				Serviettes de toilette,			
Gants de fil,				Sufpenfoirs,			
Gillets de bafin,							
Gillets de flanelle,				Tablier du matin,			
Guêtres de toile,				Tayes d'oreillers,			
Gillets de futaine,							
Gillets de toile de coton,				Veftes de bafin,			
				Veftes de drap de coton			
Linge à barbe,				Veftes de Mouffeline,			
				Veftes de Nankin,			
Manchettes de mouffeline,				Veftes piquées,			
Manchettes de batifte,				Veftes de toile de coton,			
Manchettes effilées,							
Manchettes de bottes,							
TOTAL				**TOTAL**			

SÇAVOIR, à Madame

ARTICLE	liv.	f.	d.	ARTICLE	liv.	f.	d.
BANDES à saigner,				Fichus de batiste,			
Bandeaux,				Fichus doubles,			
Bastiennes,				Fichus de linon,			
Blouses,				Fichus frisés,			
Bonnets piqués,				Fraisettes de mousseline,			
Bonnets ronds de mousseline,				Frottoirs de futaine,			
Bonnets ronds de linon,				Frottoirs de flannelle,			
Bonnets ronds de dentelle				GARNITURES de lit de toile,			
CAMISOLES de mousseline garnies,				Gaule de mousseline,			
Camisoles de toile de coton garnies,				Gaule d'indienne,			
Camisoles piquées garnies,				HOUPELANDE,			
Camisoles houettées garnies,				JUPONS piqués, blancs, garnis,			
Chemises de jour,				Jupons de moleton,			
Chemises de nuit,				Jupons de futaine,			
Chemises de batiste,				Jupons de bafin garnis,			
Chemises de bain,				Jupons de granat,			
Chemises-robes de mousseline,				Jupons houettés, garnis,			
Chemises-robe d'indienne,				Jupons de linon,			
Chemise-robe, de linon,				Jupons de mousseline,			
Coiffes de mousseline,				LINGE de toilette,			
Collerette,				Linge de Garde-robe,			
Corset de toile de coton garnis,				Linges de baignoir,			
Corsets de bafin garnis,				MANTELETS de mousseline,			
Corsets de toile fine garnis,				Mouchoirs de toile blanche,			
Courtes-pointes,				Mouchoirs de batiste,			
Couverture de coton,				Mouchoirs des indes,			
Couvre-pieds piqués garnis,				PAIRES de poches de bafin, garnies,			
Couvre-pieds de mousseline,				Paires de poches de toile, garnies,			
Couvre-meuble,				paire de bas de coton,			
DRAPS de maîtres,				Peignoirs de toile,			
Draps sans couture,				Peignoirs de Mousseline,			
Draps de domestique,				Pieces d'estomac,			
Deshabillers garnis,				Pierrot & Jupon de linon,			
ESSUIE-MAINS				RIDEAUX de mousseline, grands,			
FOURREAUX de toile de coton,				Rideaux de toile de coton, grands,			
Fourreaux de mousseline,				Rideaux de mousseline, petits,			
Fourreaux d'indienne,				Rideaux de linon, petits,			
Fourreaux de linon,				Robe & Jupon de toile de coton,			
Fichus de mousseline,							
TOTAL				**TOTAL**			

ARTICLE	liv.	f.	d.
Robe & Jupon de mousseline,			
Robe & Jupon de linon,			
Robe & Jupon d'indienne,			
Rodingotte d'indienne,			
SACS à pelottes,			
Serre-têtes,			
Serviettes de toilette,			
Serviettes de garderobe,			
TABLIERS de Femme-de-chambre,			
Tabliers de coëffeur,			
Tayes d'oreillers garnies,			
Toilette garnie de mousseline,			
Tours de chaise,			
Tour de bassin,			
Linge des Enfans.			
BANDEAUX,			
Bandes,			
Bavoirs;			
Beguin,			
Brassieres de futaine;			
Brassieres de flanelle,			
CALÇONS,			
Camisoles de mousseline,			
Camisoles de toile de coton,			
Camisoles d'indienne,			
Camisoles de futaine,			
Chaussettes,			
Chaussons,			
Chemises de jour, de garçon,			
Chemises de nuit, de garçon,			
Chemises de jour, de demoiselle			
Chemises de nuit, de demoiselle,			
Chemises petites,			
Chemises-robes de mousseline,			
Chemises-robe d'indienne,			
Collerettes de mousseline,			
Cols de mousseline,			
Couches,			
Couvres-pieds garnis;			
Culottes de draps de coton;			
Culottes de basin,			
Culottes de toile de coton,			
DESHABILLERS de toile de coton,			
TOTAL			

ARTICLE	liv.	f.	d.
Deshabillers d'indienne;			
FOURREAUX de toile de coton,			
Fourreaux de linon,			
Fourreaux d'indienne,			
GARNITURES de lit,			
Gillets de basin,			
Gillets de toile de coton;			
JACTONS,			
Jupons de toile de coton garnis,			
Jupons de basin garnis,			
Jupons de futaine,			
Jupons de moleton,			
LANGES piqués;			
Lange de futaine,			
Lange de laine,			
Linge de toilette,			
MANTELETS de mousseline,			
Manchettes de garçon;			
Matelots de toile,			
Matelots de Nankin,			
Mouchoirs de toile,			
Mouchoirs de batiste,			
PAIRES de bas de coton;			
paires de bas de fil,			
paires de bas petits,			
paires de bas de laine,			
paires de poches,			
Peignoirs,			
Pierrots & Jupon de linon,			
Pierrots & Jupon de mousseline,			
Pieces d'estomac,			
ROBES & Jupons de toile de coton,			
Robes & Jupons de mousseline,			
Robes & Jupons d'indienne,			
Robe de chambre,			
TETIERES,			
Tours de bonnet,			
Tours de chaises,			
VESTES de basin,			
Vestes de toile de coton,			
Vestes de nankin,			
Vestes de drap de coton.			
TOTAL			

ARTICLE	liv.	f.	d.
Linge d'Office.			
CHAUSSES à passer,			
ESSUIE-MAINS,			
NAPES damassées,			
Napes à linteaux,			
Napes à grains d'orge,			
Napes ouvrées,			
Napes d'office,			
Napes petites,			
Napes de venise,			
Napes de cuisine,			
PAQUETS de Torchons,			
SERVIETTES damassées,			
Serviettes à linteaux,			
Serviettes à grains d'orge,			
Serviettes ouvrées,			
Serviettes de Venise,			
TABLIERS d'office,			
Tabliers de cuisine,			
Torchons,			
Linge de la Femme de Chambre.			
BANDEAUX,			
Bonnets ronds,			
Bonnets piqués,			
CAMISOLES de toile de coton,			
Camisoles d'indienne,			
Chemises,			
Corset de toile,			
Corset de basin,			
DESHABILLÉ complet de toile de coton,			
Deshabillé complet d'indienne,			
FICHUS de mousseline,			
Fichus de linon,			
JUPONS piqués,			
Jupons houettés,			
Jupons de toile de coton,			
LINGE de toilette,			
MOUCHOIRS blancs,			
Mouchoirs de couleur,			
PAIRES de poches,			
paires de bas de coton,			
paires de bas de fil,			
TOTAL			

ARTICLE	liv.	f.	d.
ROBE & Jupon d'indienne,			
Robe & Jupons de toile de coton,			
Robe & Jupon de mousseline,			
SERRE-TÊTES.			
Linge de la Cuisiniere.			
BONNETS ronds,			
Bonnets piqués,			
CAMISOLES d'indienne,			
Camisoles de toile de coton,			
Chemises,			
DESHABILLÉ compl. de toile de cot.			
Deshabiller complet d'indienne,			
FICHUS de mousseline,			
Fichus de linon,			
JUPONS piqués,			
Jupons de toile de coton,			
Jupons d'indienne,			
LINGE de toilette,			
MOUCHOIRS blancs,			
Mouchoirs de couleur,			
PAIRES de poches,			
paires de bas de laine,			
paires de bas de coton,			
paires de bas de fil,			
ROBE & Jupon d'indienne,			
Robe & Jupon de toile de coton,			
SERRE-TETE,			
Linge du Domestique.			
BONNETS de coton,			
Bonnets de laine,			
CALÇONS,			
Chemises,			
Cols,			
Cravattes,			
Culottes blanches,			
Culotte de Nankin,			
MOUCHOIRS,			
PAIRES de bas de coton,			
paires de bas de fil,			
paires de bas de laine,			
paires de bas de filoselle,			
paires de chaussons,			
VESTES blanches,			
Vestes de Nankin,			
TOTAL			

(1)

donné à blanchir

SÇAVOIR à Monſieur.

ARTICLE	liv.	ſ.	d.	ARTICLE	liv.	ſ.	d.
BANDEAUX,				Mouchoirs des indes,			
Bonnets de coton,				Mouchoirs de toile blanche,			
Bonnets de laine,				Mouchoirs de batiſte,			
Bretelles.				Mouchoirs de couleurs,			
CALÇONS de toile,				NAPES,			
Calçons de futaine,				PAIRES de draps de maître,			
Camiſoles de toile,				paires de draps de domeſtique,			
Camiſoles de futaine,				paires de bas de fil,			
Camiſoles d'indienne,				paires de bas de coton,			
Chauſſettes,				paires de bas de laine,			
Chemiſes de jour, garnies,				paires de bas de filoſele,			
Chemiſes de nuit,				paires de chauſſons de toile,			
Coîffes de Bonnets,				paires de chauſſons de tricot,			
Cols de mouſſeline,				Pantalon de moleton,			
Cols de baſin,				Pantalon de toile,			
Cravattes de mouſſeline,				Pantalon de tricot,			
Cravattes de batiſte,				Peignoirs,			
Culottes de baſin,				Pieces d'eſtomac,			
Culottes de toile de coton,							
Culottes de draps de coton,				ROBE-de-chambre d'indienne,			
Culottes de Nankin,				Robe-de-chambre piquée,			
ESSUIE-MAINS,				SACS à pelottes,			
FROTTOIRS				Serre-têtes,			
				Serviettes de toilette,			
GANTS de fil,				Suſpenſoirs,			
Gillets de baſin,							
Gillets de flanelle,				TABLIER du matin,			
Guêtres de toile,				Tayes d'oreillers,			
Gillets de futaine,							
Gillets de toile de coton,				VESTES de baſin,			
				Veſtes de drap de coton			
LINGE à barbe,				Veſtes de Mouſſeline,			
MANCHETTES de mouſſeline,				Veſtes de Nankin,			
Manchettes de batiſte,				Veſtes piquées,			
Manchettes effilées,				Veſtes de toile de coton,			
Manchettes de bottes,							
TOTAL				**TOTAL**			

SÇAVOIR, à Madame.

ARTICLE	liv.	f.	d.
BANDES à saigner,			
Bandeaux,			
Baftiennes,			
Bloufes,			
Bonnets piqués,			
Bonnets ronds de moufseline,			
Bonnets ronds de linon,			
Bonnets ronds de dentelle			
CAMISOLES de moufseline garnies,			
Camifoles de toile de coton garnies,			
Camifoles piquées garnies,			
Camifoles houettées garnies,			
Chemifes de jour,			
Chemifes de nuit,			
Chemifes de batifte,			
Chemifes de bain,			
Chemifes-robes de moufseline,			
Chemifes-robe d'indienne,			
Chemife-robe, de linon,			
Coiffes de moufseline,			
Collerette,			
Corfet de toile de coton garnis,			
Corfets de bafin garnis,			
Corfets de toile fine garnis,			
Courtes-pointes,			
Couverture de coton,			
Couvre-pieds piqués garnis,			
Couvre-pieds de moufseline,			
Couvre-meuble,			
DRAPS de maîtres,			
Draps fans couture,			
Draps de domeftique,			
Deshabillers garnis,			
ESSUIE-MAINS			
FOURREAUX de toile de coton,			
Fourreaux de moufseline,			
Fourreaux d'indienne,			
Fourreaux de linon,			
Fichus de moufseline,			
TOTAL			

ARTICLE	liv.	f.	d.
Fichus de batifte,			
Fichus doubles,			
Fichus de linon,			
Fichus frifés,			
Fraifettes de moufseline,			
Frottoirs de futaine,			
Frottoirs de flannelle,			
GARNITURES de lit de toile,			
Gaule de moufseline,			
Gaule d'indienne,			
HOUPELANDE,			
JUPONS piqués, blancs, garnis,			
Jupons de moleton,			
Jupons de futaine,			
Jupons de bafin garnis,			
Jupons de granat,			
Jupons houettés, garnis,			
Jupons de linon,			
Jupons de moufseline,			
LINGE de toilette,			
Linge de Garde-robe,			
Linges de baignoir,			
MANTELETS de moufseline,			
Mouchoirs de toile blanche,			
Mouchoirs de batifte,			
Mouchoirs des indes,			
PAIRES de poches de bafin, garnies,			
Paires de poches de toile, garnies,			
paire de bas de coton,			
Peignoirs de toile,			
Peignoirs de Moufseline,			
Pieces d'eftomac,			
Pierrot & Jupon de linon,			
RIDEAUX de moufseline, grands,			
Rideaux de toile de coton, grands,			
Rideaux de moufseline, petits,			
Rideaux de linon, petits,			
Robe & Jupon de toile de coton,			
TOTAL			

Article	liv.	f.	d.
Robe & Jupon de mousseline,			
Robe & Jupon de linon,			
Robe & Jupon d'indienne,			
Rodingotte d'indienne,			
SACS à pelottes,			
Serre-têtes,			
Serviettes de toilette,			
Serviettes de garderobe,			
TABLIERS de Femme-de-chambre,			
Tabliers de coëffeur,			
Tayes d'oreillers garnies,			
Toilette garnie de mousseline,			
Tours de chaise,			
Tour de bassin,			
Linge des Enfans.			
BANDEAUX,			
Bandes,			
Bavoirs;			
Beguin,			
Brassieres de futaine,			
Brassieres de flanelle,			
CALÇONS,			
Camisoles de mousseline,			
Camisoles de toile de coton,			
Camisoles d'indienne,			
Camisoles de futaine,			
Chauffettes,			
Chaussons,			
Chemises de jour, de garçon,			
Chemises de nuit, de garçon,			
Chemises de jour, de demoiselle			
Chemises de nuit, de demoiselle,			
Chemises petites,			
Chemises-robes de mousseline,			
Chemises-robe d'indienne,			
Collerettes de mousseline,			
Cols de mousseline,			
Couches,			
Couvres-pieds garnis;			
Culottes de draps de coton,			
Culottes de basin,			
Culottes de toile de coton,			
DESHABILLERS de toile de coton,			
TOTAL			

Article	liv.	f.	d.
Deshabillers d'indienne,			
FOURREAUX de toile de coton,			
Fourreaux de linon,			
Fourreaux d'indienne,			
GARNITURES de lit,			
Gillets de basin,			
Gillets de toile de coton,			
JACTONS,			
Jupons de toile de coton garnis,			
Jupons de basin garnis,			
Jupons de futaine,			
Jupons de moleton,			
LANGES piqués,			
Lange de futaine,			
Lange de laine,			
Linge de toilette,			
MANTELETS de mousseline,			
Manchettes de garçon,			
Matelots de toile,			
Matelots de Nankin,			
Mouchoirs de toile,			
Mouchoirs de batiste,			
PAIRES de bas de coton,			
paires de bas de fil,			
paires de bas petits,			
paires de bas de laine,			
paires de poches,			
Peignoirs,			
Pierrots & Jupon de linon,			
Pierrots & Jupon de mousseline,			
Pieces d'estomac,			
ROBES & Jupons de toile de coton,			
Robes & Jupons de mousseline,			
Robes & Jupons d'indienne,			
Robe de chambre,			
TETIERES,			
Tours de bonnet,			
Tours de chaises,			
VESTES de basin,			
Vestes de toile de coton,			
Vestes de nankin,			
Vestes de drap de coton.			
TOTAL			

ARTICLE

Linge d'Office.

CHAUSSES à passer,
ESSUIE-MAINS,
NAPES damassées,
Napes à linteaux,
Napes à grains d'orge,
Napes ouvrées,
Napes d'office,
Napes petites,
Napes de venise,
Napes de cuisine,
PAQUETS de Torchons,
SERVIETTES d'amassées,
Serviettes à linteaux,
Serviettes à grains d'orge,
Serviettes ouvrées,
Serviettes de Venise,
TABLIERS d'office,
Tabliers de cuisine,
Torchons,

Linge de la Femme de Chambre.

BANDEAUX,
Bonnets ronds,
Bonnets piqués,
CAMISOLES de toile de coton,
Camisoles d'indienne,
Chemises,
Corset de toile,
Corset de basin,
DESHABILLÉ complet de toile de coton,
Deshabillé complet d'indienne,
FICHUS de mousseline,
Fichus de linon,
JUPONS piqués,
Jupons houettés,
Jupons de toile de coton,
LINGE de toilette,
MOUCHOIRS blancs,
Mouchoirs de couleur,
PAIRES de poches,
paires de bas de coton,
paires de bas de fil,

ARTICLE

ROBE & Jupon d'indienne,
Robe & Jupons de toile de coton,
Robe & Jupon de mousseline,
SERRE-TÊTES.

Linge de la Cuisiniere.

BONNETS ronds,
Bonnets piqués,
CAMISOLES d'indienne,
Camisoles de toile de coton,
Chemises,
DESHABILLÉ compl. de toile de cot.
Deshabiller complet d'indienne,
FICHUS de mousseline,
Fichus de linon,
JUPONS piqués,
Jupons de toile de coton,
Jupons d'indienne,
LINGE de toilette,
MOUCHOIRS blancs,
Mouchoirs de couleur,
PAIRES de poches,
paires de bas de laine,
paires de bas de coton,
paires de bas de fil,
ROBE & Jupon d'indienne,
Robe & Jupon de toile de coton,
SERRE-TETE,

Linge du Domestique.

BONNETS de coton,
Bonnets de laine,
CALÇONS,
Chemises,
Cols,
Cravattes,
Culottes blanches,
Culotte de Nankin,
MOUCHOIRS,
PAIRES de bas de coton,
paires de bas de fil,
paires de bas de laine,
paires de bas de filoselle,
paires de chaussons,
VESTES blanches,
Vestes de Nankin,

TOTAL

TOTAL

liv. f. d.

donné à blanchir

S Ç A V O I R à Monfieur.

ARTICLE	liv.	f.	d.	ARTICLE	liv.	f.	d.
Bandeaux,				Mouchoirs des indes,			
Bonnets de coton,				Mouchoirs de toile blanche,			
Bonnets de laine,				Mouchoirs de batifte,			
Bretelles.				Mouchoirs de couleurs,			
Calçons de toile,				Napes,			
Calçons de futaine,				Paires de draps de maître,			
Camifoles de toile,				paires de draps de domeftique,			
Camifoles de futaine,				paires de bas de fil,			
Camifoles d'indienne,				paires de bas de coton,			
Chauffettes,				paires de bas de laine,			
Chemifes de jour, garnies,				paires de bas de filofele,			
Chemifes de nuit,				paires de chauffons de toile,			
Coîffes de Bonnets,				paires de chauffons de tricot,			
Cols de mouffeline,				Pantalon de moleton,			
Cols de bafin,				Pantalon de toile,			
Cravattes de mouffeline,				Pantalon de tricot,			
Cravattes de batifte,				Peignoirs,			
Culottes de bafin,				Pieces d'eftomac,			
Culottes de toile de coton,				Robe-de-chambre d'indienne,			
Culottes de draps de coton,				Robe-de-chambre piquée,			
Culottes de Nankin,				Sacs à pelottes,			
Essuie-mains,				Serre-têtes,			
Frottoirs,				Serviettes de toilette,			
Gants de fil,				Sufpenfoirs,			
Gillets de bafin,				Tablier du matin,			
Gillets de flanelle,				Tayes d'oreillers,			
Guêtres de toile,				Veftes de bafin,			
Gillets de futaine,				Veftes de drap de coton			
Gillets de toile de coton,				Veftes de Mouffeline,			
Linge à barbe,				Veftes de Nankin,			
Manchettes de mouffeline,				Veftes piquées,			
Manchettes de batifte,				Veftes de toile de coton,			
Manchettes effilées,							
Manchettes de bottes,							
TOTAL				TOTAL			

SÇAVOIR, à Madame

ARTICLE	liv.	f.	d.
BANDES à saigner,			
Bandeaux,			
Baftiennes,			
Bloufes,			
Bonnets piqués,			
Bonnets ronds de mouffeline,			
Bonnets ronds de linon,			
Bonnets ronds de dentelle			
CAMISOLES de mouffeline garnies,			
Camifoles de toile de coton garnies,			
Camifoles piquées garnies,			
Camifoles houettées garnies,			
Chemifes de jour,			
Chemifes de nuit,			
Chemifes de batifte,			
Chemifes de bain,			
Chemifes-robes de mouffeline,			
Chemifes-robe d'indienne,			
Chemife-robe, de linon,			
Coïffes de mouffeline,			
Collerette,			
Corfet de toile de coton garnis,			
Corfets de bafin garnis,			
Corfets de toile fine garnis,			
Courtes-pointes,			
Couverture de coton,			
Couvre-pieds piqués garnis,			
Couvre-pieds de mouffeline,			
Couvre-meuble,			
DRAPS de maîtres,			
Draps fans couture,			
Draps de domeftique,			
Deshabillers garnis,			
ESSUIE-MAINS			
FOURREAUX de toile de coton,			
Fourreaux de mouffeline,			
Fourreaux d'indienne,			
Fourreaux de linon,			
Fichus de mouffeline,			
TOTAL			

ARTICLE	liv.	f.	d.
Fichus de batifte,			
Fichus doubles,			
Fichus de linon,			
Fichus frifés,			
Fraifettes de mouffeline,			
Frottoirs de futaine,			
Frottoirs de flannelle,			
GARNITURES de lit de toile,			
Gaule de mouffeline,			
Gaule d'indienne,			
HOUPELANDE,			
JUPONS piqués, blancs, garnis,			
Jupons de moleton,			
Jupons de futaine,			
Jupons de bafin garnis,			
Jupons de granat,			
Jupons houettés, garnis,			
Jupons de linon,			
Jupons de mouffeline,			
LINGE de toilette,			
Linge de Garde-robe,			
Linges de baignoir,			
MANTELETS de mouffeline,			
Mouchoirs de toile blanche,			
Mouchoirs de batifte,			
Mouchoirs des indes,			
PAIRES de poches de bafin, garnies,			
Paires de poches de toile, garnies,			
paire de bas de coton,			
Peignoirs de toile,			
Peignoirs de Mouffeline,			
Pieces d'eftomac,			
Pierrot & Jupon de linon,			
RIDEAUX de mouffeline, grands,			
Rideaux de toile de coton, grands,			
Rideaux de mouffeline, petits,			
Rideaux de linon, petits,			
Robe & Jupon de toile de coton,			
TOTAL			

ARTICLE	liv.	f.	d.	ARTICLE	liv.	f.	d.
Robe & Jupon de mousseline,				Deshabillers d'indienne,			
Robe & Jupon de linon,				FOURREAUX de toile de coton,			
Robe & Jupon d'indienne,				Fourreaux de linon,			
Rodingotte d'indienne,				Fourreaux d'indienne,			
SACS à pelottes,				GARNITURES de lit,			
Serre-têtes,				Gillets de basin,			
Serviettes de toilette,				Gillets de toile de coton,			
Serviettes de garderobe,				JACTONS,			
TABLIERS de Femme-de-chambre,				Jupons de toile de coton garnis,			
Tabliers de coëffeur,				Jupons de basin garnis,			
Tayes d'oreillers garnies,				Jupons de futaine,			
Toilette garnie de mousseline,				Jupons de moleton,			
Tours de chaise,							
Tour de bassin,				LANGES piqués,			
Linge des Enfans.				Lange de futaine,			
BANDEAUX,				Lange de laine,			
Bandes,				Linge de toilette,			
Bavoirs,				MANTELETS de mousseline,			
Beguin,				Manchettes de garçon,			
Brassieres de futaine,				Matelots de toile,			
Brassieres de flanelle,				Matelots de Nankin,			
CALÇONS,				Mouchoirs de toile,			
Camisoles de mousseline,				Mouchoirs de batiste,			
Camisoles de toile de coton,							
Camisoles d'indienne,				PAIRES de bas de coton,			
Camisoles de futaine,				paires de bas de fil,			
Chauffettes,				paires de bas petits,			
Chauffons,				paires de bas de laine,			
Chemises de jour, de garçon,				paires de poches,			
Chemises de nuit, de garçon,				Peignoirs,			
Chemises de jour, de demoiselle				Pierrots & Jupon de linon,			
Chemises de nuit, de demoiselle,				Pierrots & Jupon de mousseline,			
Chemises petites,				Pieces d'estomac,			
Chemises-robes de mousseline,							
Chemises-robe d'indienne,				ROBES & Jupons de toile de coton,			
Collerettes de mousseline,				Robes & Jupons de mousseline,			
Cols de mousseline,				Robes & Jupons d'indienne,			
Couches,				Robe de chambre,			
Couvres-pieds garnis,				TETIERES,			
Culottes de draps de coton,				Tours de bonnet,			
Culottes de basin,				Tours de chaises,			
Culottes de toile de coton,				VESTES de basin,			
DESHABILLERS de toile de coton,				Vestes de toile de coton,			
				Vestes de nankin,			
				Vestes de drap de coton.			
TOTAL				**TOTAL**			

Article		liv.	f.	d.
Linge d'Office.				
CHAUSSES à passer,				
ESSUIE-MAINS,				
NAPES damaffées,				
Napes à linteaux,				
Napes à grains d'orge,				
Napes ouvrées,				
Napes d'office,				
Napes petites,				
Napes de venise,				
Napes de cuisine,				
PAQUETS de Torchons,				
SERVIETTES d'amaffées,				
Serviettes à linteaux,				
Serviettes à grains d'orge,				
Serviettes ouvrées,				
Serviettes de Venise,				
TABLIERS d'office,				
Tabliers de cuisine,				
Torchons,				
Linge de la Femme de Chambre.				
BANDEAUX,				
Bonnets ronds,				
Bonnets piqués,				
CAMISOLES de toile de coton,				
Camisoles d'indienne,				
Chemises,				
Corset de toile,				
Corset de basin,				
DESHABILLÉ complet de toile de coton,				
Deshabillé complet d'indienne,				
FICHUS de moufseline,				
Fichus de linon,				
JUPONS piqués,				
Jupons houctrés,				
Jupons de toile de coton,				
LINGE de toilette,				
MOUCHOIRS blancs,				
Mouchoirs de couleur,				
PAIRES de poches,				
paires de bas de coton,				
paires de bas de fil,				
TOTAL				

Article		liv.	f.	
ROBE & Jupon d'indienne,				
Robe & Jupons de toile de coton,				
Robe & Jupon de moufseline,				
SERRE-TÊTES.				
Linge de la Cuisiniere.				
BONNETS ronds,				
Bonnets piqués,				
CAMISOLES d'indienne,				
Camisoles de toile de coton,				
Chemises,				
DESHABILLÉ compl. de toile de cot.				
Deshabiller complet d'indienne,				
FICHUS de moufseline,				
Fichus de linon,				
JUPONS piqués,				
Jupons de toile de coton,				
Jupons d'indienne,				
LINGE de toilette,				
MOUCHOIRS blancs,				
Mouchoirs de couleur,				
PAIRES de poches,				
paires de bas de laine,				
paires de bas de coton,				
paires de bas de fil,				
ROBE & Jupon d'indienne,				
Robe & Jupon de toile de coton,				
SERRE-TÊTE,				
Linge du Domestique.				
BONNETS de coton,				
Bonnets de laine,				
CALÇONS,				
Chemises,				
Cols,				
Cravattes,				
Culottes blanches,				
Culotte de Nankin,				
MOUCHOIRS,				
PAIRES de bas de coton,				
paires de bas de fil,				
paires de bas de laine,				
paires de bas de filofelle,				
paires de chauffons,				
VESTES blanches,				
Vestes de Nankin,				
TOTAL				

donné à blanchir

SÇAVOIR à Monsieur.

ARTICLE	liv.	f.	d.
BANDEAUX,			
Bonnets de coton,			
Bonnets de laine,			
Bretelles.			
CALÇONS de toile,			
Calçons de futaine,			
Camifoles de toile,			
Camifoles de futaine,			
Camifoles d'indienne,			
Chauffettes,			
Chemifes de jour, garnies,			
Chemifes de nuit,			
Coîffes de Bonnets,			
Cols de mouffeline,			
Cols de bafin,			
Cravattes de mouffeline,			
Cravattes de batifte,			
Culottes de bafin,			
Culottes de toile de coton,			
Culottes de draps de coton,			
Culottes de Nankin,			
ESSUIE-MAINS,			
FROTTOIRS			
GANTS de fil,			
Gillets de bafin,			
Gillets de flanelle,			
Guêtres de toile,			
Gillets de futaine,			
Gillets de toile de coton,			
LINGE à barbe,			
MANCHETTES de mouffeline,			
Manchettes de batifte,			
Manchettes effilées,			
Manchettes de bottes,			
TOTAL			

ARTICLE	liv.	f.	d.
Mouchoirs des indes,			
Mouchoirs de toile blanche,			
Mouchoirs de batifte,			
Mouchoirs de couleurs,			
NAPES,			
PAIRES de draps de maître,			
paires de draps de domeftique,			
paires de bas de fil,			
paires de bas de coton,			
paires de bas de laine,			
paires de bas de filofele,			
paires de chauffons de toile,			
paires de chauffons de tricot,			
Pantalon de moleton,			
Pantalon de toile,			
Pantalon de tricot,			
Peignoirs,			
Pieces d'eftomac,			
ROBE-de-chambre d'indienne,			
Robe-de-chambre piquée,			
SACS à pelottes,			
Serre-têtes,			
Serviettes de toilette,			
Sufpenfoirs,			
TABLIER du matin,			
Tayes d'oreillers,			
VESTES de bafin,			
Veftes de drap de coton			
Veftes de Mouffeline,			
Veftes de Nankin,			
Veftes piquées,			
Veftes de toile de coton,			
TOTAL			

SÇAVOIR, à Madame

ARTICLE	liv.	ſ.	d.
BANDES à ſaigner,			
Bandeaux,			
Baſtiennes,			
Blouſes,			
Bonnets piqués,			
Bonnets ronds de mouſſeline,			
Bonnets ronds de linon,			
Bonnets ronds de dentelle			
CAMISOLES de mouſſeline garnies,			
Camiſoles de toile de coton garnies,			
Camiſoles piquées garnies,			
Camiſoles houettées garnies,			
Chemiſes de jour,			
Chemiſes de nuit,			
Chemiſes de batiſte,			
Chemiſes de bain,			
Chemiſes-robes de mouſſeline,			
Chemiſes-robe d'indienne,			
Chemiſe-robe, de linon,			
Coïffes de mouſſeline,			
Collerette,			
Corſet de toile de coton garnis,			
Corſets de baſin garnis,			
Corſets de toile fine garnis,			
Courtes-pointes,			
Couverture de coton,			
Couvre-pieds piqués garnis,			
Couvre-pieds de mouſſeline,			
Couvre-meuble,			
DRAPS de maîtres,			
Draps ſans couture,			
Draps de domeſtique,			
Deshabillers garnis,			
ESSUIE-MAINS.			
FOURREAUX de toile de coton,			
Fourreaux de mouſſeline,			
Fourreaux d'indienne,			
Fourreaux de linon,			
Fichus de mouſſeline,			
TOTAL			

ARTICLE	liv.	ſ.	d.
Fichus de batiſte,			
Fichus doubles,			
Fichus de linon,			
Fichus friſés,			
Fraiſettes de mouſſeline,			
Frottoirs de futaine,			
Frottoirs de flannelle,			
GARNITURES de lit de toile,			
Gaule de mouſſeline,			
Gaule d'indienne,			
HOUPELANDE,			
JUPONS piqués, blancs, garnis,			
Jupons de moleton,			
Jupons de futaine,			
Jupons de baſin garnis,			
Jupons de granat,			
Jupons houettés, garnis,			
Jupons de linon,			
Jupons de mouſſeline,			
LINGE de toilette,			
Linge de Garde-robe,			
Linges de baignoir,			
MANTELETS de mouſſeline,			
Mouchoirs de toile blanche,			
Mouchoirs de batiſte,			
Mouchoirs des indes,			
PAIRES de poches de baſin, garnies,			
Paires de poches de toile, garnies,			
paire de bas de coton,			
Peignoirs de toile,			
Peignoirs de Mouſſeline,			
Pieces d'eſtomac,			
Pierrot & Jupon de linon,			
RIDEAUX de mouſſeline, grands,			
Rideaux de toile de coton, grands,			
Rideaux de mouſſeline, petits,			
Rideaux de linon, petits,			
Robe & Jupon de toile de coton,			
TOTAL			

ARTICLE	liv.	f.	d.
Robe & Jupon de mousseline,			
Robe & Jupon de linon,			
Robe & Jupon d'indienne,			
Rodingotte d'indienne,			
SACS à pelottes,			
Serre-têtes,			
Serviettes de toilette,			
Serviettes de garderobe,			
TABLIERS de Femme-de-chambre,			
Tabliers de coëffeur,			
Tayes d'oreillers garnies,			
Toilette garnie de mousseline,			
Tours de chaise,			
Tour de bassin,			

Linge des Enfans.

ARTICLE	liv.	f.	d.
BANDEAUX,			
Bandes,			
Bavoirs;			
Beguin,			
Brassieres de futaine,			
Brassieres de flanelle,			
CALÇONS,			
Camisoles de mousseline,			
Camisoles de toile de coton,			
Camisoles d'indienne,			
Camisoles de futaine,			
Chauffettes,			
Chaussons,			
Chemises de jour, de garçon,			
Chemises de nuit, de garçon,			
Chemises de jour, de demoiselle			
Chemises de nuit, de demoiselle,			
Chemises petites,			
Chemises-robes de mousseline,			
Chemises-robe d'indienne,			
Collerettes de mousseline,			
Cols de mousseline,			
Couches,			
Couvres-pieds garnis;			
Culottes de draps de coton,			
Culottes de basin,			
Culottes de toile de coton,			
DESHABILLERS de toile de coton,			
TOTAL			

ARTICLE	liv.	f.	d.
Deshabillers d'indienne;			
FOURREAUX de toile de coton,			
Fourreaux de linon,			
Fourreaux d'indienne,			
GARNITURES de lit,			
Gillets de basin,			
Gillets de toile de coton;			
JACTONS,			
Jupons de toile de coton garnis,			
Jupons de basin garnis,			
Jupons de futaine,			
Jupons de moleton,			
LANGES piqués,			
Lange de futaine,			
Lange de laine,			
Linge de toilette,			
MANTELETS de mousseline,			
Manchettes de garçon,			
Matelots de toile,			
Matelots de Nankin,			
Mouchoirs de toile,			
Mouchoirs de batiste,			
PAIRES de bas de coton;			
paires de bas de fil,			
paires de bas petits,			
paires de bas de laine,			
paires de poches,			
Peignoirs,			
Pierrots & Jupon de linon,			
Pierrots & Jupon de mousseline,			
Pieces d'estomac,			
ROBES & Jupons de toile de coton,			
Robes & Jupons de mousseline,			
Robes & Jupons d'indienne,			
Robe de chambre,			
TETIERES,			
Tours de bonnet,			
Tours de chaises;			
VESTES de basin,			
Vestes de toile de coton,			
Vestes de nankin,			
Vestes de drap de coton.			
TOTAL			

ARTICLE		liv.	f.	d.
Linge d'Office.				
CHAUSSES à paſſer,				
ESSUIE-MAINS,				
NAPES damaſſées,				
Napes à linteaux,				
Napes à grains d'orge,				
Napes ouvrées,				
Napes d'office,				
Napes petites,				
Napes de veniſe,				
Napes de cuiſine,				
PAQUETS de Torchons,				
SERVIETTES d'amaſſées,				
Serviettes à linteaux,				
Serviettes à grains d'orge,				
Serviettes ouvrées,				
Serviettes de Veniſe				
TABLIERS d'office,				
Tabliers de cuiſine,				
Torchons,				
Linge de la Femme de Chambre.				
BANDEAUX,				
Bonnets ronds,				
Bonnets piqués,				
CAMISOLES de toile de coton,				
Camiſoles d'indienne,				
Chemiſes,				
Corſet de toile,				
Corſet de baſin,				
DESHABILLÉ complet de toile de coton,				
Deshabillé complet d'indienne,				
FICHUS de mouſſeline,				
Fichus de linon,				
JUPONS piqués,				
Jupons houettés,				
Jupons de toile de coton,				
LINGE de toilette,				
MOUCHOIRS blancs,				
Mouchoirs de couleur,				
PAIRES de poches,				
paires de bas de coton,				
paires de bas de fil,				
TOTAL				

ARTICLE		liv.	f.
ROBE & Jupon d'indienne,			
Robe & Jupons de toile de coton,			
Robe & Jupon de mouſſeline,			
SERRE-TÊTES.			
Linge de la Cuiſiniere.			
BONNETS ronds,			
Bonnets piqués,			
CAMISOLES d'indienne,			
Camiſoles de toile de coton,			
Chemiſes,			
DESHABILLÉ compl. de toile de cot.			
Deshabiller complet d'indienne,			
FICHUS de mouſſeline,			
Fichus de linon,			
JUPONS piqués,			
Jupons de toile de coton,			
Jupons d'indienne,			
LINGE de toilette,			
MOUCHOIRS blancs,			
Mouchoirs de couleur,			
PAIRES de poches,			
paires de bas de laine,			
paires de bas de coton,			
paires de bas de fil,			
ROBE & Jupon d'indieune,			
Robe & Jupon de toile de coton,			
SERRE-TÊTE,			
Linge du Domeſtique.			
BONNETS de coton,			
Bonnets de laine,			
CALÇONS,			
Chemiſes,			
Cols,			
Cravattes,			
Culottes blanches,			
Culotte de Nankin,			
MOUCHOIRS,			
PAIRES de bas de coton,			
paires de bas de fil,			
paires de bas de laine,			
paires de bas de filoſelle,			
paires de chauſſons,			
VESTES blanches,			
Veſtes de Nankin,			
TOTAL			

le **DU MOIS** d

donné à blanchir

SÇAVOIR à Monsieur.

ARTICLE	liv.	f.	d.	ARTICLE	liv.	f.	d.
BANDEAUX,				Mouchoirs des indes,			
Bonnets de coton,				Mouchoirs de toile blanche,			
Bonnets de laine,				Mouchoirs de batifte,			
Bretelles.				Mouchoirs de couleurs,			
CALÇONS de toile,				NAPES,			
Calçons de futaine,				PAIRES de draps de maître,			
Camifoles de toile,				paires de draps de domeftique,			
Camifoles de futaine,				paires de bas de fil,			
Camifoles d'indienne,				paires de bas de coton,			
Chauffettes,				paires de bas de laine,			
Chemifes de jour, garnies,				paires de bas de filofele,			
Chemifes de nuit,				paires de chauffons de toile,			
Coîffes de Bonnets.				paires de chauffons de tricot,			
Cols de mouffeline,				Pantalon de moleton,			
Cols de bafin,				Pantalon de toile,			
Cravattes de mouffeline,				Pantalon de tricot,			
Cravattes de batifte,				Peignoirs,			
Culottes de bafin,				Pieces d'eftomac,			
Culottes de toile de coton,				ROBE-de-chambre d'indienne,			
Culottes de draps de coton,				Robe-de-chambre piquée,			
Culottes de Nankin,				SACS à pelottes,			
ESSUIE-MAINS,				Serre-têtes,			
FROTTOIRS,				Serviettes de toilette,			
GANTS de fil,				Sufpenfoirs,			
Gillets de bafin,				TABLIER du matin,			
Gillets de flanelle,				Tayes d'oreillers,			
Guêtres de toile,				VESTES de bafin,			
Gillets de futaine,				Veftes de drap de coton			
Gillets de toile de coton,				Veftes de Moufeline,			
LINGE à barbe,				Veftes de Nankin,			
MANCHETTES de mouffeline,				Veftes piquées,			
Manchettes de batifte,				Veftes de toile de coton,			
Manchettes effilées,							
Manchettes de bottes,							
TOTAL				**TOTAL**			

SÇAVOIR, à Madame

ARTICLE	liv.	f.	d.
BANDES à faigner,			
Bandeaux,			
Baftiennes,			
Bloufes,			
Bonnets piqués,			
Bonnets ronds de mouffeline,			
Bonnets ronds de linon,			
Bonnets ronds de dentelle			
CAMISOLES de mouffeline garnies,			
Camifoles de toile de coton garnies,			
Camifoles piquées garnies,			
Camifoles houettées garnies,			
Chemifes de jour,			
Chemifes de nuit,			
Chemifes de batifte,			
Chemifes de bain,			
Chemifes-robes de moufferline,			
Chemifes-robe d'indienne,			
Chemife-robe, de linon,			
Coïffes de moufferline,			
Collerette,			
Corfet de toile de coton garnis,			
Corfets de bafin garnis,			
Corfets de toile fine garnis,			
Courtes-pointes,			
Couverture de coton,			
Couvre-pieds piqués garnis,			
Couvre-pieds de moufferline,			
Couvre-meuble,			
DRAPS de maîtres,			
Draps fans couture,			
Draps de domeftique,			
Deshabillers garnis,			
ESSUIE-MAINS			
FOURREAUX de toile de coton,			
Fourreaux de moufferline,			
Fourreaux d'indienne,			
Fourreaux de linon,			
Fichus de moufferline,			
TOTAL			

ARTICLE	liv.	f.	d.
Fichus de batifte,			
Fichus doubles,			
Fichus de linon,			
Fichus frifés,			
Fraifettes de moufferline,			
Frottoirs de futaine,			
Frottoirs de flannelle,			
GARNITURES de lit de toile,			
Gaule de moufferline,			
Gaule d'indienne,			
HOUPELANDE,			
JUPONS piqués, blancs, garnis,			
Jupons de moleton,			
Jupons de futaine,			
Jupons de bafin garnis,			
Jupons de granat,			
Jupons houettés, garnis,			
Jupons de linon,			
Jupons de moufferline,			
LINGE de toilette,			
Linge de Garde-robe,			
Linges de baignoir,			
MANTELETS de moufferline,			
Mouchoirs de toile blanche,			
Mouchoirs de batifte,			
Mouchoirs des indes,			
PAIRES de poches de bafin, garnies,			
Paires de poches de toile, garnies,			
paire de bas de coton,			
Peignoirs de toile,			
Peignoirs de Moufferline,			
Pieces d'eftomac,			
Pierrot & Jupon de linon,			
RIDEAUX de moufferline, grands,			
Rideaux de toile de coton, grands,			
Rideaux de moufferline, petits,			
Rideaux de linon, petits,			
Robe & Jupon de toile de coton,			
TOTAL			

ARTICLE | liv. | s. | d.

Robe & Jupon de mousseline,
Robe & Jupon de linon,
Robe & Jupon d'indienne,
Rodingotte d'indienne,
SACS à pelottes,
Serre-têtes,
Serviettes de toilette,
Serviettes de garderobe,
TABLIERS de Femme-de-chambre,
Tabliers de coëffeur,
Tayes d'oreillers garnies,
Toilette garnie de mousseline,
Tours de chaise,
Tour de bassin,

Linge des Enfans.

BANDEAUX,
Bandes,
Bavoirs;
Beguin,
Brassieres de futaine,
Brassieres de flanelle,
CALÇONS,
Camisoles de mousseline,
Camisoles de toile de coton,
Camisoles d'indienne,
Camisoles de futaine,
Chaussettes,
Chaussons,
Chemises de jour, de garçon,
Chemises de nuit, de garçon,
Chemises de jour, de demoiselle
Chemises de nuit, de demoiselle,
Chemises petites,
Chemises-robes de mousseline,
Chemises-robe d'indienne,
Collerettes de mousseline,
Cols de mousseline,
Couches,
Couvres-pieds garnis,
Culottes de draps de coton,
Culottes de basin,
Culottes de toile de coton,
DESHABILLERS de toile de coton,

TOTAL

ARTICLE | liv. | s. | d.

Deshabillers d'indienne,
FOURREAUX de toile de coton,
Fourreaux de linon,
Fourreaux d'indienne,
GARNITURES de lit,
Gillets de basin,
Gillets de toile de coton,
JACTONS,
Jupons de toile de coton garnis,
Jupons de basin garnis,
Jupons de futaine,
Jupons de moleton,

LANGES piqués,
Lange de futaine,
Lange de laine,
Linge de toilette,
MANTELETS de mousseline,
Manchettes de garçon,
Matelots de toile,
Matelots de Nankin,
Mouchoirs de toile,
Mouchoirs de batiste,

PAIRES de bas de coton,
paires de bas de fil,
paires de bas petits,
paires de bas de laine,
paires de poches,
Peignoirs,
Pierrots & Jupon de linon,
Pierrots & Jupon de mousseline,
Pieces d'estomac,
ROBES & Jupons de toile de coton,
Robes & Jupons de mousseline,
Robes & Jupons d'indienne,
Robe de chambre,
TETIERES,
Tours de bonnet,
Tours de chaises,
VESTES de basin,
Vestes de toile de coton,
Vestes de nankin,
Vestes de drap de coton.

TOTAL

ARTICLE	liv.	f.	d.

Linge d'Office.

CHAUSSES à passer,
ESSUIE-MAINS,
NAPES damassées,
Napes à linteaux,
Napes à grains d'orge,
Napes ouvrées,
Napes d'office,
Napes petites,
Napes de venise,
Napes de cuisine,
PAQUETS de Torchons,
SERVIETTES d'amassées,
Serviettes à linteaux,
Serviettes à grains d'orge,
Serviettes ouvrées,
Serviettes de Venise,
TABLIERS d'office,
Tabliers de cuisine,
Torchons,

Linge de la Femme de Chambre.

BANDEAUX,
Bonnets ronds,
Bonnets piqués,
CAMISOLES de toile de coton,
Camisoles d'indienne,
Chemises,
Corset de toile,
Corset de basin,
DESHABILLÉ complet de toile de coton,
Deshabillé complet d'indienne,
FICHUS de mousseline,
Fichus de linon,
JUPONS piqués,
Jupons houettés,
Jupons de toile de coton,
LINGE de toilette,
MOUCHOIRS blancs,
Mouchoirs de couleur,
PAIRES de poches,
paires de bas de coton,
paires de bas de fil,

TOTAL

ARTICLE	liv.	f.

ROBE & Jupon d'indienne,
Robe & Jupons de toile de coton,
Robe & Jupon de mousseline,
SERRE-TÊTES.

Linge de la Cuisiniere.

BONNETS ronds,
Bonnets piqués,
CAMISOLES d'indienne,
Camisoles de toile de coton,
Chemises,
DESHABILLÉ compl. de toile de cot.
Deshabiller complet d'indienne,
FICHUS de mousseline,
Fichus de linon,
JUPONS piqués,
Jupons de toile de coton,
Jupons d'indienne,
LINGE de toilette,
MOUCHOIRS blancs,
Mouchoirs de couleur,
PAIRES de poches,
paires de bas de laine,
paires de bas de coton,
paires de bas de fil,
ROBE & Jupon d'indienne,
Robe & Jupon de toile de coton,
SERRE-TETE,

Linge du Domestique.

BONNETS de coton,
Bonnets de laine,
CALÇONS,
Chemises,
Cols,
Cravattes,
Culottes blanches,
Culotte de Nankin,
MOUCHOIRS,
PAIRES de bas de coton,
paires de bas de fil,
paires de bas de laine,
paires de bas de filoselle,
paires de chaussons,
VESTES blanches,
Vestes de Nankin,

TOTAL

DU MOIS d

donné à blanchir

SÇAVOIR à Monſieur.

ARTICLE	liv.	ſ.	d.	ARTICLE	liv.	ſ.	d.
BANDEAUX,				Mouchoirs des indes,			
Bonnets de coton,				Mouchoirs de toile blanche,			
Bonnets de laine,				Mouchoirs de batiſte,			
Bretelles.				Mouchoirs de couleurs,			
CALÇONS de toile,				NAPES,			
Calçons de futaine,				PAIRES de draps de maître,			
Camiſoles de toile,				paires de draps de domeſtique,			
Camiſoles de futaine,				paires de bas de fil,			
Camiſoles d'indienne,				paires de bas de coton,			
Chauſſettes,				paires de bas de laine,			
Chemiſes de jour, garnies,				paires de bas de filoſele,			
Chemiſes de nuit,				paires de chauſſons de toile,			
Coîffes de Bonnets,				paires de chauſſons de tricot,			
Cols de mouſſeline,				Pantalon de moleton,			
Cols de baſin,				Pantalon de toile,			
Cravattes de mouſſeline,				Pantalon de tricot,			
Cravattes de batiſte,				Peignoirs,			
Culottes de baſin,				Pieces d'eſtomac,			
Culottes de toile de coton,				ROBE-de-chambre d'indienne,			
Culottes de draps de coton,				Robe-de-chambre piquée,			
Culottes de Nankin,				SACS à pelottes,			
ESSUIE-MAINS,				Serre-têtes,			
FROTTOIRS				Serviettes de toilette,			
GANTS de fil,				Suſpenſoirs,			
Gillets de baſin,				TABLIER du matin,			
Gillets de flanelle,				Tayes d'orcillers,			
Guêtres de toile,				VESTES de baſin,			
Gillets de futaine,				Veſtes de drap de coton			
Gillets de toile de coton,				Veſtes de Mouſſeline,			
LINGE à barbe,				Veſtes de Nankin,			
MANCHETTES de mouſſeline,				Veſtes piquées,			
Manchettes de batiſte,				Veſtes de toile de coton,			
Manchettes effilées,							
Manchettes de bottes,							
TOTAL				**TOTAL**			

SÇAVOIR, à Madame

ARTICLE	liv.	f.	d.
BANDES à faigner,			
Bandeaux,			
Baftiennes,			
Bloufes,			
Bonnets piqués,			
Bonnets ronds de moufseline,			
Bonnets ronds de linon,			
Bonnets ronds de dentelle			
CAMISOLES de moufseline garnies,			
Camifoles de toile de coton garnies,			
Camifoles piquées garnies,			
Camifoles houettées garnies,			
Chemifes de jour,			
Chemifes de nuit,			
Chemifes de batifte,			
Chemifes de bain,			
Chemifes-robes de moufseline,			
Chemaifes-robe d'indienne,			
Chemife-robe, de linon,			
Coîffes de moufseline,			
Colletette,			
Corfet de toile de coton garnis,			
Corfets de bafin garnis,			
Corfets de toile fine garnis,			
Courtes-pointes,			
Couverture de coton,			
Couvre-pieds piqués garnis,			
Couvre-pieds de moufseline,			
Couvre-meuble,			
DRAPS dé maîtres,			
Draps fans couture,			
Draps de domeftique,			
Deshabillers garnis,			
ESSUIE-MAINS			
FOURREAUX de toile de coton,			
Fourreaux de moufseline,			
Fourreaux d'indienne,			
Fourreaux de linon,			
Fichus de moufseline,			
TOTAL			

ARTICLE	liv.	f.	d.
Fichus de batifte,			
Fichus doubles,			
Fichus de linon,			
Fichus frifés,			
Fraifettes de moufseline,			
Frottoirs de futaine,			
Frottoirs de flannelle,			
GARNITURES de lit de toile,			
Gaule de moufseline,			
Gaule d'indienne,			
HOUPELANDE,			
JUPONS piqués, blancs, garnis,			
Jupons de moleton,			
Jupons de futaine,			
Jupons de bafin garnis,			
Jupons de granat,			
Jupons houettés, garnis,			
Jupons de linon,			
Jupons de moufseline,			
LINGE de toilette,			
Linge de Garde-robe,			
Linges de baignoir,			
MANTELETS de moufseline,			
Mouchoirs de toile blanche,			
Mouchoirs de batifte,			
Mouchoirs des indes,			
PAIRES de poches de bafin, garnies,			
Paires de poches de toile, garnies,			
paire de bas de coton,			
Peignoirs de toile,			
Peignoirs de Moufseline,			
Pieces d'eftomac,			
Pierrot & Jupon de linon,			
RIDEAUX de moufseline, grands,			
Rideaux de toile de coton, grands,			
Rideaux de moufseline, petits,			
Rideaux de linon, petits,			
Robe & Jupon de toile de coton,			
TOTAL			

ARTICLE	liv.	s.	d.
Robe & Jupon de mousseline,			
Robe & Jupon de linon,			
Robe & Jupon d'indienne,			
Rodingotte d'indienne,			
SACS à pelottes,			
Serre-têtes,			
Serviettes de toilette,			
Serviettes de garderobe,			
TABLIERS de Femme-de-chambre,			
Tabliers de coëffeur,			
Tayes d'oreillers garnies,			
Toilette garnie de mousseline,			
Tours de chaise,			
Tour de bassin,			
Linge des Enfans.			
BANDEAUX,			
Bandes,			
Bavoirs,			
Beguin,			
Brassieres de futaine,			
Brassieres de flanelle,			
CALÇONS,			
Camisoles de mousseline,			
Camisoles de toile de coton,			
Camisoles d'indienne,			
Camisoles de futaine,			
Chauffettes,			
Chaussons,			
Chemises de jour, de garçon,			
Chemises de nuit, de garçon,			
Chemises de jour, de demoiselle			
Chemises de nuit, de demoiselle,			
Chemises petites,			
Chemises-robes de mousseline,			
Chemises-robe d'indienne,			
Collerettes de mousseline,			
Cols de mousseline,			
Couches,			
Couvres-pieds garnis,			
Culottes de draps de coton,			
Culottes de basin,			
Culottes de toile de coton,			
DESHABILLERS de toile de coton,			
TOTAL			

ARTICLE	liv.	s.	d.
Deshabillers d'indienne,			
FOURREAUX de toile de coton,			
Fourreaux de linon,			
Fourreaux d'indienne,			
GARNITURES de lit,			
Gillets de basin,			
Gillets de toile de coton,			
JACTONS,			
Jupons de toile de coton garnis,			
Jupons de basin garnis,			
Jupons de futaine,			
Jupons de moleton,			
LANGES piqués,			
Lange de futaine,			
Lange de laine,			
Linge de toilette,			
MANTELETS de mousseline,			
Manchettes de garçon,			
Matelots de toile,			
Matelots de Nankin,			
Mouchoirs de toile,			
Mouchoirs de batiste,			
PAIRES de bas de coton,			
paires de bas de fil,			
paires de bas petits,			
paires de bas de laine,			
paires de poches,			
Peignoirs,			
Pierrots & Jupon de linon,			
Pierrots & Jupon de mousseline,			
Pieces d'estomac,			
ROBES & Jupons de toile de coton,			
Robes & Jupons de mousseline,			
Robes & Jupons d'indienne,			
Robe de chambre,			
TETIERES,			
Tours de bonnet,			
Tours de chaises,			
VESTES de basin,			
Vestes de toile de coton,			
Vestes de nankin,			
Vestes de drap de coton.			
TOTAL			

ARTICLE | liv. | ſ. | d.

Linge d'Office.

CHAUSSES à paſſer,
ESSUIE-MAINS,
NAPES damaſſées,
Napes à linteaux,
Napes à grains d'orge,
Napes ouvrées,
Napes d'office,
Napes petites,
Napes de veniſe,
Napes de cuiſine,
PAQUETS de Torchons,
SERVIETTES d'amaſſées,
Serviettes à linteaux,
Serviettes à grains d'orge,
Serviettes ouvrées,
Serviettes de Veniſe
TABLIERS d'office,
Tabliers de cuiſine,
Torchons,

Linge de la Femme de Chambre.

BANDEAUX,
Bonnets ronds,
Bonnets piqués,
CAMISOLES de toile de coton,
Camiſoles d'indienne,
Chemiſes,
Corſet de toile,
Corſet de baſin,
DESHABILLÉ complet de toile de coton,
Deshabillé complet d'indienne,
FICHUS de mouſſeline,
Fichus de linon,
JUPONS piqués,
Jupons houetrés,
Jupons de toile de coton,
LINGE de toilette,
MOUCHOIRS blancs,
Mouchoirs de couleur,
PAIRES de poches,
paires de bas de coton,
paires de bas de fil,

TOTAL

ARTICLE | liv. | ſ. | d.

ROBE & Jupon d'indienne,
Robe & Jupons de toile de coton,
Robe & Jupon de mouſſeline,
SERRE-TÊTES.

Linge de la Cuiſiniere.

BONNETS ronds,
Bonnets piqués,
CAMISOLES d'indienne,
Camiſoles de toile de coton,
Chemiſes,
DESHABILLÉ compl. de toile de cot.
Deshabiller complet d'indienne,
FICHUS de mouſſeline,
Fichus de linon,
JUPONS piqués,
Jupons de toile de coton,
Jupons d'indienne,
LINGE de toilette,
MOUCHOIRS blancs,
Mouchoirs de couleur,
PAIRES de poches,
paires de bas de laine,
paires de bas de coton,
paires de bas de fil,
ROBE & Jupon d'indienne,
Robe & Jupon de toile de coton,
SERRE-TETE,

Linge du Domeſtique.

BONNETS de coton,
Bonnets de laine,
CALÇONS,
Chemiſes,
Cols,
Cravattes,
Culottes blanches,
Culotte de Nankin,
MOUCHOIRS,
PAIRES de bas de coton,
paires de bas de fil,
paires de bas de laine,
paires de bas de filoſelle,
paires de chauſſons,
VESTES blanches,
Veſtes de Nankin,

TOTAL

donné à blanchir

S Ç A V O I R à Monsieur.

ARTICLE	liv.	f.	d.	ARTICLE	liv.	f.	d.
Bandeaux,				Mouchoirs des indes,			
Bonnets de coton,				Mouchoirs de toile blanche,			
Bonnets de laine,				Mouchoirs de batifte,			
Bretelles.				Mouchoirs de couleurs,			
Calçons de toile,				Napes,			
Calçons de futaine,				Paires de draps de maître,			
Camifoles de toile,				paires de draps de domeftique,			
Camifoles de futaine,				paires de bas de fil,			
Camifoles d'indienne,				paires de bas de coton,			
Chauffettes,				paires de bas de laine,			
Chemifes de jour, garnies,				paires de bas de filofele,			
Chemifes de nuit,				paires de chauffons de toile,			
Coîffes de Bonnets,				paires de chauffons de tricot,			
Cols de mouffeline,				Pantalon de moleton,			
Cols de bafin,				Pantalon de toile,			
Cravattes de mouffeline,				Pantalon de tricot,			
Cravattes de batifte,				Peignoirs,			
Culottes de bafin,				Pieces d'eftomac,			
Culottes de toile de coton,				Robe-de-chambre d'indienne,			
Culottes de draps de coton,				Robe-de-chambre piquée,			
Culottes de Nankin,				Sacs à pelottes,			
Essuie-mains,				Serre-têtes,			
Frottoirs,				Serviettes de toilette,			
Gants de fil,				Sufpenfoirs,			
Gillets de bafin,				Tablier du matin,			
Gillets de flanelle,				Tayes d'oreillers,			
Guêtres de toile,				Veftes de bafin,			
Gillets de futaine,				Veftes de drap de coton			
Gillets de toile de coton,				Veftes de Mouffeline,			
Linge à barbe,				Veftes de Nankin,			
Manchettes de mouffeline,				Veftes piquées,			
Manchettes de batifte,				Veftes de toile de coton,			
Manchettes effilées,							
Manchettes de bottes,							
Total				**Total**			

SÇAVOIR, à Madame

ARTICLE	liv.	ſ.	d.
BANDES à ſaigner,			
Bandeaux,			
Baſtiennes,			
Blouſes,			
Bonnets piqués,			
Bonnets ronds de mouſſeline,			
Bonnets ronds de linon,			
Bonnets ronds de dentélle			
CAMISOLES de mouſſeline garnies,			
Camiſoles de toile de coton garnies,			
Camiſoles piquées garnies,			
Camiſoles houettées garnies,			
Chemiſes de jour,			
Chemiſes de nuit,			
Chemiſes de batiſte,			
Chemiſes de bain,			
Chemiſes-robes de mouſſeline,			
Chemiſes-robe d'indienne,			
Chemiſe-robe, de linon,			
Coîffes de mouſſeline,			
Collerette,			
Corſet de toile de coton garnis,			
Corſets de baſin garnis,			
Corſets de toile fine garnis,			
Courtes-pointes,			
Couverture de coton,			
Couvre-pieds piqués garnis,			
Couvre-pieds de mouſſeline,			
Couvre-meuble,			
DRAPS de maîtres,			
Draps ſans couture,			
Draps de domeſtique,			
Deshabillers garnis,			
ESSUIE-MAINS			
FOURREAUX de toile de coton,			
Fourreaux de mouſſeline,			
Fourreaux d'indienne,			
Fourreaux de linon,			
Fichus de mouſſeline,			
TOTAL			

ARTICLE	liv.	ſ.	d.
Fichus de batiſte,			
Fichus doubles,			
Fichus de linon,			
Fichus friſés,			
Fraiſettes de mouſſeline,			
Frottoirs de futaine,			
Frottoirs de flannelle,			
GARNITURES de lit de toile,			
Gaule de mouſſeline,			
Gaule d'indienne,			
HOUPELANDE,			
JUPONS piqués, blancs, garnis,			
Jupons de moleton,			
Jupons de futaine,			
Jupons de baſin garnis,			
Jupons de granat,			
Jupons houettés, garnis,			
Jupons de linon,			
Jupons de mouſſeline,			
LINGE de toilette,			
Linge de Garde-robe,			
Linges de baignoir,			
MANTELETS de mouſſeline,			
Mouchoirs de toile blanche,			
Mouchoirs de batiſte,			
Mouchoirs des indes,			
PAIRES de poches de baſin, garnies,			
Paires de poches de toile, garnies,			
paire de bas de coton,			
Peignoirs de toile,			
Peignoirs de Mouſſeline,			
Pièces d'eſtomac,			
Pierrot & Jupon de linon,			
RIDEAUX de mouſſeline, grands,			
Rideaux de toile de coton, grands,			
Rideaux de mouſſeline, petits,			
Rideaux de linon, petits,			
Robe & Jupon de toile de coton,			
TOTAL			

ARTICLE — liv. | f. | d.

Robe & Jupon de mousseline,
Robe & Jupon de linon,
Robe & Jupon d'indienne,
Rodingotte d'indienne,
  SACS à pelottes,
Serre-têtes,
Serviettes de toilette,
Serviettes de garderobe,
  TABLIERS de Femme-de-chambre,
Tabliers de coëffeur,
Tayes d'oreillers garnies,
Toilette garnie de mousseline,
Tours de chaise,
Tour de bassin,

Linge des Enfans.

BANDEAUX,
Bandes,
Bavoirs;
Beguin,
Brassieres de futaine,
Brassieres de flanelle,
  CALÇONS,
Camisoles de mousseline,
Camisoles de toile de coton,
Camisoles d'indienne,
Camisoles de futaine,
Chaussettes,
Chaussons,
Chemises de jour, de garçon,
Chemises de nuit, de garçon,
Chemises de jour, de demoiselle,
Chemises de nuit, de demoiselle,
Chemises petites,
Chemises-robes de mousseline,
Chemises-robe d'indienne,
Collerettes de mousseline,
Cols de mousseline,
Couches,
Couvres-pieds garnis,
Culottes de draps de coton,
Culottes de basin,
Culottes de toile de coton,
  DESHABILLERS de toile de coton,

TOTAL

ARTICLE — liv. | f. | d.

Deshabillers d'indienne,
  FOURREAUX de toile de coton,
Fourreaux de linon,
Fourreaux d'indienne,

  GARNITURES de lit,
Gillets de basin,
Gillets de toile de coton,
  JACTONS,
Jupons de toile de coton garnis,
Jupons de basin garnis,
Jupons de futaine,
Jupons de moleton,

LANGES piqués,
Lange de futaine,
Lange de laine,
Linge de toilette,
  MANTELETS de mousseline,
Manchettes de garçon,
Matelots de toile,
Matelots de Nankin,
Mouchoirs de toile,
Mouchoirs de batiste,

  PAIRES de bas de coton,
paires de bas de fil,
paires de bas petits,
paires de bas de laine,
paires de poches,
Peignoirs,
Pierrots & Jupon de linon,
Pierrots & Jupon de mousseline,
Pieces d'estomac,

  ROBES & Jupons de toile de coton,
Robes & Jupons de mousseline,
Robes & Jupons d'indienne,
Robe de chambre,
  TETIERES,
Tours de bonnet,
Tours de chaises,
  VESTES de basin,
Vestes de toile de coton,
Vestes de nankin,
Vestes de drap de coton.

TOTAL

ARTICLE	liv.	f.	d.	ARTICLE	liv.	f.	d.
Linge d'Office.				ROBE & Jupon d'indienne,			
CHAUSSES à paſſer,				Robe & Jupons de toile de coton,			
ESSUIÉ-MAINS,				Robe & Jupon de mouſſeline,			
NAPES damaſſées,				SERRE-TÊTES.			
Napes à linteaux,				*Linge de la Cuiſiniere.*			
Napes à grains d'orge,				BONNETS ronds,			
Napes ouvrées,				Bonnets piqués,			
Napes d'office,				CAMISOLES d'indienne,			
Napes petites,				Camiſoles de toile de coton,			
Napes de veniſe,				Chemiſes,			
Napes de cuiſine,				DESHABILLÉ compl. de toile de cot.			
PAQUETS de Torchons,				Deshabiller complet d'indienne,			
SERVIETTES d'amaſſées,				FICHUS de mouſſeline,			
Serviettes à linteaux,				Fichus de linon,			
Serviettes à grains d'orge,				JUPONS piqués,			
Serviettes ouvrées,				Jupons de toile de coton,			
Serviettes de Veniſe,				Jupons d'indienne,			
TABLIERS d'office,				LINGE de toilette,			
Tabliers de cuiſine,				MOUCHOIRS blancs,			
Torchons,				Mouchoirs de couleur,			
Linge de la Femme de Chambre.				PAIRES de poches,			
BANDEAUX,				paires de bas de laine,			
Bonnets ronds,				paires de bas de coton,			
Bonnets piqués,				paires de bas de fil,			
CAMISOLES de toile de coton,				ROBE & Jupon d'indienne,			
Camiſoles d'indienne,				Robe & Jupon de toile de coton,			
Chemiſes,				SERRE-TETE,			
Corſet de toile,				*Linge du Domeſtique.*			
Corſet de baſin,				BONNETS de coton,			
DESHABILLÉ complet de toile de coton,				Bonnets de laine,			
Deshabillé complet d'indienne,				CALÇONS,			
FICHUS de mouſſeline,				Chemiſes,			
Fichus de linon,				Cols,			
JUPONS piqués,				Cravattes,			
Jupons houetrés,				Culottes blanches,			
Jupons de toile de coton,				Culotte de Nankin,			
LINGE de toilette,				MOUCHOIRS,			
MOUCHOIRS blancs,				PAIRES de bas de coton,			
Mouchoirs de couleur,				paires de bas de fil,			
PAIRES de poches,				paires de bas de laine,			
paires de bas de coton,				paires de bas de filoſelle,			
paires de bas de fil,				paires de chauſſons,			
				VESTES blanches,			
				Veſtes de Nankin,			
TOTAL				TOTAL			

donné à blanchir

SÇAVOIR à Monſieur.

Article	liv.	ſ.	d.	Article	liv.	ſ.	d.
Bandeaux,				Mouchoirs des indes,			
Bonnets de coton,				Mouchoirs de toile blanche,			
Bonnets de laine,				Mouchoirs de batiſte,			
Bretelles.				Mouchoirs de couleurs,			
Calçons de toile,				Napes,			
Calçons de futaine,				Paires de draps de maître,			
Camiſoles de toile,				paires de draps de domeſtique,			
Camiſoles de futaine,				paires de bas de fil,			
Camiſoles d'indienne,				paires de bas de coton,			
Chauſſettes,				paires de bas de laine,			
Chemiſes de jour, garnies,				paires de bas de filoſele,			
Chemiſes de nuit,				paires de chauſſons de toile,			
Coîffes de Bonnets,				paires de chauſſons de tricot,			
Cols de mouſſeline,				Pantalon de moleton,			
Cols de baſin,				Pantalon de toile.			
Cravattes de mouſſeline;				Pantalon de tricot,			
Cravattes de batiſte,				Peignoirs,			
Culottes de baſin,				Pieces d'eſtomac,			
Culottes de toile de coton,				Robe-de-chambre d'indienne,			
Culottes de draps de coton,				Robe-de-chambre piquée,			
Culottes de Nankin,				Sacs à pelottes,			
Essuie-mains,				Serre-têtes,			
Frottoirs				Serviettes de toilette,			
Gants de fil,				Suſpenſoirs,			
Gillets de baſin,				Tablier du matin,			
Gillets de flanelle,				Tâyes d'oreillers,			
Guêtres de toile,				Veſtes de baſin,			
Gillets de futaine,				Veſtes de drap de coton			
Gillets de toile de coton,				Veſtes de Mouſſeline,			
Linge à barbe,				Veſtes de Nankin,			
Manchettes de mouſſeline,				Veſtes piquées,			
Manchettes de batiſte,				Veſtes de toile de coton,			
Manchettes effilées,							
Manchettes de bottes,							
Total				Total			

SÇAVOIR, à Madame

ARTICLE	liv.	f.	d.
BANDES à saigner,			
Bandeaux,			
Bastiennes,			
Blouses,			
Bonnets piqués,			
Bonnets ronds de mousseline,			
Bonnets ronds de linon,			
Bonnets ronds de dentelle			
CAMISOLES de mousseline garnies,			
Camisoles de toile de coton garnies,			
Camisoles piquées garnies,			
Camisoles houettées garnies,			
Chemises de jour,			
Chemises de nuit,			
Chemises de batiste,			
Chemises de bain,			
Chemises-robes de mousseline,			
Chemises-robe d'indienne,			
Chemise-robe, de linon,			
Coiffes de mousseline,			
Collerette,			
Corset de toile de coton garnis,			
Corsets de basin garnis,			
Corsets de toile fine garnis,			
Courtes-pointes,			
Couverture de coton,			
Couvre-pieds piqués garnis,			
Couvre-pieds de mousseline,			
Couvre-meuble,			
DRAPS de maîtres,			
Draps sans couture,			
Draps de domestique,			
Deshabillers garnis,			
ESSUIE-MAINS			
FOURREAUX de toile de coton,			
Fourreaux de mousseline,			
Fourreaux d'indienne,			
Fourreaux de linon,			
Fichus de mousseline,			
TOTAL			

ARTICLE	liv.	f.	d.
Fichus de batiste,			
Fichus doubles,	—		
Fichus de linon,			
Fichus frisés,			
Fraisettes de mousseline,			
Frottoirs de futaine,			
Frottoirs de flannelle,			
GARNITURES de lit de toile,			
Gaule de mousseline,			
Gaule d'indienne,			
HOUPELANDE,			
JUPONS piqués, blancs, garnis,			
Jupons de moleton,			
Jupons de futaine,			
Jupons de basin garnis,			
Jupons de granat,			
Jupons houettés, garnis,			
Jupons de linon,			
Jupons de mousseline,			
LINGE de toilette,			
Linge de Garde-robe,			
Linges de baignoir,			
MANTELETS de mousseline,			
Mouchoirs de toile blanche,			
Mouchoirs de batiste,			
Mouchoirs des indes,			
PAIRES de poches de basin, garnies,			
Paires de poches de toile, garnies,			
paire de bas de coton,			
Peignoirs de toile,			
Peignoirs de Mousseline,			
Pieces d'estomac,			
Pierrot & Jupon de linon,			
RIDEAUX de mousseline, grands,			
Rideaux de toile de coton, grands,			
Rideaux de mousseline, petits,			
Rideaux de linon, petits,			
Robe & Jupon de toile de coton,			
TOTAL			

Article	liv.	f.	d.
Robe & Jupon de mousseline,			
Robe & Jupon de linon,			
Robe & Jupon d'indienne,			
Rodingotte d'indienne,			
SACS à pelottes,			
Serre-têtes,			
Serviettes de toilette,			
Serviettes de garderobe,			
TABLIERS de Femme-de-chambre,			
Tabliers de coëffeur,			
Tayes d'oreillers garnies,			
Toilette garnie de mousseline,			
Tours de chaise,			
Tour de bassin,			

Linge des Enfans.

Article	liv.	f.	d.
BANDEAUX,			
Bandes,			
Bavoirs;			
Beguin,			
Brassieres de futaine,			
Brassieres de flanelle,			
CALÇONS,			
Camisoles de mousseline,			
Camisoles de toile de coton,			
Camisoles d'indienne,			
Camisoles de futaine,			
Chaussettes,			
Chaussons,			
Chemises de jour, de garçon,			
Chemises de nuit, de garçon,			
Chemises de jour, de demoiselle			
Chemises de nuit, de demoiselle,			
Chemises petites,			
Chemises-robes de mousseline,			
Chemises-robe d'indienne,			
Collerettes de mousseline,			
Cols de mousseline,			
Couches,			
Couvres-pieds garnis,			
Culottes de draps de coton,			
Culottes de basin,			
Culottes de toile de coton,			
DESHABILLERS de toile de coton,			
TOTAL			

Article	liv.	f.	d.
Deshabillers d'indienne,			
FOURREAUX de toile de coton,			
Fourreaux de linon,			
Fourreaux d'indienne,			
GARNITURES de lit,			
Gillets de basin,			
Gillets de toile de coton,			
JACTONS,			
Jupons de toile de coton garnis,			
Jupons de basin garnis,			
Jupons de futaine,			
Jupons de moleton,			
LANGES piqués,			
Lange de futaine,			
Lange de laine,			
Linge de toilette,			
MANTELETS de mousseline,			
Manchettes de garçon,			
Matelots de toile,			
Matelots de Nankin,			
Mouchoirs de toile,			
Mouchoirs de batiste,			
PAIRES de bas de coton,			
paires de bas de fil,			
paires de bas petits,			
Paires de bas de laine,			
paires de poches,			
Peignoirs,			
Pierrots & Jupon de linon,			
Pierrots & Jupon de mousseline,			
Pieces d'estomac,			
ROBES & Jupons de toile de coton,			
Robes & Jupons de mousseline,			
Robes & Jupons d'indienne,			
Robe de chambre,			
TETIERES,			
Tours de bonnet,			
Tours de chaises,			
VESTES de basin,			
Vestes de toile de coton,			
Vestes de nankin,			
Vestes de drap de coton.			
TOTAL			

Linge d'Office.

- CHAUSSES à passer,
- ESSUIE-MAINS,
- NAPES damassées,
- Napes à linteaux,
- Napes à grains d'orge,
- Napes ouvrées,
- Napes d'office,
- Napes petites,
- Napes de venise,
- Napes de cuisine,
- PAQUETS de Torchons,
- SERVIETTES d'amassées,
- Serviettes à linteaux,
- Serviettes à grains d'orge,
- Serviettes ouvrées,
- Serviettes de Venise
- TABLIERS d'office,
- Tabliers de cuisine,
- Torchons,

Linge de la Femme de Chambre.

- BANDEAUX,
- Bonnets ronds,
- Bonnets piqués,
- CAMISOLES de toile de coton,
- Camisoles d'indienne,
- Chemises,
- Corset de toile,
- Corset de basin,
- DESHABILLÉ complet de toile de coton,
- Deshabillé complet d'indienne,
- FICHUS de mousseline,
- Fichus de linon,
- JUPONS piqués,
- Jupons houetrés,
- Jupons de toile de coton,
- LINGE de toilette,
- MOUCHOIRS blancs,
- Mouchoirs de couleur,
- PAIRES de poches,
- paires de bas de coton,
- paires de bas de fil,

TOTAL

- ROBE & Jupon d'indienne,
- Robe & Jupons de toile de coton,
- Robe & Jupon de mousseline,
- SERRE-TÊTES.

Linge de la Cuisinière.

- BONNETS ronds,
- Bonnets piqués,
- CAMISOLES d'indienne,
- Camisoles de toile de coton,
- Chemises,
- DESHABILLÉ compl. de toile de cot.
- Deshabiller complet d'indienne,
- FICHUS de mousseline,
- Fichus de linon,
- JUPONS piqués,
- Jupons de toile de coton,
- Jupons d'indienne,
- LINGE de toilette,
- MOUCHOIRS blancs,
- Mouchoirs de couleur,
- PAIRES de poches,
- paires de bas de laine,
- paires de bas de coton,
- paires de bas de fil,
- ROBE & Jupon d'indienne,
- Robe & Jupon de toile de coton,
- SERRE-TÊTE,

Linge du Domestique.

- BONNETS de coton,
- Bonnets de laine,
- CALÇONS,
- Chemises,
- Cols,
- Cravattes,
- Culottes blanches,
- Culotte de Nankin,
- MOUCHOIRS,
- PAIRES de bas de coton,
- paires de bas de fil,
- paires de bas de laine,
- paires de bas de filoselle,
- paires de chaussons,
- VESTES blanches,
- Vestes de Nankin,

TOTAL

donné à blanchir

S Ç A V O I R à Monfieur.

ARTICLE	liv.	f.	d.
Bandeaux,			
Bonnets de coton,			
Bonnets de laine,			
Bretelles.			
Calçons de toile,			
Calçons de futaine,			
Camifoles de toile,			
Camifoles de futaine,			
Camifoles d'indienne,			
Chauffettes,			
Chemifes de jour, garnies,			
Chemifes de nuit,			
Coïffes de Bonnets,			
Cols de mousseline,			
Cols de bafin,			
Cravattes de mousseline,			
Cravattes de batifte,			
Culottes de bafin,			
Culottes de toile de coton,			
Culottes de draps de coton,			
Culottes de Nankin,			
Essuie-mains,			
Frottoirs,			
Gants de fil,			
Gillets de bafin,			
Gillets de flanelle,			
Guêtres de toile,			
Gillets de futaine,			
Gillets de toile de coton,			
Linge à barbe,			
Manchettes de mousseline,			
Manchettes de batifte,			
Manchettes effilées,			
Manchettes de bottes,			
TOTAL			

ARTICLE	liv.	f.	d.
Mouchoirs des indes,			
Mouchoirs de toile blanche,			
Mouchoirs de batifte,			
Mouchoirs de couleurs,			
Napes,			
Paires de draps de maître,			
paires de draps de domeftique,			
paires de bas de fil,			
paires de bas de coton,			
paires de bas de laine,			
paires de bas de filofele,			
paires de chauffons de toile,			
paires de chauffons de tricot,			
Pantalon de moleton,			
Pantalon de toile,			
Pantalon de tricot,			
Peignoirs,			
Pieces d'eftomac,			
Robe-de-chambre d'indienne,			
Robe-de-chambre piquée,			
Sacs à pelottes,			
Serre-têtes,			
Serviettes de toilette,			
Sufpenfoirs,			
Tablier du matin,			
Tayes d'orcillers,			
Veftes de bafin,			
Veftes de drap de coton			
Veftes de Mousseline,			
Veftes de Nankin,			
Veftes piquées,			
Veftes de toile de coton,			
TOTAL			

SÇAVOIR, à Madame

ARTICLE	liv.	f.	d.
BANDES à saigner ;			
Bandeaux,			
Baftiennes,			
Bloufes,			
Bonnets piqués,			
Bonnets ronds de mouffeline,			
Bonnets ronds de linon,			
Bonnets ronds de dentelle			
CAMISOLES de mouffeline garnies,			
Camifoles de toile de coton garnies,			
Camifoles piquées garnies,			
Camifoles houettées garnies,			
Chemifes de jour,			
Chemifes de nuit,			
Chemifes de batiste,			
Chemifes de bain,			
Chemifes-robes de mouffeline,			
Chemifes-robe d'indienne,			
Chemife-robe, de linon,			
Coïffes de mouffeline,			
Collerette,			
Corfet de toile de coton garnis,			
Corfets de bafin garnis,			
Corfets de toile fine garnis,			
Courtes-pointes,			
Couverture de coton,			
Couvre-pieds piqués garnis,			
Couvre-pieds de mouffeline,			
Couvre-meuble,			
DRAPS de maîtres,			
Draps fans couture,			
Draps de domeftique,			
Deshabillers garnis,			
ESSUIE-MAINS			
FOURREAUX de toile de coton,			
Fourreaux de mouffeline,			
Fourreaux d'indienne,			
Fourreaux de linon,			
Fichus de mouffeline,			
TOTAL			

ARTICLE	liv.	f.	d.
Fichus de batiste,			
Fichus doubles,			
Fichus de linon,			
Fichus frifés,			
Fraifettes de mouffeline,			
Frottoirs de futaine,			
Frottoirs de flanuelle,			
GARNITURES de lit de toile,			
Gaule de mouffeline,			
Gaule d'indienne,			
HOUPELANDE,			
JUPONS piqués, blancs, garnis,			
Jupons de moleton,			
Jupons de futaine,			
Jupons de bafin garnis,			
Jupons de granat,			
Jupons houettés, garnis,			
Jupons de linon,			
Jupons de mouffeline,			
LINGE de toilette,			
Linge de Garde-robe,			
Linges de baignoir,			
MANTELETS de mouffeline,			
Mouchoirs de toile blanche,			
Mouchoirs de batiste,			
Mouchoirs des indes,			
PAIRES de poches de bafin, garnies,			
Paires de poches de toile, garnies,			
paire de bas de coton,			
Peignoirs de toile,			
Peignoirs de Mouffeline,			
Pieces d'eftomac,			
Pierrot & Jupon de linon,			
RIDEAUX de mouffeline, grands,			
Rideaux de toile de coton, grands,			
Rideaux de mouffeline, petits,			
Rideaux de linon, petits,			
Robe & Jupon de toile de coton,			
TOTAL			

Article	liv.	f.	d.
Robe & Jupon de mousseline,			
Robe & Jupon de linon,			
Robe & Jupon d'indienne,			
Rodingotte d'indienne,			
SACS à pelottes,			
Serre-têtes,			
Serviettes de toilette,			
Serviettes de garderobe,			
TABLIERS de Femme-de-chambre,			
Tabliers de coëffeur,			
Tayes d'oreillers garnies,			
Toilette garnie de mousseline,			
Tours de chaise,			
Tour de bassin,			
Linge des Enfans.			
BANDEAUX,			
Bandes,			
Bavoirs,			
Beguin,			
Brassieres de futaine,			
Brassieres de flanelle,			
CALÇONS,			
Camisoles de mousseline,			
Camisoles de toile de coton,			
Camisoles d'indienne,			
Camisoles de futaine,			
Chauffettes,			
Chaussons,			
Chemises de jour, de garçon,			
Chemises de nuit, de garçon,			
Chemises de jour, de demoiselle			
Chemises de nuit, de demoiselle,			
Chemises petites,			
Chemises-robes de mousseline,			
Chemises-robe d'indienne,			
Collerettes de mousseline,			
Cols de mousseline,			
Couches,			
Couvres-pieds garnis,			
Culottes de draps de coton,			
Culottes de bafin,			
Culottes de toile de coton,			
DESHABILLERS de toile de coton,			
TOTAL			

Article	liv.	f.	d.
Deshabillers d'indienne,			
FOURREAUX de toile de coton,			
Fourreaux de linon,			
Fourreaux d'indienne,			
GARNITURES de lit,			
Gillets de bafin,			
Gillets de toile de coton,			
JACTONS,			
Jupons de toile de coton garnis,			
Jupons de bafin garnis,			
Jupons de futaine,			
Jupons de moleton,			
LANGES piqués,			
Lange de futaine,			
Lange de laine,			
Linge de toilette,			
MANTELETS de mousseline,			
Manchettes de garçon,			
Matelots de toile,			
Matelots de Nankin,			
Mouchoirs de toile,			
Mouchoirs de batiste,			
PAIRES de bas de coton,			
paires de bas de fil,			
paires de bas petits,			
paires de bas de laine,			
paires de poches,			
Peignoirs,			
Pierrots & Jupon de linon,			
Pierrots & Jupon de mousseline,			
Pieces d'estomac,			
ROBES & Jupons de toile de coton,			
Robes & Jupons de mousseline,			
Robes & Jupons d'indienne,			
Robe de chambre,			
TETIERES,			
Tours de bonnet,			
Tours de chaises,			
VESTES de bafin,			
Vestes de toile de coton,			
Vestes de nankin,			
Vestes de drap de coton.			
TOTAL			

ARTICLE	liv.	f.	d.	ARTICLE	liv.	f.

Linge d'Office.

CHAUSSES à passer,
ESSUIE-MAINS,
NAPES damassées,
Napes à linteaux,
Napes à grains d'orge,
Napes ouvrées,
Napes d'office,
Napes petites,
Napes de venise,
Napes de cuisine,
PAQUETS de Torchons,
SERVIETTES d'amassées,
Serviettes à linteaux,
Serviettes à grains d'orge,
Serviettes ouvrées,
Serviettes de Venise,
TABLIERS d'office,
Tabliers de cuisine,
Torchons,

Linge de la Femme de Chambre.

BANDEAUX,
Bonnets ronds,
Bonnets piqués,
CAMISOLES de toile de coton,
Camisoles d'indienne,
Chemises,
Corset de toile,
Corset de basin,
DESHABILLÉ complet de toile de coton,
Deshabillé complet d'indienne,
FICHUS de mousseline,
Fichus de linon,
JUPONS piqués,
Jupons houétrés,
Jupons de toile de coton,
LINGE de toilette,
MOUCHOIRS blancs,
Mouchoirs de couleur,
PAIRES de poches,
paires de bas de coton,
paires de bas de fil,

TOTAL

Robe & Jupon d'indienne,
Robe & Jupons de toile de coton,
Robe & Jupon de mousseline,
SERRE-TÊTES.

Linge de la Cuisiniere.

BONNETS ronds,
Bonnets piqués,
CAMISOLES d'indienne,
Camisoles de toile de coton,
Chemises,
DESHABILLÉ compl. de toile de cot.
Deshabiller complet d'indienne,
FICHUS de mousseline,
Fichus de linon,
JUPONS piqués,
Jupons de toile de coton,
Jupons d'indienne,
LINGE de toilette,
MOUCHOIRS blancs,
Mouchoirs de couleur,
PAIRES de poches,
paires de bas de laine,
paires de bas de coton,
paires de bas de fil,
ROBE & Jupon d'indienne,
Robe & Jupon de toile de coton,
SERRE-TETE,

Linge du Domestique.

BONNETS de coton,
Bonnets de laine,
CALÇONS,
Chemises,
Cols,
Cravattes,
Culottes blanches,
Culotte de Nankin,
MOUCHOIRS,
PAIRES de bas de coton,
paires de bas de fil,
paires de bas de laine,
paires de bas de filoselle,
paires de chaussons,
VESTES blanches,
Vestes de Nankin,

TOTAL

(1)

donné à blanchir

S Ç A V O I R à Monfieur.

ARTICLE	liv.	f.	d.
BANDEAUX ,			
Bonnets de coton ,			
Bonnets de laine ,			
Bretelles.			
Calçons de toile ,			
Calçons de futaine ,			
Camifoles de toile ,			
Camifoles de futaine ,			
Camifoles d'indienne ,			
Chauffettes ,			
Chemifes de jour , garnies ,			
Chemifes de nuit ,			
Coîffes de Bonnets ,			
Cols de mouffeline ,			
Cols de bafin ,			
Cravattes de mouffeline ,			
Cravattes de batifte ,			
Culottes de bafin ,			
Culottes de toile de coton ,			
Culottes de draps de coton ,			
Culottes de Nankin ,			
ESSUIE-MAINS ,			
FROTTOIRS			
GANTS de fil ,			
Gillets de bafin ,			
Gillets de flanelle ,			
Guêtres de toile ,			
Gillets de futaine ,			
Gillets de toile de coton ,			
LINGE à barbe ,			
MANCHETTES de mouffeline ,			
Manchettes de batifte ,			
Manchettes effilées ,			
Manchettes de bottes ,			
TOTAL			

ARTICLE	liv.	f.	d.
Mouchoirs des indes ,			
Mouchoirs de toile blanche ,			
Mouchoirs de batifte ,			
Mouchoirs de couleurs ,			
NAPES ,			
PAIRES de draps de maître ,			
paires de draps de domeftique ,			
paires de bas de fil ,			
paires de bas de coton ,			
paires de bas de laine ,			
paires de bas de filofele ,			
paires de chauffons de toile ,			
paires de chauffons de tricot ,			
Pantalon de moleton ,			
Pantalon de toile ,			
Pantalon de tricot ,			
Peignoirs ,			
Pieces d'eftomac ,			
ROBE-de-chambre d'indienne ,			
Robe-de-chambre piquée ,			
SACS à pelottes ,			
Serre-têtes ,			
Serviettes de toilette ,			
Sufpenfoirs ,			
TABLIER du matin ,			
Tayes d'oreillers ,			
VESTES de bafin ,			
Veftes de drap de coton			
Veftes de Mouffeline ,			
Veftes de Nankin ,			
Veftes piquées ,			
Veftes de toile de coton ,			
TOTAL			

SÇAVOIR, à Madame

ARTICLE	liv.	s.	d.	ARTICLE	liv.	s.	d.
BANDES à faigner,				Fichus de batifte,			
Bandeaux,				Fichus doubles,			
Baftiennes,				Fichus de linon,			
Bloufes,				Fichus frifés,			
Bonnets piqués,				Fraifettes de moufſeline,			
Bonnets ronds de moufſeline,				Frottoirs de futaine,			
Bonnets ronds de linon,				Frottoirs de flannelle,			
Bonnets ronds de dentelle				GARNITURES de lit de toile,			
CAMISOLES de moufſeline garnies,				Gaule de moufſeline,			
Camifoles de toile de coton garnies,				Gaule d'indienne,			
Camifoles piquées garnies,				HOUPELANDE,			
Camifoles houettées garnies,				JUPONS piqués, blancs, garnis,			
Chemifes de jour,				Jupons de moleton,			
Chemifes de nuit,				Jupons de futaine,			
Chemifes de batifte,				Jupons de bafin garnis,			
Chemifes de bain,				Jupons de granat,			
Chemifes-robes de moufſeline,				Jupons houettés, garnis,			
Chemifes-robe d'indienne,				Jupons de linon,			
Chemife-robe, de linon,				Jupons de moufſeline,			
Coiffes de moufſeline,				LINGE de toilette,			
Collerette,				Linge de Garde-robe,			
Corfet de toile de coton garnis,				Linges de baignoir,			
Corfets de bafin garnis,				MANTELETS de moufſeline,			
Corfets de toile fine garnis,				Mouchoirs de toile blanche,			
Courtes-pointes,				Mouchoirs de batifte,			
Couverture de coton,				Mouchoirs des indes,			
Couvre-pieds piqués garnis,				PAIRES de poches de bafin, garnies,			
Couvre-pieds de moufſeline,				Paires de poches de toile, garnies,			
Couvre-meuble,				paire de bas de coton,			
DRAPS de maîtres,				Peignoirs de toile,			
Draps fans couture,				Peignoirs de Moufſeline,			
Draps de domeftique,				Pieces d'eftomac,			
Deshabillers garnis,				Pierrot & Jupon de linon,			
ESSUIE-MAINS				RIDEAUX de moufſeline, grands,			
FOURREAUX de toile de coton,				Rideaux de toile de coton, grands,			
Fourreaux de moufſeline,				Rideaux de moufſeline, petits,			
Fourreaux d'indienne,				Rideaux de linon, petits,			
Fourreaux de linon,				Robe & Jupon de toile de coton,			
Fichus de moufſeline,							
TOTAL				TOTAL			

Article	liv.	f.	d.
Robe & Jupon de moufseline,			
Robe & Jupon de linon,			
Robe & Jupon d'indienne,			
Rodingotte d'indienne,			
SACS à pelottes,			
Serre-têtes,			
Serviettes de toilette,			
Serviettes de garderobe,			
TABLIERS de Femme-de-chambre,			
Tabliers de coëffeur,			
Tayes d'oreillers garnies,			
Toilette garnie de moufseline,			
Tours de chaife,			
Tour de bafsin,			
Linge des Enfans.			
BANDEAUX,			
Bandes,			
Bavoirs;			
Beguin,			
Braffieres de futaine,			
Braffieres de flanelle,			
CALÇONS,			
Camifoles de moufseline,			
Camifoles de toile de coton,			
Camifoles d'indienne,			
Camifoles de futaine,			
Chauffettes,			
Chauffons,			
Chemifes de jour, de garçon,			
Chemifes de nuit, de garçon,			
Chemifes de jour, de demoifelle			
Chemifes de nuit, de demoifelle,			
Chemifes petites,			
Chemifes-robes de moufseline,			
Chemifes-robe d'indienne,			
Collerettes de moufseline,			
Cols de moufseline,			
Couches,			
Couvres-pieds garnis,			
Culottes de draps de coton,			
Culottes de bafin,			
Culottes de toile de coton,			
DESHABILLERS de toile de coton,			
TOTAL			

Article	liv.	f.	d.
Defhabillers d'indienne,			
FOURREAUX de toile de coton,			
Fourreaux de linon,			
Fourreaux d'indienne,			
GARNITURES de lit,			
Gillets de bafin,			
Gillets de toile de coton,			
JACTONS,			
Jupons de toile de coton garnis,			
Jupons de bafin garnis,			
Jupons de futaine,			
Jupons de moleton,			
LANGES piqués,			
Lange de futaine,			
Lange de laine,			
Linge de toilette,			
MANTELETS de moufseline,			
Manchettes de garçon,			
Matelots de toile,			
Matelots de Nankin,			
Mouchoirs de toile,			
Mouchoirs de batifte,			
PAIRES de bas de coton,			
paires de bas de fil,			
paires de bas petits,			
paires de bas de laine,			
paires de poches,			
Peignoirs,			
Pierrots & Jupon de linon,			
Pierrots & Jupon de moufseline,			
Pieces d'eftomac,			
ROBES & Jupons de toile de coton,			
Robes & Jupons de moufseline,			
Robes & Jupons d'indienne,			
Robe de chambre,			
TETIERES,			
Tours de bonnet,			
Tours de chaifes,			
VESTES de bafin,			
Veftes de toile de coton,			
Veftes de nankin,			
Veftes de drap de coton.			
TOTAL			

ARTICLE

Linge d'Office.

CHAUSSES à passer,
ESSUIE-MAINS,
NAPES damassées,
Napes à linteaux,
Napes à grains d'orge,
Napes ouvrées,
Napes d'office,
Napes petites,
Napes de venise,
Napes de cuisine,
PAQUETS de Torchons,
SERVIETTES d'amassées,
Serviettes à linteaux,
Serviettes à grains d'orge,
Serviettes ouvrées,
Serviettes de Venise
TABLIERS d'office,
Tabliers de cuisine,
Torchons,

Linge de la Femme de Chambre.

BANDEAUX,
Bonnets ronds,
Bonnets piqués,
CAMISOLES de toile de coton,
Camisoles d'indienne,
Chemises,
Corset de toile,
Corset de basin,
DESHABILLÉ complet de toile de coton,
Deshabillé complet d'indienne,
FICHUS de mousseline,
Fichus de linon,
JUPONS piqués,
Jupons houctrés,
Jupons de toile de coton,
LINGE de toilette,
MOUCHOIRS blancs,
Mouchoirs de couleur,
PAIRES de poches,
paires de bas de coton,
paires de bas de fil,

TOTAL

ARTICLE

ROBE & Jupon d'indienne,
Robe & Jupons de toile de coton,
Robe & Jupon de mousseline,
SERRE-TÊTES.

Linge de la Cuisiniere.

BONNETS ronds,
Bonnets piqués,
CAMISOLES d'indienne,
Camisoles de toile de coton,
Chemises,
DESHABILLÉ compl. de toile de cot.
Deshabiller complet d'indienne,
FICHUS de mousseline,
Fichus de linon,
JUPONS piqués,
Jupons de toile de coton,
Jupons d'indienne,
LINGE de toilette,
MOUCHOIRS blancs,
Mouchoirs de couleur,
PAIRES de poches,
paires de bas de laine,
paires de bas de coton,
paires de bas de fil,
ROBE & Jupon d'indienne,
Robe & Jupon de toile de coton,
SERRE-TÊTE,

Linge du Domestique.

BONNETS de coton,
Bonnets de laine,
CALÇONS,
Chemises,
Cols,
Cravattes,
Culottes blanches,
Culotte de Nankin,
MOUCHOIRS,
PAIRES de bas de coton,
paires de bas de fil,
paires de bas de laine,
paires de bas de filoselle,
paires de chaussons,
VESTES blanches,
Vestes de Nankin,

TOTAL

donné à blanchir

S Ç A V O I R à Monſieur.

ARTICLE	liv.	ſ.	d.
BANDEAUX ,			
Bonnets de coton ,			
Bonnets de laine ,			
Bretelles.			
CALÇONS de toile ,			
Calçons de futaine ,			
Camiſoles de toile ,			
Camiſoles de futaine ,			
Camiſoles d'indienne ,			
Chauſſettes ,			
Chemiſes de jour , garnies ,			
Chemiſes de nuit ,			
Coîffes de Bonnets ,			
Cols de mouſſeline ,			
Cols de baſin ,			
Cravattes de mouſſeline ,			
Cravattes de batiſte ,			
Culottes de baſin ,			
Culottes de toile de coton ,			
Culottes de draps de coton ,			
Culottes de Nankin ,			
ESSUIE-MAINS ,			
FROTTOIRS ,			
GANTS de fil ,			
Gillets de baſin ,			
Gillets de flanelle ,			
Guêtres de toile ,			
Gillets de futaine ,			
Gillets de toile de coton ,			
LINGE à barbe ,			
MANCHETTES de mouſſeline ,			
Manchettes de batiſte ,			
Manchettes effilées ,			
Manchettes de bottes ,			
TOTAL			

ARTICLE	liv.	ſ.	d.
Mouchoirs des indes ,			
Mouchoirs de toile blanche ,			
Mouchoirs de batiſte ,			
Mouchoirs de couleurs ,			
NAPES ,			
PAIRES de draps de maître ,			
paires de draps de domeſtique ,			
paires de bas de fil ,			
paires de bas de coton ,			
paires de bas de laine ,			
paires de bas de filoſele ,			
paires de chauſſons de toile ,			
paires de chauſſons de tricot ,			
Pantalon de moleton ,			
Pantalon de toile ,			
Pantalon de tricot ,			
Peignoirs ,			
Pieces d'eſtomac ,			
ROBE-de-chambre d'indienne ,			
Robe-de-chambre piquée ,			
SACS à pelottes ,			
Serre-têtes ,			
Serviettes de toilette ,			
Suſpenſoirs ,			
TABLIER du matin ,			
Tayes d'oreillers ,			
VESTES de baſin ,			
Veſtes de drap de coton			
Veſtes de Mouſſeline ,			
Veſtes de Nankin ,			
Veſtes piquées ,			
Veſtes de toile de coton ,			
TOTAL			

SÇAVOIR, à Madame

ARTICLE	liv.	f.	d.
BANDES à faigner,			
Bandeaux,			
Baftiennes,			
Bloufes,			
Bonnets piqués,			
Bonnets ronds de mouffeline,			
Bonnets ronds de linon,			
Bonnets ronds de dentelle			
CAMISOLES de moufseline garnies,			
Camifoles de toile de coton garnies,			
Camifoles piquées garnies,			
Camifoles houettées garnies,			
Chemifes de jour,			
Chemifes de nuit,			
Chemifes de batifte,			
Chemifes de bain,			
Chemifes-robes de mouffeline,			
Chemifes-robe d'indienne,			
Chemife-robe, de linon,			
Coïffes de mouffeline,			
Collerette,			
Corfet de toile de coton garnis,			
Corfets de bafin garnis,			
Corfets de toile fine garnis,			
Courtes-pointes,			
Couverture de coton,			
Couvre-pieds piqués garnis,			
Couvre-pieds de mouffeline,			
Couvre-meuble,			
DRAPS de maîtres,			
Draps fans couture,			
Draps de domeftique,			
Deshabillers garnis,			
ESSUIE-MAINS			
FOURREAUX de toile de coton,			
Fourreaux de mouffeline,			
Fourreaux d'indienne,			
Fourreaux de linon,			
Fichus de mouffeline,			
TOTAL			

ARTICLE	liv.	f.	d.
Fichus de batifte,			
Fichus doubles,			
Fichus de linon,			
Fichus frifés,			
Fraifettes de moufseline,			
Frottoirs de futaine,			
Frottoirs de flanuelle,			
GARNITURES de lit de toile,			
Gaule de moufseline,			
Gaule d'indienne,			
HOUPELANDE,			
JUPONS piqués, blancs, garnis,			
Jupons de moleton,			
Jupons de futaine,			
Jupons de bafin garnis,			
Jupons de granat,			
Jupons houettés, garnis,			
Jupons de linon,			
Jupons de moufseline,			
LINGE de toilette,			
Linge de Garde-robe,			
Linges de baignoir,			
MANTELETS de moufseline,			
Mouchoirs de toile blanche,			
Mouchoirs de batifte,			
Mouchoirs des indes,			
PAIRES de poches de bafin, garnies,			
Paires de poches de toile, garnies,			
paire de bas de coton,			
Peignoirs de toile,			
Peignoirs de Moufseline,			
Pieces d'eftomac,			
Pierrot & Jupon de linon,			
RIDEAUX de moufseline, grands,			
Rideaux de toile de coton, grands,			
Rideaux de moufseline, petits,			
Rideaux de linon, petits,			
Robe & Jupon de toile de coton,			
TOTAL			

ARTICLE	liv.	f.	d.	ARTICLE	liv.	f.	d.
Robe & Jupon de mousseline,				Déshabillers d'indienne;			
Robe & Jupon de linon,				FOURREAUX de toile de coton,			
Robe & Jupon d'indienne,				Fourreaux de linon,			
Rodingotte d'indienne,				Fourreaux d'indienne,			
SACS à pelottes,				GARNITURES de lit,			
Serre-têtes,				Gillets de bafin,			
Serviettes de toilette,				Gillets de toile de coton;			
Serviettes de garderobe,				JACTONS,			
TABLIERS de Femme-de-chambre,				Jupons de toile de coton garnis,			
Tabliers de coëffeur,				Jupons de bafin garnis,			
Tayes d'oreillers garnies,				Jupons de futaine,			
Toilette garnie de moufseline,				Jupons de moleton,			
Tours de chaife,							
Tour de bafin,				LANGES piqués,			
Linge des Enfans.				Lange de futaine,			
BANDEAUX,				Lange de laine,			
Bandes,				Linge de toilette,			
Bavoirs;				MANTELETS de moufseline,			
Beguin,				Manchettes de garçon,			
Braffieres de futaine;				Matelots de toile,			
Braffieres de flanelle,				Matelots de Nankin,			
CALÇONS,				Mouchoirs de toile,			
Camifoles de moufseline,				Mouchoirs de batifte,			
Camifoles de toile de coton,							
Camifoles d'indienne,				PAIRES de bas de coton;			
Camifoles de futaine,				paires de bas de fil,			
Chauffettes,				paires de bas petits,			
Chauffons,				pairés de bas de laine;			
Chemifes de jour, de garçon,				paires de poches,			
Chemifes de nuit, de garçon;				Peignoirs,			
Chemifes de jour, de demoifelle				Pierrots & Jupon de linon,			
Chemifes de nuit, de demoifelle,				Pierrots & Jupon de moufseline;			
Chemifes petites,				Pieces d'eftomac,			
Chemifes-robes de moufseline,				ROBES & Jupons de toile de coton,			
Chemifes-robe d'indienne,				Robes & Jupons de moufseline,			
Collerettes de moufseline,				Robes & Jupons d'indienne,			
Cols de moufseline,				Robe de chambre,			
Couches,				TETIERES,			
Couvres-pieds garnis;				Tours de bonnet,			
Culottes de draps de coton;				Tours de chaifes,			
Culottes de bafin,				VESTES de bafin,			
Culottes de toile de coton,				Veftes de toile de coton,			
DESHABILLERS de toile de coton,				Veftes de nankin,			
				Veftes de drap de coton.			
TOTAL				TOTAL			

ARTICLE	liv.	f.	d.
Linge d'Office.			
CHAUSSES à paſſer,			
ESSUIE-MAINS,			
NAPES damaſſées,			
Napes à linteaux,			
Napes à grains d'orge,			
Napes ouvrées,			
Napes d'office,			
Napes petites,			
Napes de veniſe,			
Napes de cuiſine,			
PAQUETS de Torchons,			
SERVIETTES d'amaſſées,			
Serviettes à linteaux,			
Serviettes à grains d'orge,			
Serviettes ouvrées,			
Serviettes de Veniſe.			
TABLIERS d'office,			
Tabliers de cuiſine,			
Torchons,			
Linge de la Femme de Chambre.			
BANDEAUX,			
Bonnets ronds,			
Bonnets piqués,			
CAMISOLES de toile de coton,			
Camiſoles d'indienne,			
Chemiſes,			
Corſet de toile,			
Corſet de baſin,			
DESHABILLÉ complet de toile de coton,			
Deshabillé complet d'indienne,			
FICHUS de mouſſeline,			
Fichus de linon,			
JUPONS piqués,			
Jupons houetrés,			
Jupons de toile de coton,			
LINGE de toilette,			
MOUCHOIRS blancs,			
Mouchoirs de couleur,			
PAIRES de poches,			
paires de bas de coton,			
paires de bas de fil,			
TOTAL			

ARTICLE	liv.	f.	
ROBE & Jupon d'indienne,			
Robe & Jupons de toile de coton,			
Robe & Jupon de mouſſeline,			
SERRE-TÊTES.			
Linge de la Cuiſiniere.			
BONNETS ronds,			
Bonnets piqués,			
CAMISOLES d'indienne,			
Camiſoles de toile de coton,			
Chemiſes,			
DESHABILLÉ compl. de toile de cot.			
Deshabiller complet d'indienne,			
FICHUS de mouſſeline,			
Fichus de linon,			
JUPONS piqués,			
Jupons de toile de coton,			
Jupons d'indienne,			
LINGE de toilette,			
MOUCHOIRS blancs,			
Mouchoirs de couleur,			
PAIRES de poches,			
paires de bas de laine,			
paires de bas de coton,			
paires de bas de fil,			
ROBE & Jupon d'indienne,			
Robe & Jupon de toile de coton,			
SERRE-TÊTE,			
Linge du Domeſtique.			
BONNETS de coton,			
Bonnets de laine,			
CALÇONS,			
Chemiſes,			
Cols,			
Cravattes,			
Culottes blanches,			
Culotte de Nankin,			
MOUCHOIRS,			
PAIRES de bas de coton,			
paires de bas de fil,			
paires de bas de laine,			
paires de bas de filoſelle,			
paires de chauſſons,			
VESTES blanches,			
Veſtes de Nankin,			
TOTAL			

donné à blanchir

SÇAVOIR à Monsieur.

ARTICLE	liv.	ſ.	d.	ARTICLE	liv.	ſ.	d.
BANDEAUX,				Mouchoirs des indes,			
Bonnets de coton,				Mouchoirs de toile blanche,			
Bonnets de laine,				Mouchoirs de batiſte,			
Bretelles.				Mouchoirs de couleurs,			
CALÇONS de toile,				NAPES,			
Calçons de futaine,				PAIRES de draps de maître,			
Camiſoles de toile,				paires de draps de domeſtique,			
Camiſoles de futaine,				paires de bas de fil,			
Camiſoles d'indienne,				paires de bas de coton,			
Chauſſettes,				paires de bas de laine,			
Chemiſes de jour, garnies,				paires de bas de filoſele,			
Chemiſes de nuit,				paires de chauſſons de toile,			
Coiffes de Bonnets,				paires de chauſſons de tricot,			
Cols de mouſſeline,				Pantalon de moleton,			
Cols de baſin,				Pantalon de toile,			
Cravattes de mouſſeline,				Pantalon de tricot,			
Cravattes de batiſte;				Peignoirs,			
Culottes de baſin,				Pieces d'eſtomac,			
Culottes de toile de coton,							
Culottes de draps de coton,				ROBE-de-chambre d'indienne,			
Culottes de Nankin,				Robe-de-chambre piquée,			
ESSUIE-MAINS,				SACS à pelottes,			
FROTTOIRS				Serre-têtes,			
				Serviettes de toilette,			
GANTS de fil,				Suſpenſoirs,			
Gillets de baſin,							
Gillets de flanelle,				TABLIER du matin,			
Guêtres de toile,				Tayes d'oreillers,			
Gillets de futaine,				VESTES de baſin,			
Gillets de toile de coton,				Veſtes de drap de coton			
				Veſtes de Mouſſeline,			
LINGE à barbe,				Veſtes de Nankin,			
				Veſtes piquées,			
MANCHETTES de mouſſeline,				Veſtes de toile de coton,			
Manchettes de batiſte,							
Manchettes effilées,							
Manchettes de bottes,							
TOTAL				**TOTAL**			

SÇAVOIR, à Madame

ARTICLE	liv.	f.	d.	ARTICLE	liv.	f.	d.
Bandes à saigner,				Fichus de batiste,			
Bandeaux,				Fichus doubles,			
Bastiennes,				Fichus de linon,			
Blouses,				Fichus frisés,			
Bonnets piqués,				Fraisettes de mousseline,			
Bonnets ronds de mousseline,				Frottoirs de futaine,			
Bonnets ronds de linon,				Frottoirs de flannelle,			
Bonnets ronds de dentelle				Garnitures de lit de toile,			
Camisoles de mousseline garnies,				Gaule de mousseline,			
Camisoles de toile de coton garnies,				Gaule d'indienne,			
Camisoles piquées garnies,				Houpelande,			
Camisoles houettées garnies,				Jupons piqués, blancs, garnis,			
Chemises de jour,				Jupons de moleton,			
Chemises de nuit,				Jupons de futaine,			
Chemises de batiste,				Jupons de basin garnis,			
Chemises de bain,				Jupons de granat,			
Chemises-robes de mousseline,				Jupons houettés, garnis,			
Chemises-robe d'indienne,				Jupons de linon,			
Chemise-robe, de linon,				Jupons de mousseline,			
Coiffes de mousseline,				Linge de toilette,			
Collerette,				Linge de Garde-robe,			
Corset de toile de coton garnis,				Linges de baignoir,			
Corsets de basin garnis,				Mantelets de mousseline,			
Corsets de toile fine garnis,				Mouchoirs de toile blanche,			
Courtes-pointes,				Mouchoirs de batiste,			
Couverture de coton,				Mouchoirs des indes,			
Couvre-pieds piqués garnis,				Paires de poches de basin, garnies,			
Couvre-pieds de mousseline,				Paires de poches de toile, garnies,			
Couvre-meuble,				paire de bas de coton,			
Draps de maîtres,				Peignoirs de toile,			
Draps sans couture,				Peignoirs de Mousseline,			
Draps de domestique,				Pieces d'estomac,			
Deshabillers garnis,				Pierrot & Jupon de linon,			
Essuie-mains				Rideaux de mousseline, grands,			
Fourreaux de toile de coton,				Rideaux de toile de coton, grands,			
Fourreaux de mousseline,				Rideaux de mousseline, petits,			
Fourreaux d'indienne,				Rideaux de linon, petits,			
Fourreaux de linon,				Robe & Jupon de toile de coton,			
Fichus de mousseline,							
TOTAL				**TOTAL**			

ARTICLE	liv.	f.	d.
Robe & Jupon de mousseline,			
Robe & Jupon de linon,			
Robe & Jupon d'indienne,			
Rodingotte d'indienne,			
SACS à pelottes,			
Serre-têtes,			
Serviettes de toilette,			
Serviettes de garderobe,			
TABLIERS de Femme-de-chambre,			
Tabliers de coëffeur,			
Tayes d'oreillers garnies,			
Toilette garnie de mousseline,			
Tours de chaise,			
Tour de bassin,			

Linge des Enfans.

ARTICLE	liv.	f.	d.
BANDEAUX,			
Bandes,			
Bavoirs,			
Beguin,			
Braffieres de futaine,			
Braffieres de flanelle,			
CALÇONS,			
Camifoles de mousseline,			
Camifoles de toile de coton,			
Camifoles d'indienne,			
Camifoles de futaine,			
Chauffettes,			
Chauffons,			
Chemises de jour, de garçon,			
Chemises de nuit, de garçon,			
Chemises de jour, de demoiselle,			
Chemises de nuit, de demoiselle,			
Chemises petites,			
Chemises-robes de mousseline,			
Chemises-robe d'indienne,			
Collerettes de mousseline,			
Cols de mousseline,			
Couches,			
Couvres-pieds garnis,			
Culottes de draps de coton,			
Culottes de bafin,			
Culottes de toile de coton,			
DESHABILLERS de toile de coton,			
TOTAL			

ARTICLE	liv.	f.	d.
Deshabillers d'indienne,			
FOURREAUX de toile de coton,			
Fourreaux de linon,			
Fourreaux d'indienne,			
GARNITURES de lit,			
Gillets de bafin,			
Gillets de toile de coton,			
JACTONS,			
Jupons de toile de coton garnis,			
Jupons de bafin garnis,			
Jupons de futaine,			
Jupons de molcton,			
LANGES piqués,			
Lange de futaine,			
Lange de laine,			
Linge de toilette,			
MANTELETS de mousseline,			
Manchettes de garçon,			
Matelots de toile,			
Matelots de Nankin,			
Mouchoirs de toile,			
Mouchoirs de batifte,			
PAIRES de bas de coton,			
paires de bas de fil,			
paires de bas petits,			
paires de bas de laine,			
paires de poches,			
Peignoirs,			
Pierrots & Jupon de linon,			
Pierrots & Jupon de mousseline,			
Pieces d'eftomac,			
ROBES & Jupons de toile de coton,			
Robes & Jupons de mousseline,			
Robes & Jupons d'indienne,			
Robe de chambre,			
TETIERES,			
Tours de bonnet,			
Tours de chaifes,			
VESTES de bafin,			
Veftes de toile de coton,			
Veftes de nankin,			
Veftes de drap de coton.			
TOTAL			

ARTICLE — liv. | s. | d.

Linge d'Office.

CHAUSSES à passer,
ESSUIE-MAINS,
NAPES damassées,
Napes à linteaux,
Napes à grains d'orge,
Napes ouvrées,
Napes d'office,
Napes petites,
Napes de venise,
Napes de cuisine,
PAQUETS de Torchons,
SERVIETTES d'amassées,
Serviettes à linteaux,
Serviettes à grains d'orge,
Serviettes ouvrées,
Serviettes de Venise
TABLIERS d'office,
Tabliers de cuisine,
Torchons,

Linge de la Femme de Chambre.

BANDEAUX,
Bonnets ronds,
Bonnets piqués,
CAMISOLES de toile de coton,
Camisoles d'indienne,
Chemises,
Corset de toile,
Corset de basin,
DESHABILLÉ complet de toile de coton,
Deshabillé complet d'indienne,
FICHUS de mousseline,
Fichus de linon,
JUPONS piqués,
Jupons houettés,
Jupons de toile de coton,
LINGE de toilette,
MOUCHOIRS blancs,
Mouchoirs de couleur,
PAIRES de poches,
paires de bas de coton,
paires de bas de fil,

TOTAL

ARTICLE — liv. | s. | d.

ROBE & Jupon d'indienne,
Robe & Jupons de toile de coton,
Robe & Jupon de mousseline,
SERRE-TÊTES.

Linge de la Cuisiniere.

BONNETS ronds,
Bonnets piqués,
CAMISOLES d'indienne,
Camisoles de toile de coton,
Chemises,
DESHABILLÉ compl. de toile de cot.
Deshabiller complet d'indienne,
FICHUS de mousseline,
Fichus de linon,
JUPONS piqués,
Jupons de toile de coton,
Jupons d'indienne,
LINGE de toilette,
MOUCHOIRS blancs,
Mouchoirs de couleur,
PAIRES de poches,
paires de bas de laine,
paires de bas de coton,
paires de bas de fil,
ROBE & Jupon d'indienne,
Robe & Jupon de toile de coton,
SERRE-TETE,

Linge du Domestique.

BONNETS de coton,
Bonnets de laine,
CALÇONS,
Chemises,
Cols,
Cravattes,
Culottes blanches,
Culotte de Nankin,
MOUCHOIRS,
PAIRES de bas de coton,
paires de bas de fil,
paires de bas de laine,
paires de bas de filoselle,
paires de chaussons,
VESTES blanches,
Vestes de Nankin,

TOTAL

(1)

donné à blanchir

S Ç A V O I R   à   Monsieur.

ARTICLE	liv.	f.	d.	ARTICLE	liv.	f.	d.
BANDEAUX,				Mouchoirs des indes,			
Bonnets de coton,				Mouchoirs de toile blanche,			
Bonnets de laine,				Mouchoirs de batifte,			
Bretelles.				Mouchoirs de couleurs,			
CALÇONS de toile,				NAPES,			
Calçons de futaine,				PAIRES de draps de maître,			
Camifoles de toile,				paires de draps de domeftique,			
Camifoles de futaine,				paires de bas de fil,			
Camifoles d'indienne,				paires de bas de coton,			
Chauffettes,				paires de bas de laine,			
Chemifes de jour, garnies,				paires de bas de filofele,			
Chemifes de nuit,				paires de chauffons de toile,			
Coîffes de Bonnets,				paires de chauffons de tricot,			
Cols de mouffeline,				Pantalon de moleton,			
Cols de bafin,				Pantalon de toile,			
Cravattes de mouffeline,				Pantalon de tricot,			
Cravattes de batifte,				Peignoirs,			
Culottes de bafin,				Pieces d'eftomac,			
Culottes de toile de coton,							
Culottes de draps de coton,				ROBE-de-chambre d'indienne,			
Culottes de Nankin,				Robe-de-chambre piquée,			
ESSUIE-MAINS,				SACS à pelottes,			
FROTTOIRS,				Serre-têtes,			
				Serviettes de toilette,			
GANTS de fil,				Sufpenfoirs,			
Gillets de bafin,							
Gillets de flanelle,				TABLIER du matin,			
Guêtres de toile,				Tayes d'oreillers,			
Gillets de futaine,							
Gillets de toile de coton,				VESTES de bafin,			
				Veftes de drap de coton			
LINGE à barbe,				Veftes de Mouffeline,			
				Veftes de Nankin,			
MANCHETTES de mouffeline,				Veftes piquées,			
Manchettes de batifte,				Veftes de toile de coton,			
Manchettes effilées,							
Manchettes de bottes,							
TOTAL				**TOTAL**			

SÇAVOIR, à Madame

ARTICLE	liv.	f.	d.	ARTICLE	liv.	f.	d.
BANDES à faigner,				Fichus de batifte,			
Bandeaux,				Fichus doubles,			
Baftiennes,				Fichus de linon,			
Bloufes,				Fichus frifés,			
Bonnets piqués,				Fraifettes de moufseline,			
Bonnets ronds de moufseline,				Frottoirs de futaine,			
Bonnets ronds de linon,				Frottoirs de flannelle,			
Bonnets ronds de dentelle				GARNITURES de lit de toile,			
CAMISOLES de moufseline garnies,				Gaule de moufseline,			
Camifoles de toile de coton garnies,				Gaule d'indienne,			
Camifoles piquées garnies,				HOUPELANDE,			
Camifoles houettées garnies,				JUPONS piqués, blancs, garnis,			
Chemifes de jour,				Jupons de moleton,			
Chemifes de nuit,				Jupons de futaine,			
Chemifes de batifte,				Jupons de bafin garnis,			
Chemifes de bain,				Jupons de granar,			
Chemifes-robes de moufseline,				Jupons houettés, garnis,			
Chemifes-robe d'indienne,				Jupons de linon,			
Chemife-robe, de linon,				Jupons de moufseline,			
Coîffes de moufseline,				LINGE de toilette,			
Collerette,				Linge de Garde-robe,			
Corfet de toile de coton garnis,				Linges de baignoir,			
Corfets de bafin garnis,				MANTELETS de moufseline,			
Corfets de toile fine garnis,				Mouchoirs de toile blanche,			
Courtes-pointes,				Mouchoirs de batifte,			
Couverture de coton,				Mouchoirs des indes,			
Couvre-pieds piqués garnis,				PAIRES de poches de bafin, garnies,			
Couvre-pieds de moufseline,				Paires de poches de toile, garnies,			
Couvre-meuble,				paire de bas de coton,			
DRAPS de maîtres,				Peignoirs de toile,			
Draps fans couture,				Peignoirs de Moufseline,			
Draps de domeftique,				Pieces d'eftomac,			
Deshabillers garnis,				Pierrot & Jupon de linon,			
ESSUIE-MAINS				RIDEAUX de moufseline, grands,			
FOURREAUX de toile de coton,				Rideaux de toile de coton, grands,			
Fourreaux de moufseline,				Rideaux de moufseline, petits,			
Fourreaux d'indienne,				Rideaux de linon, petits,			
Fourreaux de linon,				Robe & Jupon de toile de coton,			
Fichus de moufseline,							
TOTAL				**TOTAL**			

ARTICLE	liv.	f.	d.
Robe & Jupon de mousseline,			
Robe & Jupon de linon,			
Robe & Jupon d'indienne,			
Rodingotte d'indienne,			
SACS à pelottes,			
Serre-têtes,			
Serviettes de toilette,			
Serviettes de garderobe,			
TABLIERS de Femme-de-chambre,			
Tabliers de coëffeur,			
Tayes d'oreillers garnies,			
Toilette garnie de mousseline,			
Tours de chaise,			
Tour de bassin,			
Linge des Enfans.			
BANDEAUX,			
Bandes,			
Bavoirs,			
Beguin,			
Brassieres de futaine,			
Brassieres de flanelle,			
CALÇONS,			
Camisoles de mousseline,			
Camisoles de toile de coton,			
Camisoles d'indienne,			
Camisoles de futaine,			
Chauffettes,			
Chaussons,			
Chemises de jour, de garçon,			
Chemises de nuit, de garçon,			
Chemises de jour, de demoiselle			
Chemises de nuit, de demoiselle,			
Chemises petites,			
Chemises-robes de mousseline,			
Chemises-robe d'indienne,			
Collerettes de mousseline,			
Cols de mousseline,			
Couches,			
Couvres-pieds garnis,			
Culottes de draps de coton,			
Culottes de basin,			
Culottes de toile de coton,			
DESHABILLERS de toile de coton,			
TOTAL			

ARTICLE	liv.	f.	d.
Deshabillers d'indienne,			
FOURREAUX de toile de coton,			
Fourreaux de linon,			
Fourreaux d'indienne,			
GARNITURES de lit,			
Gillets de basin,			
Gillets de toile de coton,			
JACTONS,			
Jupons de toile de coton garnis,			
Jupons de basin garnis,			
Jupons de futaine,			
Jupons de moleton,			
LANGES piqués,			
Lange de futaine,			
Lange de laine,			
Linge de toilette,			
MANTELETS de mousseline,			
Manchettes de garçon,			
Matelots de toile,			
Matelots de Nankin,			
Mouchoirs de toile,			
Mouchoirs de batiste,			
PAIRES de bas de coton,			
paires de bas de fil,			
paires de bas petits,			
paires de bas de laine,			
paires de poches,			
Peignoirs,			
Pierrots & Jupon de linon,			
Pierrots & Jupon de mousseline,			
Pieces d'estomac,			
ROBES & JUPONS de toile de coton,			
Robes & Jupons de mousseline,			
Robes & Jupons d'indienne,			
Robe de chambre,			
TETIERES,			
Tours de bonnet,			
Tours de chaises,			
VESTES de basin,			
Vestes de toile de coton,			
Vestes de nankin,			
Vestes de drap de coton.			
TOTAL			

ARTICLE

Linge d'Office.

CHAUSSES à passer,
ESSUIE-MAINS,
NAPES damassées,
Napes à linteaux,
Napes à grains d'orge,
Napes ouvrées,
Napes d'office,
Napes petites,
Napes de venise,
Napes de cuisine,
PAQUETS de Torchons,
SERVIETTES d'amassées,
Serviettes à linteaux,
Serviettes à grains d'orge,
Serviettes ouvrées,
Serviettes de Venise,
TABLIERS d'office,
Tabliers de cuisine,
Torchons,

Linge de la Femme de Chambre.

BANDEAUX,
Bonnets ronds,
Bonnets piqués,
CAMISOLES de toile de coton,
Camisoles d'indienne,
Chemises,
Corset de toile,
Corset de basin,
DESHABILLÉ complet de toile de coton,
Deshabillé complet d'indienne,
FICHUS de mousseline,
Fichus de linon,
JUPONS piqués,
Jupons houetrés,
Jupons de toile de coton,
LINGE de toilette,
MOUCHOIRS blancs,
Mouchoirs de couleur,
PAIRES de poches,
paires de bas de coton,
paires de bas de fil,

TOTAL

ARTICLE

ROBE & Jupon d'indienne,
Robe & Jupons de toile de coton,
Robe & Jupon de mousseline,
SERRE-TÊTES.

Linge de la Cuisiniere.

BONNETS ronds,
Bonnets piqués,
CAMISOLES d'indienne,
Camisoles de toile de coton,
Chemises,
DESHABILLÉ compl. de toile de cot.
Deshabiller complet d'indienne,
FICHUS de mousseline,
Fichus de linon,
JUPONS piqués,
Jupons de toile de coton,
Jupons d'indienne,
LINGE de toilette,
MOUCHOIRS blancs,
Mouchoirs de couleur,
PAIRES de poches,
paires de bas de laine,
paires de bas de coton,
paires de bas de fil,
ROBE & Jupon d'indienne,
Robe & Jupon de toile de coton,
SERRE-TETE,

Linge du Domestique.

BONNETS de coton,
Bonnets de laine,
CALÇONS,
Chemises,
Cols,
Cravattes,
Culottes blanches,
Culotte de Nankin,
MOUCHOIRS,
PAIRES de bas de coton,
paires de bas de fil,
paires de bas de laine,
paires de bas de filoselle,
paires de chaussons,
VESTES blanches,
Vestes de Nankin,

TOTAL

le   DU MOIS d ·   178

donné à blanchir

SÇAVOIR à Monsieur.

ARTICLE	liv.	f.	d.	ARTICLE	liv.	f.	d.
BANDEAUX,				Mouchoirs des indes,			
Bonnets de coton,				Mouchoirs de toile blanche,			
Bonnets de laine,				Mouchoirs de batifte,			
Bretelles.				Mouchoirs de couleurs,			
CALÇONS de toile,				NAPES,			
Calçons de futaine,				PAIRES de draps de maître,			
Camifoles de toile,				paires de draps de domeftique,			
Camifoles de futaine,				paires de bas de fil,			
Camifoles d'indienne,				paires de bas de coton,			
Chauffettes,				paires de bas de laine,			
Chemifes de jour, garnies,				paires de bas de filofele,			
Chemifes de nuit,				paires de chauffons de toile,			
Coïffes de Bonnets,				paires de chauffons de tricot,			
Cols de mouffeline,				Pantalon de moleton,			
Cols de bafin,				Pantalon de toile,			
Cravattes de mouffeline,				Pantalon de tricot,			
Cravattes de batifte,				Peignoirs,			
Culottes de bafin,				Pieces d'eftomac,			
Culottes de toile de coton,				ROBE-de-chambre d'indienne,			
Culottes de draps de coton,				Robe-de-chambre piquée,			
Culottes de Nankin,				SACS à pelottes,			
ESSUIE-MAINS,				Serre-têtes,			
FROTTOIRS				Serviettes de toilette,			
GANTS de fil,				Sufpenfoirs,			
Gillets de bafin,				TABLIER du matin,			
Gillets de flanelle,				Tayes d'oreillers,			
Guêtres de toile,				VESTES de bafin,			
Gillets de futaine,				Veftes de drap de coton			
Gillets de toile de coton,				Veftes de Mouffeline,			
LINGE à barbe,				Veftes de Nankin,			
MANCHETTES de mouffeline,				Veftes piquées,			
Manchettes de batifte,				Veftes de toile de coton,			
Manchettes effilées,							
Manchettes de bottes,							
TOTAL				TOTAL			

SÇAVOIR, à Madame

ARTICLE	liv.	f.	d.
BANDES à faigner,			
Bandeaux,			
Baftiennes,			
Bloufes,			
Bonnets piqués,			
Bonnets ronds de mouffeline,			
Bonnets ronds de linon,			
Bonnets ronds de dentelle			
CAMISOLES de mouffeline garnies,			
Camifoles de toile de coton garnies,			
Camifoles piquées garnies,			
Camifoles houettées garnies,			
Chemifes de jour,			
Chemifes de nuit,			
Chemifes de batifte,			
Chemifes de bain,			
Chemifes-robes de mouffeline,			
Chemifes-robe d'indienne,			
Chemife-robe, de linon,			
Coiffes de mouffeline,			
Collerette,			
Corfet de toile de coton garnis,			
Corfets de bafin garnis,			
Corfets de toile fine garnis,			
Courtes-pointes,			
Couverture de coton,			
Couvre-pieds piqués garnis,			
Couvre-pieds de mouffeline,			
Couvre-meuble,			
DRAPS de maîtres,			
Draps fans couture,			
Draps de domeftique,			
Deshabillers garnis,			
ESSUIE-MAINS			
FOURREAUX de toile de coton,			
Fourreaux de mouffeline,			
Fourreaux d'indienne,			
Fourreaux de linon,			
Fichus de mouffeline,			
TOTAL			

ARTICLE	liv.	f.	d.
Fichus de batifte,			
Fichus doubles,			
Fichus de linon,			
Fichus frifés,			
Fraifettes de mouffeline,			
Frottoirs de futaine,			
Frottoirs de flannelle,			
GARNITURES de lit de toile,			
Gaule de mouffeline,			
Gaule d'indienne,			
HOUPELANDE,			
JUPONS piqués, blancs, garnis,			
Jupons de moleton,			
Jupons de futaine,			
Jupons de bafin garnis,			
Jupons de granat,			
Jupons houettés, garnis,			
Jupons de linon,			
Jupons de mouffeline,			
LINGE de toilette,			
Linge de Garde-robe,			
Linges de baignoir,			
MANTELETS de mouffeline,			
Mouchoirs de toile blanche,			
Mouchoirs de batifte,			
Mouchoirs des indes,			
PAIRES de poches de bafin, garnies,			
Paires de poches de toile, garnies,			
paire de bas de coton,			
Peignoirs de toile,			
Peignoirs de Mouffeline,			
Pieces d'eftomac,			
Pierrot & Jupon de linon,			
RIDEAUX de mouffeline, grands,			
Rideaux de toile de coton, grands,			
Rideaux de mouffeline, petits,			
Rideaux de linon, petits,			
Robe & Jupon de toile de coton,			
TOTAL			

ARTICLE	liv.	s.	d.	ARTICLE	liv.	s.	d.
Robe & Jupon de mousseline,				Deshabillers d'indienne,			
Robe & Jupon de linon,				FOURREAUX de toile de coton,			
Robe & Jupon d'indienne,				Fourreaux de linon,			
Rodingotte d'indienne,				Fourreaux d'indienne,			
SACS à pelottes,							
Serre-têtes,				GARNITURES de lit,			
Serviettes de toilette,				Gillets de basin,			
Serviettes de garderobe,				Gillets de toile de coton,			
TABLIERS de Femme-de-chambre,				JACTONS,			
Tabliers de coëffeur,				Jupons de toile de coton garnis,			
Tayes d'oreillers garnies,				Jupons de basin garnis,			
Toilette garnie de mousseline,				Jupons de futaine,			
Tours de chaise,				Jupons de moleton,			
Tour de bassin,							
Linge des Enfans.				LANGES piqués,			
BANDEAUX,				Lange de futaine,			
Bandes,				Lange de laine,			
Bavoirs,				Linge de toilette,			
Beguin,				MANTELETS de mousseline,			
Brassieres de futaine,				Manchettes de garçon,			
Brassieres de flanelle,				Matelots de toile,			
CALÇONS,				Matelots de Nankin,			
Camisoles de mousseline,				Mouchoirs de toile,			
Camisoles de toile de coton,				Mouchoirs de batiste,			
Camisoles d'indienne,							
Camisoles de futaine,				PAIRES de bas de coton,			
Chauffettes,				paires de bas de fil,			
Chauffons,				paires de bas petits,			
Chemises de jour, de garçon,				paires de bas de laine,			
Chemises de nuit, de garçon,				paires de poches,			
Chemises de jour, de demoiselle				Peignoirs,			
Chemises de nuit, de demoiselle,				Pierrots & Jupon de linon,			
Chemises petites,				Pierrots & Jupon de mousseline,			
Chemises-robes de mousseline,				Pieces d'estomac,			
Chemises-robe d'indienne,				ROBES & Jupons de toile de coton,			
Collerettes de mousseline,				Robes & Jupons de mousseline,			
Cols de mousseline,				Robes & Jupons d'indienne,			
Couches,				Robe de chambre,			
Couvres-pieds garnis,				TETIERES,			
Culottes de draps de coton,				Tours de bonnet,			
Culottes de basin,				Tours de chaises,			
Culottes de toile de coton,				VESTES de basin,			
DESHABILLERS de toile de coton,				Vestes de toile de coton,			
				Vestes de nankin,			
				Vestes de drap de coton.			
TOTAL				TOTAL			

ARTICLE — liv. s. d.

Linge d'Office.

CHAUSSES à paſſer,
ESSUIE-MAINS,
NAPES damaſſées,
Napes à linteaux,
Napes à grains d'orge,
Napes ouvrées,
Napes d'office,
Napes petites,
Napes de veniſe,
Napes de cuiſine,
PAQUETS de Torchons,
SERVIETTES d'amaſſées,
Serviettes à linteaux,
Serviettes à grains d'orge,
Serviettes ouvrées,
Serviettes de Veniſe
TABLIERS d'office,
Tabliers de cuiſine,
Torchons,

Linge de la Femme de Chambre.

BANDEAUX,
Bonnets ronds,
Bonnets piqués,
CAMISOLES de toile de coton,
Camiſoles d'indienne,
Chemiſes,
Corſet de toile,
Corſet de baſin,
DESHABILLÉ complet de toile de coton,
Deshabillé complet d'indienne,
FICHUS de mouſſeline,
Fichus de linon,
JUPONS piqués,
Jupons houetrés,
Jupons de toile de coton,
LINGE de toilette,
MOUCHOIRS blancs,
Mouchoirs de couleur,
PAIRES de poches,
paires de bas de coton,
paires de bas de fil,

TOTAL

ARTICLE — liv. s. d.

ROBE & Jupon d'indienne,
Robe & Jupons de toile de coton,
Robe & Jupon de mouſſeline,
SERRE-TÊTES.

Linge de la Cuiſiniere.

BONNETS ronds,
Bonnets piqués,
CAMISOLES d'indienne,
Camiſoles de toile de coton,
Chemiſes,
DESHABILLÉ compl. de toile de cot.
Deshabiller complet d'indienne,
FICHUS de mouſſeline,
Fichus de linon,
JUPONS piqués,
Jupons de toile de coton,
Jupons d'indienne,
LINGE de toilette,
MOUCHOIRS blancs,
Mouchoirs de couleur,
PAIRES de poches,
paires de bas de laine,
paires de bas de coton,
paires de bas de fil,
ROBE & Jupon d'indienne,
Robe & Jupon de toile de coton,
SERRE-TÊTE,

Linge du Domeſtique.

BONNETS de coton,
Bonnets de laine,
CALÇONS,
Chemiſes,
Cols,
Cravattes,
Culottes blanches,
Culotte de Nankin,
MOUCHOIRS,
PAIRES de bas de coton,
paires de bas de fil,
paires de bas de laine,
paires de bas de filoſelle,
paires de chauſſons,
VESTES blanches,
Veſtes de Nankin,

TOTAL

donné à blanchir

S Ç A V O I R à Monfieur.

ARTICLE	liv.	f.	d.
BANDEAUX ,			
Bonnets de coton ,			
Bonnets de laine ,			
Bretelles.			
CALÇONS de toile ,			
Calçons de futaine ,			
Camifoles de toile ;			
Camifoles de futaine ,			
Camifoles d'indienne ,			
Chauffettes ,			
Chemifes de jour , garnies ,			
Chemifes de nuit ;			
Coîffes de Bonnets ,			
Cols de mouffeline ,			
Cols de bafin ,			
Cravattes de mouffeline ,			
Cravattes de batifte ,			
Culottes de bafin ,			
Culottes de toile de coton ,			
Culottes de draps de coton ,			
Culottes de Nankin ;			
ESSUIE-MAINS ,			
FROTTOIRS ,			
GANTS de fil ,			
Gillets de bafin ,			
Gillets de flanelle ,			
Guêtres de toile ,			
Gillets de futaine ,			
Gillets de toile de coton ,			
LINGE à barbe ,			
MANCHETTES de mouffeline ,			
Manchettes de batifte ,			
Manchettes effilées ,			
Manchettes de bottes ,			
TOTAL			

ARTICLE	liv.	f.	d.
Mouchoirs des indes ,			
Mouchoirs de toile blanche ,			
Mouchoirs de batifte ,			
Mouchoirs de couleurs ,			
NAPES ,			
PAIRES de draps de maître ;			
paires de draps de domeftique ,			
paires de bas de fil ,			
paires de bas de coton ,			
paires de bas de laine ,			
paires de bas de filofele ,			
paires de chauffons de toile ,			
paires de chauffons de tricot ,			
Pantalon de moleton ,			
Pantalon de toile ,			
Pantalon de tricot ,			
Peignoirs ,			
Pieces d'eftomac ,			
ROBE-de-chambre d'indienne ,			
Robe-de-chambre piquée ,			
SACS à pelottes ,			
Serre-têtes ,			
Serviettes de toilette ,			
Sufpenfoirs ,			
TABLIER du matin ,			
Tayes d'oreillers ,			
VESTES de bafin ,			
Veftes de drap de coton			
Veftes de Mouffeline ,			
Veftes de Nankin ,			
Veftes piquées ,			
Veftes de toile de coton ,			
TOTAL			

SÇAVOIR, à Madame

ARTICLE	liv.	ſ.	d.
BANDES à ſaigner,			
Bandeaux,			
Baſtiennes,			
Blouſes,			
Bonnets piqués,			
Bonnets ronds de mouſſeline,			
Bonnets ronds de linon,			
Bonnets ronds de dentelle			
CAMISOLES de mouſſeline garnies,			
Camiſoles de toile de coton garnies,			
Camiſoles piquées garnies,			
Camiſoles houettées garnies,			
Chemiſes de jour,			
Chemiſes de nuit,			
Chemiſes de batiſte,			
Chemiſes de bain,			
Chemiſes-robes de mouſſeline,			
Chemiſes-robe d'indienne,			
Chemiſe-robe, de linon,			
Coïffes de mouſſeline,			
Collerette,			
Corſet de toile de coton garnis,			
Corſets de baſin garnis,			
Corſets de toile fine garnis,			
Courtes-pointes,			
Couverture de coton,			
Couvre-pieds piqués garnis,			
Couvre-pieds de mouſſeline,			
Couvre-meuble,			
DRAPS de maîtres,			
Draps ſans couture,			
Draps de domeſtique,			
Deshabillers garnis,			
ESSUIE-MAINS			
FOURREAUX de toile de coton,			
Fourreaux de mouſſeline,			
Fourreaux d'indienne,			
Fourreaux de linon,			
Fichus de mouſſeline,			
TOTAL			

ARTICLE	liv.	ſ.	d.
Fichus de batiſte,			
Fichus doubles,			
Fichus de linon,			
Fichus friſés,			
Fraiſettes de mouſſeline,			
Frottoirs de futaine,			
Frottoirs de flannelle,			
GARNITURES de lit de toile,			
Gaule de mouſſeline,			
Gaule d'indienne,			
HOUPELANDE,			
JUPONS piqués, blancs, garnis,			
Jupons de moleton,			
Jupons de futaine,			
Jupons de baſin garnis,			
Jupons de granat,			
Jupons houettés, garnis,			
Jupons de linon,			
Jupons de mouſſeline,			
LINGE de toilette,			
Linge de Garde-robe,			
Linges de baignoir,			
MANTELETS de mouſſeline,			
Mouchoirs de toile blanche,			
Mouchoirs de batiſte,			
Mouchoirs des indes,			
PAIRES de poches de baſin, garnies,			
Paires de poches de toile, garnies,			
paire de bas de coton,			
Peignoirs de toile,			
Peignoirs de Mouſſeline,			
Pieces d'eſtomac,			
Pierrot & Jupon de linon,			
RIDEAUX de mouſſeline, grands,			
Rideaux de toile de coton, grands,			
Rideaux de mouſſeline, petits,			
Rideaux de linon, petits,			
Robe & Jupon de toile de coton,			
TOTAL			

ARTICLE	liv.	f.	d.
Robe & Jupon de mousseline,			
Robe & Jupon de linon,			
Robe & Jupon d'indienne,			
Rodingotte d'indienne,			
SACS à pelottes,			
Serre-têtes,			
Serviettes de toilette,			
Serviettes de garderobe,			
TABLIERS de Femme-de-chambre,			
Tabliers de coëffeur,			
Tayes d'oreillers garnies,			
Toilette garnie de mousseline,			
Tours de chaise,			
Tour de bassin,			

Linge des Enfans.

ARTICLE	liv.	f.	d.
BANDEAUX,			
Bandes,			
Bavoirs;			
Beguin,			
Brassieres de futaine,			
Brassieres de flanelle,			
CALÇONS,			
Camisoles de mousseline,			
Camisoles de toile de coton,			
Camisoles d'indienne,			
Camisoles de futaine,			
Chauffettes,			
Chauffons,			
Chemises de jour, de garçon,			
Chemises de nuit, de garçon,			
Chemises de jour, de demoiselle			
Chemises de nuit, de demoiselle,			
Chemises petites,			
Chemises-robes de mousseline,			
Chemises-robe d'indienne,			
Collerettes de mousseline,			
Cols de mousseline,			
Couches,			
Couvres-pieds garnis,			
Culottes de draps de coton,			
Culottes de bassin,			
Culottes de toile de coton,			
DESHABILLERS de toile de coton,			
TOTAL			

ARTICLE	liv.	f.	d.
Deshabillers d'indienne,			
FOURREAUX de toile de coton,			
Fourreaux de linon,			
Fourreaux d'indienne,			
GARNITURES de lit,			
Gillets de basin,			
Gillets de toile de coton;			
JACTONS,			
Jupons de toile de coton garnis,			
Jupons de basin garnis,			
Jupons de futaine,			
Jupons de moleton,			
LANGES piqués,			
Lange de futaine,			
Lange de laine,			
Linge de toilette,			
MANTELETS de mousseline,			
Manchettes de garçon,			
Matelots de toile,			
Matelots de Nankin,			
Mouchoirs de toile,			
Mouchoirs de batiste,			
PAIRES de bas de coton,			
paires de bas de fil,			
paires de bas petits,			
paires de bas de laine,			
paires de poches,			
Peignoirs,			
Pierrots & Jupon de linon,			
Pierrots & Jupon de mousseline,			
Pieces d'estomac,			
ROBES & Jupons de toile de coton,			
Robes & Jupons de mousseline,			
Robes & Jupons d'indienne,			
Robe de chambre,			
TETIERES,			
Tours de bonnet,			
Tours de chaises,			
VESTES de basin,			
Vestes de toile de coton,			
Vestes de nankin,			
Vestes de drap de coton.			
TOTAL			

ARTICLE | liv. | f. | d.

Linge d'Office.

CHAUSSES à passer,
ESSUIE-MAINS,
NAPES damassées,
Napes à linteaux,
Napes à grains d'orge,
Napes ouvrées,
Napes d'office,
Napes petites,
Napes de venise,
Napes de cuisine,
PAQUETS de Torchons,
SERVIETTES d'amassées,
Serviettes à linteaux,
Serviettes à grains d'orge,
Serviettes ouvrées,
Serviettes de Venise,
TABLIERS d'office,
Tabliers de cuisine,
Torchons,

Linge de la Femme de Chambre.

BANDEAUX,
Bonnets ronds,
Bonnets piqués,
CAMISOLES de toile de coton,
Camisoles d'indienne,
Chemises,
Corset de toile,
Corset de basin,
DESHABILLÉ complet de toile de coton,
Deshabillé complet d'indienne,
FICHUS de mousseline,
Fichus de linon,
JUPONS piqués,
Jupons houetrés,
Jupons de toile de coton,
LINGE de toilette,
MOUCHOIRS blancs,
Mouchoirs de couleur,
PAIRES de poches,
paires de bas de coton,
paires de bas de fil,

TOTAL

ARTICLE | liv. | f. | d.

ROBE & Jupon d'indienne,
Robe & Jupons de toile de coton,
Robe & Jupon de mousseline,
SERRE-TÊTES.

Linge de la Cuisiniere.

BONNETS ronds,
Bonnets piqués,
CAMISOLES d'indienne,
Camisoles de toile de coton,
Chemises,
DESHABILLÉ compl. de toile de cot.
Deshabiller complet d'indienne,
FICHUS de mousseline,
Fichus de linon,
JUPONS piqués,
Jupons de toile de coton,
Jupons d'indienne,
LINGE de toilette,
MOUCHOIRS blancs,
Mouchoirs de couleur,
PAIRES de poches,
paires de bas de laine,
paires de bas de coton,
paires de bas de fil,
ROBE & Jupon d'indienne,
Robe & Jupon de toile de coton,
SERRE-TETE,

Linge du Domestique.

BONNETS de coton,
Bonnets de laine,
CALÇONS,
Chemises,
Cols,
Cravattes,
Culottes blanches,
Culotte de Nankin,
MOUCHOIRS,
PAIRES de bas de coton,
paires de bas de fil,
paires de bas de laine,
paires de bas de filoselle,
paires de chaussons,
VESTES blanches,
Vestes de Nankin,

TOTAL

donné à blanchir

S Ç A V O I R à Monſieur.

ARTICLE	liv.	ſ.	d.	ARTICLE	lv.	ſ.	d.
BANDEAUX,				Mouchoirs des indes,			
Bonnets de coton,				Mouchoirs de toile blanche,			
Bonnets de laine,				Mouchoirs de batiſte,			
Bretelles.				Mouchoirs de couleurs,			
CALÇONS de toile,				NAPES,			
Calçons de futaine,				PAIRES de draps de maître,			
Camiſoles de toile,				paires de draps de domeſtique,			
Camiſoles de futaine,				paires de bas de fil,			
Camiſoles d'indienne,				paires de bas de coton,			
Chauſſettes,				paires de bas de laine,			
Chemiſes de jour, garnies,				paires de bas de filoſele,			
Chemiſes de nuit,				paires de chauſſons de toile,			
Coîffes de Bonnets,				paires de chauſſons de tricot,			
Cols de mouſſeline,				Pantalon de moleton,			
Cols de baſin,				Pantalon de toile,			
Cravattes de mouſſeline,				Pantalon de tricot,			
Cravattes de batiſte,				Peignoirs,			
Culottes de baſin,				Pieces d'eſtomac,			
Culottes de toile de coton,				ROBE-de-chambre d'indienne,			
Culottes de draps de coton,				Robe-de-chambre piquée,			
Culottes de Nankin,				SACS à pelottes,			
ESSUIE-MAINS,				Serre-têtes,			
FROTTOIRS				Serviettes de toilette,			
GANTS de fil,				Suſpenſoirs,			
Gillets de baſin,				TABLIER du matin,			
Gillets de flanelle,				Tayes d'oreillers,			
Guêtres de toile,				VESTES de baſin,			
Gillets de futaine,				Veſtes de drap de coton			
Gillets de toile de coton,				Veſtes de Mouſſeline,			
LINGE à barbe,				Veſtes de Nankin,			
MANCHETTES de mouſſeline,				Veſtes piquées,			
Manchettes de batiſte,				Veſtes de toile de coton,			
Manchettes effilées,							
Manchettes de bottes,							
TOTAL				**TOTAL**			

SÇAVOIR, à Madame

ARTICLE	liv.	ſ.	d.	ARTICLE	liv.	ſ.	d.
BANDES à ſaigner,				Fichus de batiſte,			
Bandeaux,				Fichus doubles,			
Baſtiennes,				Fichus de linon ,			
Blouſes ,				Fichus friſés ,			
Bonnets piqués,				Fraiſettes de mouſſeline ,			
Bonnets ronds de mouſſeline ,				Frottoirs de futaine ,			
Bonnets ronds de linon ,				Frottoirs de flannelle ,			
Bonnets ronds de dentelle				GARNITURES de lit de toile ,			
CAMISOLES de mouſſeline garnies,				Gaule de mouſſeline ,			
Camiſoles de toile de coton garnies ,				Gaule d'indienne ,			
Camiſoles piquées garnies ,				HOUPELANDE,			
Camiſoles houettées garnies ,				JUPONS piqués , blancs , garnis ,			
Chemiſes de jour ,				Jupons de moleton ,			
Chemiſes de nuit ,				Jupons de futaine ,			
Chemiſes de batiſte,				Jupons de baſin garnis ,			
Chemiſes de bain ,				Jupons de granat ,			
Chemiſes-robes de mouſſeline ,				Jupons houettés , garnis ,			
Chemiſes-robe d'indienne ,				Jupons de linon ,			
Chemiſe-robe , de linon ,				Jupons de mouſſeline ,			
Coiffes de mouſſeline ,				LINGE de toilette ,			
Colletette ,				Linge de Garde-robe ,			
Corſet de toile de coton garnis ,				Linges de baignoir ,			
Corſets de baſin garnis ,				MANTELETS de mouſſeline ,			
Corſets de toile fine garnis ,				Mouchoirs de toile blanche ,			
Courtes-pointes ,				Mouchoirs de batiſte ,			
Couverture de coton ,				Mouchoirs des indes ,			
Couvre-pieds piqués garnis ,				PAIRES de poches de baſin , garnies,			
Couvre-pieds de mouſſeline ,				Paires de poches de toile , garnies ,			
Couvre-meuble,				paire de bas de coton ,			
DRAPS de maîtres ,				Peignoirs de toile ,			
Draps ſans couture ,				Peignoirs de Mouſſeline ,			
Draps de domeſtique ,				Pieces d'eſtomac ,			
Deshabillers garnis ,				Pierrot & Jupon de linon ,			
ESSUIE-MAINS				RIDEAUX de mouſſeline , grands ,			
FOURREAUX de toile de coton ,				Rideaux de toile de coton , grands ,			
Fourreaux de mouſſeline ,				Rideaux de mouſſeline , petits ,			
Fourreaux d'indienne ,				Rideaux de linon , petits ,			
Fourreaux de linon ,				Robe & Jupon de toile de coton ,			
Fichus de mouſſeline ,							
TOTAL				TOTAL			

ARTICLE	liv.	f.	d.
Robe & Jupon de mousseline,			
Robe & Jupon de linon,			
Robe & Jupon d'indienne,			
Rodingotte d'indienne,			
SACS à pelottes,			
Serre-têtes,			
Serviettes de toilette,			
Serviettes de garderobe,			
TABLIERS de Femme-de-chambre,			
Tabliers de coëffeur,			
Tayes d'oreillers garnies,			
Toilette garnie de mousseline,			
Tours de chaise,			
Tour de bassin,			
Linge des Enfans.			
BANDEAUX,			
Bandes,			
Bavoirs;			
Beguin,			
Brassieres de futaine,			
Brassieres de flanelle,			
CALÇONS,			
Camisoles de mousseline,			
Camisoles de toile de coton,			
Camisoles d'indienne,			
Camisoles de futaine,			
Chaussettes,			
Chaussons,			
Chemises de jour, de garçon;			
Chemises de nuit, de garçon,			
Chemises de jour, de demoiselle			
Chemises de nuit, de demoiselle,			
Chemises petites,			
Chemises-robes de mousseline,			
Chemises-robe d'indienne,			
Collerettes de mousseline,			
Cols de mousseline,			
Couches,			
Couvres-pieds garnis;			
Culottes de draps de coton,			
Culottes de basin,			
Culottes de toile de coton,			
DESHABILLERS de toile de coton,			
TOTAL			

ARTICLE

ARTICLE	liv.	f.	d.
Deshabillers d'indienne;			
FOURREAUX de toile de coton,			
Fourreaux de linon,			
Fourreaux d'indienne,			
GARNITURES de lit,			
Gillets de basin,			
Gillets de toile de coton;			
JACTONS,			
Jupons de toile de coton garnis,			
Jupons de basin garnis,			
Jupons de futaine,			
Jupons de moleton,			
LANGES piqués,			
Lange de futaine,			
Lange de laine,			
Linge de toilette,			
MANTELETS de mousseline,			
Manchettes de garçon,			
Matelots de toile,			
Matelots de Nankin,			
Mouchoirs de toile,			
Mouchoirs de batiste;			
PAIRES de bas de coton;			
paires de bas de fil,			
paires de bas petits,			
paires de bas de laine,			
paires de poches,			
Peignoirs;			
Pierrots & Jupon de linon,			
Pierrots & Jupon de mousseline,			
Pieces d'estomac,			
ROBES & Jupons de toile de coton,			
Robes & Jupons de mousseline,			
Robes & Jupons d'indienne,			
Robe de chambre;			
TETIERES,			
Tours de bonnet,			
Tours de chaises,			
VESTES de basin,			
Vestes de toile de coton,			
Vestes de nankin,			
Vestes de drap de coton.			
TOTAL			

ARTICLE | | liv. | f. | d.

Linge d'Office.

CHAUSSES à paſſer,
ESSUIE-MAINS,
NAPES damaſſées,
Napes à linteaux,
Napes à grains d'orge,
Napes ouvrées,
Napes d'office,
Napes petites,
Napes de veniſe,
Napes de cuiſine,
PAQUETS de Torchons,
SERVIETTES d'amaſſées,
Serviettes à linteaux,
Serviettes à grains d'orge,
Serviettes ouvrées,
Serviettes de Veniſe
TABLIERS d'office,
Tabliers de cuiſine,
Torchons,

Linge de la Femme de Chambre.

BANDEAUX,
Bonnets ronds,
Bonnets piqués,
CAMISOLES de toile de coton,
Camiſoles d'indienne,
Chemiſes,
Corſet de toile,
Corſet de baſin,
DESHABILLÉ complet de toile de coton,
Deshabillé complet d'indienne,
FICHUS de mouſſeline,
Fichus de linon,
JUPONS piqués,
Jupons houetrés,
Jupons de toile de coton,
LINGE de toilette,
MOUCHOIRS blancs,
Mouchoirs de couleur,
PAIRES de poches,
paires de bas de coton,
paires de bas de fil,

TOTAL

ARTICLE | | liv. | f. | d.

ROBE & Jupon d'indienne,
Robe & Jupons de toile de coton,
Robe & Jupon de mouſſeline,
SERRE-TÊTES.

Linge de la Cuiſiniere.

BONNETS ronds,
Bonnets piqués,
CAMISOLES d'indienne,
Camiſoles de toile de coton,
Chemiſes,
DESHABILLÉ compl. de toile de cot.
Deshabiller complet d'indienne,
FICHUS de mouſſeline,
Fichus de linon,
JUPONS piqués,
Jupons de toile de coton,
Jupons d'indienne,
LINGE de toilette,
MOUCHOIRS blancs,
Mouchoirs de couleur,
PAIRES de poches,
paires de bas de laine,
paires de bas de coton,
paires de bas de fil,
ROBE & Jupon d'indienne,
Robe & Jupon de toile de coton,
SERRE-TETE,

Linge du Domeſtique.

BONNETS de coton,
Bonnets de laine,
CALÇONS,
Chemiſes,
Cols,
Cravattes,
Culottes blanches,
Culotte de Nankin,
MOUCHOIRS,
PAIRES de bas de coton,
paires de bas de fil,
paires de bas de laine,
paires de bas de filoſelle,
paires de chauſſons,
VESTES blanches,
Veſtes de Nankin,

TOTAL

donné à blanchir

SÇAVOIR à Monsieur.

ARTICLE	liv.	f.	d.
Bandeaux,			
Bonnets de coton,			
Bonnets de laine,			
Bretelles.			
Calçons de toile,			
Calçons de futaine,			
Camisoles de toile,			
Camisoles de futaine,			
Camisoles d'indienne,			
Chauffettes,			
Chemises de jour, garnies,			
Chemises de nuit,			
Coïffes de Bonnets,			
Cols de mousseline,			
Cols de basin,			
Cravattes de mousseline,			
Cravattes de batifte,			
Culottes de basin,			
Culottes de toile de coton,			
Culottes de draps de coton,			
Culottes de Nankin,			
Essuie-mains,			
Frottoirs,			
Gants de fil,			
Gillets de basin,			
Gillets de flanelle,			
Guêtres de toile,			
Gillets de futaine,			
Gillets de toile de coton,			
Linge à barbe,			
Manchettes de mousseline,			
Manchettes de batifte,			
Manchettes effilées,			
Manchettes de bottes,			
TOTAL			

ARTICLE	liv.	f.	d.
Mouchoirs des indes,			
Mouchoirs de toile blanche,			
Mouchoirs de batifte,			
Mouchoirs de couleurs,			
Napes,			
Paires de draps de maître,			
paires de draps de domeftique,			
paires de bas de fil,			
paires de bas de coton,			
paires de bas de laine,			
paires de bas de filofele,			
paires de chauffons de toile,			
paires de chauffons de tricot,			
Pantalon de moleton,			
Pantalon de toile,			
Pantalon de tricot,			
Peignoirs,			
Pieces d'eftomac,			
Robe-de-chambre d'indienne,			
Robe-de-chambre piquée,			
Sacs à pelottes,			
Serre-têtes,			
Serviettes de toilette,			
Sufpenfoirs.			
Tablier du matin,			
Tayes d'oreillers,			
Vestes de basin,			
Vestes de drap de coton			
Vestes de Mousseline,			
Vestes de Nankin,			
Vestes piquées,			
Vestes de toile de coton,			
TOTAL			

SÇAVOIR, à Madame

ARTICLE	liv.	f.	d.	ARTICLE	liv.	f.	d.
BANDES à faigner,				Fichus de batifte,			
Bandeaux,				Fichus doubles,			
Baftiennes,				Fichus de linon ,			
Bloufes,				Fichus frifés,			
Bonnets piqués,				Fraifettes de mouffeline,			
Bonnets ronds de mouffeline,				Frottoirs de futaine,			
Bonnets ronds de linon ,				Frottoirs de flannelle,			
Bonnets ronds de dentelle				GARNITURES de lit de toile,			
CAMISOLES de mouffeline garnies,				Gaule de mouffeline ,			
Camifoles de toile de coton garnies ,				Gaule d'indienne,			
Camifoles piquées garnies ,				HOUPELANDE,			
Camifoles houettées garnies ,				JUPONS piqués, blancs, garnis ,			
Chemifes de jour ,				Jupons de moleton,			
Chemifes de nuit ,				Jupons de futaine ,			
Chemifes de batifte,				Jupons de bafin garnis ,			
Chemifes de bain ,				Jupons de granat,			
Chemifes-robes de mouffeline ,				Jupons houettés, garnis ,			
Chemifes-robe d'indienne,				Jupons de linon,			
Chemife-robe , de linon,				Jupons de mouffeline ,			
Coïffes de mouffeline ,				LINGE de toilette ,			
Collerette,				Linge de Garde-robe,			
Corfet de toile de coton garnis,				Linges de baignoir ,			
Corfets de bafin garnis ,				MANTELETS de mouffeline,			
Corfets de toile fine garnis ,				Mouchoirs de toile blanche ,			
Courtes-pointes,				Mouchoirs de batifte,			
Couverture de coton ,				Mouchoirs des indes ,			
Couvre-pieds piqués garnis ,				PAIRES de poches de bafin, garnies,			
Couvre-pieds de mouffeline ,				Paires de poches de toile , garnies,			
Couvre-meuble,				paire de bas de coton ,			
DRAPS de maîtres,				Peignoirs de toile ,			
Draps fans couture,				Peignoirs de Mouffeline ,			
Draps de domeftique,				Pieces d'eftomac ,			
Deshabillers garnis ,				Pierrot & Jupon de linon ,			
ESSUIE-MAINS				RIDEAUX de mouffeline , grands ,			
FOURREAUX de toile de coton,				Rideaux de toile de coton, grands ,			
Fourreaux de mouffeline ,				Rideaux de mouffeline, petits,			
Fourreaux d'indienne,				Rideaux de linon , petits,			
Fourreaux de linon ,				Robe & Jupon de toile de coton,			
Fichus de mouffeline,							
TOTAL				**TOTAL**			

ARTICLE	liv.	f.	d.
Robe & Jupon de mousseline,			
Robe & Jupon de linon,			
Robe & Jupon d'indienne,			
Rodingotte d'indienne,			
SACS à pelottes,			
Serre-têtes,			
Serviettes de toilette,			
Serviettes de garderobe,			
TABLIERS de Femme-de-chambre,			
Tabliers de coëffeur,			
Tayes d'oreillers garnies,			
Toilette garnie de mousseline,			
Tours de chaise,			
Tour de bassin,			

Linge des Enfans.

ARTICLE	liv.	f.	d.
BANDEAUX,			
Bandes,			
Bavoirs ;			
Beguin,			
Brassieres de futaine,			
Brassieres de flanelle,			
CALÇONS,			
Camisoles de mousseline,			
Camisoles de toile de coton,			
Camisoles d'indienne,			
Camisoles de futaine,			
Chauffettes,			
Chauffons,			
Chemises de jour, de garçon,			
Chemises de nuit, de garçon,			
Chemises de jour, de demoiselle,			
Chemises de nuit, de demoiselle,			
Chemises petites,			
Chemises-robes de mousseline,			
Chemises-robe d'indienne,			
Collerettes de mousseline,			
Cols de mousseline,			
Couches,			
Couvres-pieds garnis ;			
Culottes de draps de coton,			
Culottes de basin,			
Culottes de toile de coton,			
DESHABILLERS de toile de coton,			
TOTAL			

ARTICLE	liv.	f.	d.
Deshabillers d'indienne,			
FOURREAUX de toile de coton,			
Fourreaux de linon,			
Fourreaux d'indienne,			
GARNITURES de lit,			
Gillets de basin,			
Gillets de toile de coton ;			
JACTONS,			
Jupons de toile de coton garnis,			
Jupons de basin garnis,			
Jupons de futaine,			
Jupons de moleton,			
LANGES piqués,			
Lange de futaine,			
Lange de laine,			
Linge de toilette,			
MANTELETS de mousseline,			
Manchettes de garçon,			
Matelots de toile,			
Matelots de Nankin,			
Mouchoirs de toile,			
Mouchoirs de batiste,			
PAIRES de bas de coton,			
paires de bas de fil,			
paires de bas petits,			
paires de bas de laine,			
paires de poches,			
Peignoirs,			
Pierrots & Jupon de linon,			
Pierrots & Jupon de mousseline,			
Pieces d'estomac,			
ROBES & Jupons de toile de coton,			
Robes & Jupons de mousseline,			
Robes & Jupons d'indienne,			
Robe de chambre,			
TETIERES,			
Tours de bonnet,			
Tours de chaises,			
VESTES de basin,			
Vestes de toile de coton,			
Vestes de nankin,			
Vestes de drap de coton.			
TOTAL			

ARTICLE	liv.	f.	d.

Linge d'Office.

CHAUSSES à passer,
ESSUIE-MAINS,
NAPES damaffées,
Napes à linteaux,
Napes à grains d'orge,
Napes ouvrées,
Napes d'office,
Napes petites,
Napes de venise,
Napes de cuifine,
PAQUETS de Torchons,
SERVIETTES d'amaffées,
Serviettes à linteaux,
Serviettes à grains d'orge,
Serviettes ouvrées,
Serviettes de Venife,
TABLIERS d'office,
Tabliers de cuifine,
Torchons,
 Linge de la Femme de Chambre.

BANDEAUX,
Bonnets ronds,
Bonnets piqués,
CAMISOLES de toile de coton,
Camifoles d'indienne,
Chemifes,
Corfet de toile,
Corfet de bafin,
DESHABILLÉ complet de toile de coton,
Deshabillé complet d'indienne,
FICHUS de moufeline,
Fichus de linon,
JUPONS piqués,
Jupons houetrés,
Jupons de toile de coton,
LINGE de toilette,
MOUCHOIRS blancs,
Mouchoirs de couleur,
PAIRES de poches,
paires de bas de coton,
paires de bas de fil,

   TOTAL

ARTICLE	liv.	f.	d.

ROBE & Jupon d'indienne,
Robe & Jupons de toile de coton,
Robe & Jupon de moufeline,
SERRE-TÊTES.
 Linge de la Cuifiniere.

BONNETS ronds,
Bonnets piqués,
CAMISOLES d'indienne,
Camifoles de toile de coton,
Chemifes,
DESHABILLÉ compl. de toile de cot.
Deshabiller complet d'indienne,
FICHUS de moufeline,
Fichus de linon,
JUPONS piqués,
Jupons de toile de coton,
Jupons d'indienne,
LINGE de toilette,
MOUCHOIRS blancs,
Mouchoirs de couleur,
PAIRES de poches,
paires de bas de laine,
paires de bas de coton,
paires de bas de fil,
ROBE & Jupon d'indienne,
Robe & Jupon de toile de coton,
SERRE-TÊTE,
 Linge du Domeflique.

BONNETS de coton,
Bonnets de laine,
CALÇONS,
Chemifes,
Cols,
Cravattes,
Culottes blanches,
Culotte de Nankin,
MOUCHOIRS,
PAIRES de bas de coton,
paires de bas de fil,
paires de bas de laine,
paires de bas de filofelle,
paires de chauffons,
VESTES blanches,
Veftes de Nankin,

   TOTAL

donné à blanchir

S Ç A V O I R à Monſieur.

ARTICLE	liv.	ſ.	d.	ARTICLE	liv.	ſ.	d.
Bandeaux,				Mouchoirs des indes,			
Bonnets de coton,				Mouchoirs de toile blanche,			
Bonnets de laine,				Mouchoirs de batiſte,			
Bretelles.				Mouchoirs de couleurs,			
Calçons de toile,				Napes,			
Calçons de futaine,				Paires de draps de maître,			
Camiſoles de toile,				paires de draps de domeſtique,			
Camiſoles de futaine,				paires de bas de fil,			
Camiſoles d'indienne,				paires de bas de coton,			
Chauſſettes,				paires de bas de laine,			
Chemiſes de jour, garnies,				paires de bas de filoſele,			
Chemiſes de nuit,				paires de chauſſons de toile,			
Coïffes de Bonnets,				paires de chauſſons de tricot,			
Cols de mouſſeline,				Pantalon de moleton,			
Cols de baſin,				Pantalon de toile,			
Cravattes de mouſſeline,				Pantalon de tricot,			
Cravattes de batiſte,				Peignoirs,			
Culottes de baſin,				Pieces d'eſtomac,			
Culottes de toile de coton,				Robe-de-chambre d'indienne,			
Culottes de draps de coton,				Robe-de-chambre piquée,			
Culottes de Nankin,				Sacs à pelottes,			
Essuie-mains,				Serre-têtes,			
Frottoirs				Serviettes de toilette,			
Gants de fil,				Suſpenſoirs,			
Gillets de baſin,				Tablier du matin,			
Gillets de flanelle,				Tayes d'oreillers,			
Guêtres de toile,				Vestes de baſin,			
Gillets de futaine,				Veſtes de drap de coton,			
Gillets de toile de coton,				Veſtes de Mouſſeline,			
Linge à barbe,				Veſtes de Nankin,			
Manchettes de mouſſeline,				Veſtes piquées,			
Manchettes de batiſte,				Veſtes de toile de coton,			
Manchettes effilées,							
Manchettes de bottes,							
Total				**Total**			

SÇAVOIR, à Madame

ARTICLE	liv.	f.	d.	ARTICLE	liv.	f.	d.
Bandes à saigner,				Fichus de batiste,			
Bandeaux,				Fichus doubles,			
Bastiennes,				Fichus de linon,			
Blouses,				Fichus frisés,			
Bonnets piqués,				Fraisettes de mousseline,			
Bonnets ronds de mousseline,				Frottoirs de futaine,			
Bonnets ronds de linon,				Frottoirs de flannelle,			
Bonnets ronds de dentelle				Garnitures de lit de toile,			
Camisoles de mousseline garnies,				Gaule de mousseline,			
Camisoles de toile de coton garnies,				Gaule d'indienne,			
Camisoles piquées garnies,				Houpelande,			
Camisoles houettées garnies,				Jupons piqués, blancs, garnis,			
Chemises de jour,				Jupons de moleton,			
Chemises de nuit,				Jupons de futaine,			
Chemises de batiste,				Jupons de basin garnis,			
Chemises de bain,				Jupons de granat,			
Chemises-robes de mousseline,				Jupons houettés, garnis,			
Chemises-robe d'indienne,				Jupons de linon,			
Chemise-robe, de linon,				Jupons de mousseline,			
Coiffes de mousseline,				Linge de toilette,			
Gollerette,				Linge de Garde-robe,			
Corset de toile de coton garnis,				Linges de baignoir,			
Corsets de basin garnis,				Mantelets de mousseline,			
Corsets de toile fine garnis,				Mouchoirs de toile blanche,			
Courtes-pointes,				Mouchoirs de batiste,			
Couverture de coton,				Mouchoirs des indes,			
Couvre-pieds piqués garnis,				Paires de poches de basin, garnies,			
Couvre-pieds de mousseline,				Paires de poches de toile, garnies,			
Couvre-meuble,				paire de bas de coton,			
Draps de maîtres,				Peignoirs de toile,			
Draps sans couture,				Peignoirs de Mousseline,			
Draps de domestique,				Pieces d'estomac,			
Deshabillers garnis,				Pierrot & Jupon de linon,			
Essuie-mains				Rideaux de mousseline, grands,			
Fourreaux de toile de coton,				Rideaux de toile de coton, grands,			
Fourreaux de mousseline,				Rideaux de mousseline, petits,			
Fourreaux d'indienne,				Rideaux de linon, petits,			
Fourreaux de linon,				Robe & Jupon de toile de coton,			
Fichus de mousseline,							
TOTAL				**TOTAL**			

ARTICLE	liv.	f.	d.	ARTICLE	liv.	f.	d.
Robe & Jupon de mousseline,				Deshabillers d'indienne,			
Robe & Jupon de linon,				FOURREAUX de toile de coton,			
Robe & Jupon d'indienne,				Fourreaux de linon,			
Rodingotte d'indienne,				Fourreaux d'indienne,			
SACS à pelottes,				GARNITURES de lit,			
Serre-têtes,				Gillets de basin,			
Serviettes de toilette,				Gillets de toile de coton,			
Serviettes de garderobe,				JACTONS,			
TABLIERS de Femme-de-chambre,				Jupons de toile de coton garnis,			
Tabliers de coëffeur,				Jupons de basin garnis,			
Tayes d'oreillers garnies,				Jupons de futaine,			
Toilette garnie de mousseline,				Jupons de moleton,			
Tours de chaise,							
Tour de bassin,				LANGES piqués,			
Linge des Enfans.				Lange de futaine,			
BANDEAUX,				Lange de laine,			
Bandes,				Linge de toilette,			
Bavoirs,				MANTELETS de mousseline,			
Beguin,				Manchettes de garçon,			
Brassieres de futaine,				Matelots de toile,			
Brassieres de flanelle,				Matelots de Nankin,			
CALÇONS,				Mouchoirs de toile,			
Camisoles de mousseline,				Mouchoirs de batiste,			
Camisoles de toile de coton,							
Camisoles d'indienne,				PAIRES de bas de coton,			
Camisoles de futaine,				paires de bas de fil,			
Chaussettes,				paires de bas petits,			
Chaussons,				paires de bas de laine,			
Chemises de jour, de garçon,				paires de poches,			
Chemises de nuit, de garçon,				Peignoirs,			
Chemises de jour, de demoiselle				Pierrots & Jupon de linon,			
Chemises de nuit, de demoiselle,				Pierrots & Jupon de mousseline,			
Chemises petites,				Pieces d'estomac,			
Chemises-robes de mousseline,				ROBES & Jupons de toile de coton,			
Chemises-robe d'indienne,				Robes & Jupons de mousseline,			
Collerettes de mousseline,				Robes & Jupons d'indienne,			
Cols de mousseline,				Robe de chambre,			
Couches,				TÉTIERES,			
Couvres-pieds garnis,				Tours de bonnet,			
Culottes de draps de coton,				Tours de chaises,			
Culottes de basin,				VESTES de basin,			
Culottes de toile de coton,				Vestes de toile de coton,			
DESHABILLERS de toile de coton,				Vestes de nankin,			
				Vestes de drap de coton.			
TOTAL				**TOTAL**			

ARTICLE	liv.	f.	d.
Linge d'Office.			
CHAUSSES à paſſer,			
ESSUIE-MAINS,			
NAPES damaſſées,			
Napes à linteaux,			
Napes à grains d'orge,			
Napes ouvrées,			
Napes d'office,			
Napes petites,			
Napes de veniſe,			
Napes de cuiſine,			
PAQUETS de Torchons,			
SERVIETTES d'amaſſées,			
Serviettes à linteaux,			
Serviettes à grains d'orge,			
Serviettes ouvrées,			
Serviettes de Veniſe			
TABLIERS d'office,			
Tabliers de cuiſine,			
Torchons,			
Linge de la Femme de Chambre.			
BANDEAUX,			
Bonnets ronds,			
Bonnets piqués,			
CAMISOLES de toile de coton,			
Camiſoles d'indienne,			
Chemiſes,			
Corſet de toile,			
Corſet de baſin,			
DESHABILLÉ complet de toile de coton,			
Deshabillé complet d'indienne,			
FICHUS de mouſſeline,			
Fichus de linon,			
JUPONS piqués,			
Jupons houetrés,			
Jupons de toile de coton,			
LINGE de toilette,			
MOUCHOIRS blancs,			
Mouchoirs de couleur,			
PAIRES de poches,			
paires de bas de coton,			
paires de bas de fil,			
TOTAL			

ARTICLE	liv.	f.	
ROBE & Jupon d'indienne,			
Robe & Jupons de toile de coton,			
Robe & Jupon de mouſſeline,			
SERRE-TÊTES.			
Linge de la Cuiſiniere.			
BONNETS ronds,			
Bonnets piqués,			
CAMISOLES d'indienne,			
Camiſoles de toile de coton,			
Chemiſes,			
DESHABILLÉ compl. de toile de cot.			
Deshabiller complet d'indienne,			
FICHUS de mouſſeline,			
Fichus de linon,			
JUPONS piqués,			
Jupons de toile de coton,			
Jupons d'indienne,			
LINGE de toilette,			
MOUCHOIRS blancs,			
Mouchoirs de couleur,			
PAIRES de poches,			
paires de bas de laine,			
paires de bas de coton,			
paires de bas de fil,			
ROBE & Jupon d'indienne,			
Robe & Jupon de toile de coton,			
SERRE-TETE,			
Linge du Domeſtique.			
BONNETS de coton,			
Bonnets de laine,			
CALÇONS,			
Chemiſes,			
Cols,			
Cravattes,			
Culottes blanches,			
Culotte de Nankin,			
MOUCHOIRS,			
PAIRES de bas de coton,			
paires de bas de fil,			
paires de bas de laine,			
paires de bas de filoſelle,			
paires de chauſſons,			
VESTES blanches,			
Veſtes de Nankin,			
TOTAL			

donné à blanchir

SÇAVOIR à Monsieur.

ARTICLE	liv.	f.	d.	ARTICLE	liv.	f.	d.
Bandeaux,				Mouchoirs des indes,			
Bonnets de coton,				Mouchoirs de toile blanche,			
Bonnets de laine,				Mouchoirs de batiste,			
Bretelles.				Mouchoirs de couleurs,			
Calçons de toile,				Napes,			
Calçons de futaine,				Paires de draps de-maître,			
Camisoles de toile,				paires de draps de domestique,			
Camisoles de futaine,				paires de bas de fil,			
Camisoles d'indienne,				paires de bas de coton,			
Chauffettes,				paires de bas de laine,			
Chemises de jour, garnies,				paires de bas de filofele,			
Chemises de nuit,				paires de chauffons de toile,			
Coiffes de Bonnets,				paires de chauffons de tricot,			
Cols de mouffeline,				Pantalon de moleton,			
Cols de basin,				Pantalon de toile,			
Cravattes de moufeline,				Pantalon de tricot,			
Cravattes de batiste,				Peignoirs,			
Culottes de basin,				Pieces d'estomac,			
Culottes de toile de coton,				Robe-de-chambre d'indienne,			
Culottes de draps de coton,				Robe-de-chambre piquée,			
Culottes de Nankin,				Sacs à pelottes,			
Essuie-mains,				Serre-têtes,			
Frottoirs				Serviettes de toilette,			
Gants de fil,				Suspensoirs,			
Gillets de basin,				Tablier du matin,			
Gillets de flanelle,				Tayes d'oreillers,			
Guêtres de toile,				Vestes de basin,			
Gillets de futaine,				Vestes de drap de coton			
Gillets de toile de coton,				Vestes de Moufeline,			
Linge à barbe,				Vestes de Nankin,			
Manchettes de moufeline,				Vestes piquées,			
Manchettes de batiste,				Vestes de toile de coton.			
Manchettes effilées,							
Manchettes de bottes,							
TOTAL				**TOTAL**			

SÇAVOIR, à Madame

ARTICLE	liv.	f.	d.
BANDES à saigner,			
Bandeaux,			
Baftiennes,			
Bloufes,			
Bonnets piqués,			
Bonnets ronds de mousseline,			
Bonnets ronds de linon,			
Bonnets ronds de dentelle			
CAMISOLES de mousseline garnies,			
Camifoles de toile de coton garnies,			
Camifoles piquées garnies,			
Camifoles houettées garnies,			
Chemifes de jour,			
Chemifes de nuit,			
Chemifes de batifte,			
Chemifes de bain,			
Chemifes-robes de mousseline,			
Chemifes-robe d'indienne,			
Chemife-robe, de linon,			
Coiffes de mousseline,			
Collerette,			
Corfet de toile de coton garnis,			
Corfets de bafin garnis,			
Corfets de toile fine garnis,			
Courtes-pointes,			
Couverture de coton,			
Couvre-pieds piqués garnis,			
Couvre-pieds de mousseline,			
Couvre-meuble,			
DRAPS de maîtres,			
Draps fans couture,			
Draps de domeftique,			
Deshabillers garnis,			
ESSUIE-MAINS			
FOURREAUX de toile de coton,			
Fourreaux de mousseline,			
Fourreaux d'indienne,			
Fourreaux de linon,			
Fichus de mousseline,			
TOTAL			

ARTICLE	liv.	f.	d.
Fichus de batifte,			
Fichus doubles,			
Fichus de linon,			
Fichus frifés,			
Fraifettes de mousseline,			
Frottoirs de futaine,			
Frottoirs de flannelle,			
GARNITURES de lit de toile,			
Gaule de mousseline,			
Gaule d'indienne,			
HOUPELANDE,			
JUPONS piqués, blancs, garnis,			
Jupons de moleton,			
Jupons de futaine,			
Jupons de bafin garnis,			
Jupons de granat,			
Jupons houettés, garnis,			
Jupons de linon,			
Jupons de mousseline,			
LINGE de toilette,			
Linge de Garde-robe,			
Linges de baignoir,			
MANTELETS de mousseline,			
Mouchoirs de toile blanche,			
Mouchoirs de batifte,			
Mouchoirs des indes,			
PAIRES de poches de bafin, garnies,			
Paires de poches de toile, garnies,			
paire de bas de coton,			
Peignoirs de toile,			
Peignoirs de Mousseline,			
Pieces d'eftomac,			
Pierrot & Jupon de linon,			
RIDEAUX de mousseline, grands,			
Rideaux de toile de coton, grands,			
Rideaux de mousseline, petits,			
Rideaux de linon, petits,			
Robe & Jupon de toile de coton,			
TOTAL			

ARTICLE	liv.	s.	d.
Robe & Jupon de mousseline,			
Robe & Jupon de linon,			
Robe & Jupon d'indienne,			
Rodingotte d'indienne,			
SACS à pelottes,			
Serre-têtes,			
Serviettes de toilette,			
Serviettes de garderobe,			
TABLIERS de Femme-de-chambre,			
Tabliers de coëffeur,			
Tayes d'oreillers garnies,			
Toilette garnie de mousseline,			
Tours de chaise,			
Tour de bassin,			
Linge des Enfans.			
BANDEAUX,			
Bandes,			
Bavoits;			
Beguin,			
Brassieres de futaine,			
Brassieres de flanelle,			
CALÇONS,			
Camisoles de mousseline,			
Camisoles de toile de coton,			
Camisoles d'indienne,			
Camisoles de futaine,			
Chauffettes,			
Chaussons,			
Chemises de jour, de garçon,			
Chemises de nuit, de garçon,			
Chemises de jour, de demoiselle			
Chemises de nuit, de demoiselle,			
Chemises petites,			
Chemises-robes de mousseline,			
Chemises-robe d'indienne,			
Collerettes de mousseline,			
Cols de mousseline,			
Couches,			
Couvres-pieds garnis,			
Culottes de draps de coton,			
Culottes de basin,			
Culottes de toile de coton,			
DESHABILLERS de toile de coton,			
TOTAL			

ARTICLE	liv.	s.	d.
Deshabillers d'indienne,			
FOURREAUX de toile de coton,			
Fourreaux de linon,			
Fourreaux d'indienne,			
GARNITURES de lit,			
Gillets de basin,			
Gillets de toile de coton,			
JACTONS,			
Jupons de toile de coton garnis,			
Jupons de basin garnis,			
Jupons de futaine,			
Jupons de moleton,			
LANGES piqués,			
Lange de futaine,			
Lange de laine,			
Linge de toilette,			
MANTELETS de mousseline,			
Manchettes de garçon,			
Matelots de toile,			
Matelots de Nankin,			
Mouchoirs de toile,			
Mouchoirs de batiste,			
PAIRES de bas de coton,			
paires de bas de fil,			
paires de bas petits,			
paires de bas de laine,			
paires de poches,			
Peignoirs,			
Pierrots & Jupon de linon,			
Pierrots & Jupon de mousseline,			
Pieces d'estomac,			
ROBES & Jupons de toile de coton,			
Robes & Jupons de mousseline,			
Robes & Jupons d'indienne,			
Robe de chambre,			
TETIERES,			
Tours de bonnet,			
Tours de chaises,			
VESTES de basin,			
Vestes de toile de coton,			
Vestes de nankin,			
Vestes de drap de coton.			
TOTAL			

Left column

Linge d'Office.

CHAUSSES à passer,
ESSUIE-MAINS,
NAPES damassées,
Napes à linteaux,
Napes à grains d'orge,
Napes ouvrées,
Napes d'office,
Napes petites,
Napes de venise,
Napes de cuisine,
PAQUETS de Torchons,
SERVIETTES d'amassées,
Serviettes à linteaux,
Serviettes à grains d'orge,
Serviettes ouvrées,
Serviettes de Venise
TABLIERS d'office,
Tabliers de cuisine,
Torchons,

Linge de la Femme de Chambre.

BANDEAUX,
Bonnets ronds,
Bonnets piqués,
CAMISOLES de toile de coton,
Camisoles d'indienne,
Chemises,
Corset de toile,
Corset de basin,
DESHABILLÉ complet de toile de coton,
Deshabillé complet d'indienne,
FICHUS de mousseline,
Fichus de linon,
JUPONS piqués,
Jupons houetrés,
Jupons de toile de coton,
LINGE de toilette,
MOUCHOIRS blancs,
Mouchoirs de couleur,
PAIRES de poches,
paires de bas de coton,
paires de bas de fil,

TOTAL

Right column

ROBE & Jupon d'indienne,
Robe & Jupons de toile de coton,
Robe & Jupon de mousseline,
SERRE-TÊTES.

Linge de la Cuisiniere.

BONNETS ronds,
Bonnets piqués,
CAMISOLES d'indienne,
Camisoles de toile de coton,
Chemises,
DESHABILLÉ compl. de toile de cot.
Deshabiller complet d'indienne,
FICHUS de mousseline,
Fichus de linon,
JUPONS piqués,
Jupons de toile de coton,
Jupons d'indienne,
LINGE de toilette,
MOUCHOIRS blancs,
Mouchoirs de couleur,
PAIRES de poches,
paires de bas de laine,
paires de bas de coton,
paires de bas de fil,
ROBE & Jupon d'indienne,
Robe & Jupon de toile de coton,
SERRE-TETE,

Linge du Domestique.

BONNETS de coton,
Bonnets de laine,
CALÇONS,
Chemises,
Cols,
Cravattes,
Culottes blanches,
Culotte de Nankin,
MOUCHOIRS,
PAIRES de bas de coton,
paires de bas de fil,
paires de bas de laine,
paires de bas de filoselle,
paires de chaussons,
VESTES blanches,
Vestes de Nankin,

TOTAL

donné à blanchir

SÇAVOIR à Monsieur.

ARTICLE	liv.	f.	d.	ARTICLE	liv.	f.	d.
BANDEAUX,				Mouchoirs des indes,			
Bonnets de coton,				Mouchoirs de toile blanche,			
Bonnets de laine,				Mouchoirs de batifte,			
Bretelles.				Mouchoirs de couleurs,			
CALÇONS de toile,				NAPES,			
Calçons de futaine,				PAIRES de draps de maître,			
Camifoles de toile,				paires de draps de domeftique,			
Camifoles de futaine,				paires de bas de fil,			
Camifoles d'indienne,				paires de bas de coton,			
Chauffettes,				paires de bas de laine,			
Chemifes de jour, garnies,				paires de bas de filofele,			
Chemifes de nuit,				paires de chauffons de toile,			
Coîffes de Bonnets,				paires de chauffons de tricot,			
Cols de mouffeline,				Pantalon de moleton,			
Cols de bafin,				Pantalon de toile,			
Cravattes de mouffeline,				Pantalon de tricot,			
Cravattes de batifte,				Peignoirs,			
Culottes de bafin,				Pieces d'eftomac,			
Culottes de toile de coton,				ROBE-de-chambre d'indienne,			
Culottes de draps de coton,				Robe-de-chambre piquée,			
Culottes de Nankin,				SACS à pelottes,			
ESSUIE-MAINS,				Serre-têtes,			
FROTTOIRS,				Serviettes de toilette,			
GANTS de fil,				Sufpenfoirs,			
Gillets de bafin,				TABLIER du matin,			
Gillets de flanelle,				Tayes d'oreillers,			
Guêtres de toile,				VESTES de bafin,			
Gillets de futaine,				Veftes de drap de coton			
Gillets de toile de coton,				Veftes de Mouffeline,			
LINGE à barbe,				Veftes de Nankin,			
MANCHETTES de mouffeline,				Veftes piquées,			
Manchettes de batifte,				Veftes de toile de coton,			
Manchettes effilées,							
Manchettes de bottes,							
TOTAL				**TOTAL**			

SÇAVOIR, à Madame

ARTICLE	liv.	f.	d.
BANDES à faigner,			
Bandeaux,			
Baftiennes,			
Bloufes,			
Bonnets piqués,			
Bonnets ronds de mouffeline,			
Bonnets ronds de linon,			
Bonnets ronds de dentelle			
CAMISOLES de mouffeline garnies,			
Camifoles de toile de coton garnies,			
Camifoles piquées garnies,			
Camifoles houettées garnies,			
Chemifes de jour,			
Chemifes de nuit,			
Chemifes de batifte,			
Chemifes de bain,			
Chemifes-robes de mouffeline,			
Chemifes-robe d'indienne,			
Chemife-robe, de linon,			
Coîffes de mouffeline,			
Collerette,			
Corfet de toile de coton garnis,			
Corfets de bafin garnis,			
Corfets de toile fine garnis,			
Courtes-pointes,			
Couverture de coton,			
Couvre-pieds piqués garnis,			
Couvre-pieds de mouffeline,			
Couvre-meuble,			
DRAPS de maîtres,			
Draps fans couture,			
Draps de domeftique,			
Deshabillers garnis,			
ESSUIE-MAINS			
FOURREAUX de toile de coton,			
Fourreaux de mouffeline,			
Fourreaux d'indienne,			
Fourreaux de linon,			
Fichus de mouffeline,			
TOTAL			

ARTICLE	liv.	f.	d.
Fichus de batifte,			
Fichus doubles,			
Fichus de linon,			
Fichus frifés,			
Fraifettes de mouffeline,			
Frottoirs de futaine,			
Frottoirs de flannelle,			
GARNITURES de lit de toile,			
Gaule de mouffeline,			
Gaule d'indienne,			
HOUPELANDE,			
JUPONS piqués, blancs, garnis,			
Jupons de moleton,			
Jupons de futaine,			
Jupons de bafin garnis,			
Jupons de granat,			
Jupons houettés, garnis,			
Jupons de linon,			
Jupons de mouffeline,			
LINGE de toilette,			
Linge de Garde-robe,			
Linges de baignoir,			
MANTELETS de mouffeline,			
Mouchoirs de toile blanche,			
Mouchoirs de batifte,			
Mouchoirs des indes,			
PAIRES de poches de bafin, garnies,			
Paires de poches de toile, garnies,			
paire de bas de coton,			
Peignoirs de toile,			
Peignoirs de Mouffeline,			
Pieces d'eftomac,			
Pierrot & Jupon de linon,			
RIDEAUX de mouffeline, grands,			
Rideaux de toile de coton, grands,			
Rideaux de mouffeline, petits,			
Rideaux de linon, petits,			
Robe & Jupon de toile de coton,			
TOTAL			

ARTICLE	liv.	f.	d.
Robe & Jupon de mousseline,			
Robe & Jupon de linon,			
Robe & Jupon d'indienne ,			
Rodingotte d'indienne ,			
SACS à pelottes,			
Serre-têtes,			
Serviettes de toilette,			
Serviettes de garderobe ,			
TABLIERS de Femme-de-chambre,			
Tabliers de coëffeur,			
Tayes d'oreillers garnies ,			
Toilette garnie de mousseline ,			
Tours de chaise,			
Tour de bassin ,			
Linge des Enfans.			
BANDEAUX,			
Bandes,			
Bavoirs;			
Beguin,			
Brassieres de futaine,			
Brassieres de flanelle ,			
CALÇONS,			
Camisoles de mousseline,			
Camisoles de toile de coton,			
Camisoles d'indienne,			
Camisoles de futaine,			
Chauffettes,			
Chaussons,			
Chemises de jour, de garçon ,			
Chemises de nuit, de garçon,			
Chemises de jour, de demoiselle			
Chemises de nuit, de demoiselle ,			
Chemises petites,			
Chemises-robes de mousseline ,			
Chemises-robe d'indienne,			
Collerettes de mousseline ;			
Cols de mousseline ,			
Couches ,			
Couvres-pieds garnis,			
Culottes de draps de coton,			
Culottes de bafin,			
Culottes de toile de coton ,			
DESHABILLERS de toile de coton,			
TOTAL			

ARTICLE	liv.	f.	d.
Deshabillers d'indienne ;			
FOURREAUX de toile de coton,			
Fourreaux de linon ,			
Fourreaux d'indienne ;			
GARNITURES de lit,			
Gillets de bafin ,			
Gillets de toile de coton ;			
JACTONS,			
Jupons de toile de coton garnis,			
Jupons de bafin garnis,			
Jupons de futaine,			
Jupons de moleton ,			
LANGES piqués,			
Lange de futaine ;			
Lange de laine ,			
Linge de toilette ,			
MANTELETS de mousseline,			
Manchettes de garçon ,			
Matelots de toile,			
Matelots de Nankin ,			
Mouchoirs de toile ;			
Mouchoirs de batiste ,			
PAIRES de bas de coton;			
paires de bas de fil ,			
paires de bas petits;			
paires de bas de laine;			
paires de poches,			
Peignoirs,			
Pierrots & Jupon de linon,			
Pierrots & Jupon de mousseline ;			
Pieces d'eftomac,			
ROBES & Jupons de toile de coton,			
Robes & Jupons de mousseline,			
Robes & Jupons d'indienne,			
Robe de chambre,			
TETIERES,			
Tours de bonnet,			
Tours de chaises,			
VESTES de bafin,			
Veftes de toile de coton ,			
Veftes de nankin ,			
Veftes de drap de coton.			
TOTAL			

ARTICLE	liv.	s.	d.
Linge d'Office.			
CHAUSSES à paſſer,			
ESSUIE-MAINS,			
NAPES damaſſées,			
Napes à linteaux,			
Napes à grains d'orge,			
Napes ouvrées,			
Napes d'office,			
Napes petites,			
Napes de veniſe,			
Napes de cuiſine,			
PAQUETS de Torchons,			
SERVIETTES d'amaſſées,			
Serviettes à linteaux,			
Serviettes à grains d'orge,			
Serviettes ouvrées,			
Serviettes de Veniſe,			
TABLIERS d'office,			
Tabliers de cuiſine,			
Torchons,			
Linge de la Femme de Chambre.			
BANDEAUX,			
Bonnets ronds,			
Bonnets piqués,			
CAMISOLES de toile de coton,			
Camiſoles d'indienne,			
Chemiſes,			
Corſet de toile,			
Corſet de baſin,			
DESHABILLÉ complet de toile de coton,			
Deshabillé complet d'indienne,			
FICHUS de mouſſeline,			
Fichus de linon,			
JUPONS piqués,			
Jupons houettrés,			
Jupons de toile de coton,			
LINGE de toilette,			
MOUCHOIRS blancs,			
Mouchoirs de couleur,			
PAIRES de poches,			
paires de bas de coton,			
paires de bas de fil,			
TOTAL			

ARTICLE	liv.	s.	d.
ROBE & Jupon d'indienne,			
Robe & Jupons de toile de coton,			
Robe & Jupon de mouſſeline,			
SERRE-TÊTES.			
Linge de la Cuiſiniere.			
BONNETS ronds,			
Bonnets piqués,			
CAMISOLES d'indienne,			
Camiſoles de toile de coton,			
Chemiſes,			
DESHABILLÉ compl. de toile de cot.			
Deshabiller complet d'indienne,			
FICHUS de mouſſeline,			
Fichus de linon,			
JUPONS piqués,			
Jupons de toile de coton,			
Jupons d'indienne,			
LINGE de toilette,			
MOUCHOIRS blancs,			
Mouchoirs de couleur,			
PAIRES de poches,			
paires de bas de laine,			
paires de bas de coton,			
paires de bas de fil,			
ROBE & Jupon d'indienne,			
Robe & Jupon de toile de coton,			
SERRE-TÊTE,			
Linge du Domeſtique.			
BONNETS de coton,			
Bonnets de laine,			
CALÇONS,			
Chemiſes,			
Cols,			
Cravattes,			
Culottes blanches,			
Culotte de Nankin,			
MOUCHOIRS,			
PAIRES de bas de coton,			
paires de bas de fil,			
paires de bas de laine,			
paires de bas de filoſelle,			
paires de chauſſons,			
VESTES blanches,			
Veſtes de Nankin,			
TOTAL			

donné à blanchir.

SÇAVOIR à Monsieur.

ARTICLE	liv.	s.	d.
BANDEAUX,			
Bonnets de coton,			
Bonnets de laine,			
Bretelles.			
CALÇONS de toile,			
Calçons de futaine,			
Camisoles de toile,			
Camisoles de futaine,			
Camisoles d'indienne,			
Chauffettes,			
Chemises de jour, garnies,			
Chemises de nuit,			
Coiffes de Bonnets,			
Cols de mousseline,			
Cols de basin,			
Cravattes de mousseline,			
Cravattes de batiste,			
Culottes de basin,			
Culottes de toile de coton,			
Culottes de draps de coton,			
Culottes de Nankin,			
ESSUIE-MAINS,			
FROTTOIRS			
GANTS de fil,			
Gillets de basin,			
Gillets de flanelle,			
Guêtres de toile,			
Gillets de futaine,			
Gillets de toile de coton,			
LINGE à barbe,			
MANCHETTES de mousseline,			
Manchettes de batiste,			
Manchettes effilées,			
Manchettes de bottes,			
TOTAL			

ARTICLE	liv.	s.	d.
Mouchoirs des indes,			
Mouchoirs de toile blanche,			
Mouchoirs de batiste,			
Mouchoirs de couleurs,			
NAPES,			
PAIRES de draps de maître,			
paires de draps de domestique,			
paires de bas de fil,			
paires de bas de coton,			
paires de bas de laine,			
paires de bas de filosele,			
paires de chauffons de toile,			
paires de chauffons de tricot,			
Pantalon de moleton,			
Pantalon de toile,			
Pantalon de tricot,			
Peignoirs,			
Pièces d'estomac,			
ROBE-de-chambre d'indienne,			
Robe-de-chambre piquée,			
SAÇS à pelottes,			
Serre-têtes,			
Serviettes de toilette,			
Suspensoirs,			
TABLIER du matin,			
Tayes d'oreillers,			
VESTES de basin,			
Vestes de drap de coton			
Vestes de Mousseline,			
Vestes de Nankin,			
Vestes piquées,			
Vestes de toile de coton,			
TOTAL			

SÇAVOIR, à Madame

ARTICLE	liv.	f.	d.	ARTICLE	liv.	f.	d.
BANDES à faigner,				Fichus de batifte,			
Bandeaux,				Fichus doubles,			
Baftiennes,				Fichus de linon,			
Bloufes,				Fichus frifés,			
Bonnets piqués,				Fraifettes de mouffeline,			
Bonnets ronds de mouffeline,				Frottoirs de futaine,			
Bonnets ronds de linon,				Frottoirs de flannelle,			
Bonnets ronds de dentelle				GARNITURES de lit de toile,			
CAMISOLES de mouffeline garnies,				Gaule de mouffeline,			
Camifoles de toile de coton garnies,				Gaule d'indienne,			
Camifoles piquées garnies,				HOUPELANDE,			
Camifoles houettées garnies,				JUPONS piqués, blancs, garnis,			
Chemifes de jour,				Jupons de moleton,			
Chemifes de nuit,				Jupons de futaine,			
Chemifes de batifte,				Jupons de bafin garnis,			
Chemifes de bain,				Jupons de granat,			
Chemifes-robes de mouffeline,				Jupons houettés, garnis,			
Chemifes-robe d'indienne,				Jupons de linon,			
Chemife-robe, de linon,				Jupons de mouffeline,			
Coiffes de mouffeline,				LINGE de toilette,			
Collerette,				Linge de Garde-robe,			
Corfet de toile de coton garnis,				Linges de baignoir,			
Corfets de bafin garnis,				MANTELETS de mouffeline,			
Corfets de toile fine garnis,				Mouchoirs de toile blanche,			
Courtes-pointes,				Mouchoirs de batifte,			
Couverture de coton,				Mouchoirs des indes,			
Couvre-pieds piqués garnis,				PAIRES de poches de bafin, garnies,			
Couvre-pieds de mouffeline,				Paires de poches de toile, garnies,			
Couvre-meuble,				paire de bas de coton,			
DRAPS de maîtres,				Peignoirs de toile,			
Draps fans couture,				Peignoirs de Mouffeline,			
Draps de domeftique,				Pieces d'eftomac,			
Deshabillers garnis,				Pierrot & Jupon de linon,			
ESSUIÉ-MAINS				RIDEAUX de moufseline, grands,			
FOURREAUX de toile de coton,				Rideaux de toile de coton, grands,			
Fourreaux de moufseline,				Rideaux de moufseline, petits,			
Fourreaux d'indienne,				Rideaux de linon, petits,			
Fourreaux de linon,				Robe & Jupon de toile de coton,			
Fichus de moufseline,							
TOTAL				TOTAL			

Article	liv.	f.	d.
Robe & Jupon de mousseline,			
Robe & Jupon de linon,			
Robe & Jupon d'indienne,			
Rodingotte d'indienne,			
SACS à pelottes,			
Serre-têtes,			
Serviettes de toilette,			
Serviettes de garderobe,			
TABLIERS de Femme-de-chambre,			
Tabliers de coëffeur,			
Tayes d'oreillers garnies,			
Toilette garnie de mousseline,			
Tours de chaise,			
Tour de bassin,			
Linge des Enfans.			
BANDEAUX,			
Bandes,			
Bavoirs;			
Beguin,			
Brassieres de futaine,			
Brassieres de flanelle,			
CALÇONS,			
Camisoles de mousseline,			
Camisoles de toile de coton,			
Camisoles d'indienne,			
Camisoles de futaine,			
Chaussettes,			
Chaussons,			
Chemises de jour, de garçon,			
Chemises de nuit, de garçon,			
Chemises de jour, de demoiselle			
Chemises de nuit, de demoiselle,			
Chemises petites,			
Chemises-robes de mousseline,			
Chemises-robe d'indienne,			
Collerettes de mousseline,			
Cols de mousseline,			
Couches,			
Couvres-pieds garnis,			
Culottes de draps de coton,			
Culottes de basin,			
Culottes de toile de coton,			
DESHABILLERS de toile de coton,			
TOTAL			

Article	liv.	f.	d.
Deshabillers d'indienne,			
FOURREAUX de toile de coton,			
Fourreaux de linon,			
Fourreaux d'indienne,			
GARNITURES de lit,			
Gillets de basin,			
Gillets de toile de coton,			
JACTONS,			
Jupons de toile de coton garnis,			
Jupons de basin garnis,			
Jupons de futaine,			
Jupons de moleton,			
LANGES piqués,			
Lange de futaine,			
Lange de laine,			
Linge de toilette,			
MANTELETS de mousseline,			
Manchettes de garçon,			
Matelots de toile,			
Matelots de Nankin,			
Mouchoirs de toile,			
Mouchoirs de batiste,			
PAIRES de bas de coton,			
paires de bas de fil,			
paires de bas petits,			
paires de bas de laine,			
paires de poches,			
Peignoirs,			
Pierrots & Jupon de linon,			
Pierrots & Jupon de mousseline,			
Pieces d'estomac,			
ROBES & Jupons de toile de coton,			
Robes & Jupons de mousseline,			
Robes & Jupons d'indienne,			
Robe de chambre,			
TETIERES,			
Tours de bonnet,			
Tours de chaises,			
VESTES de basin,			
Vestes de toile de coton,			
Vestes de nankin,			
Vestes de drap de coton.			
TOTAL			

ARTICLE	liv.	f.	d.
Linge d'Office.			
CHAUSSES à paſſer,			
ESSUIE-MAINS,			
NAPES damaſſées,			
Napes à linteaux,			
Napes à grains d'orge,			
Napes ouvrées,			
Napes d'office,			
Napes petites,			
Napes de veniſe,			
Napes de cuiſine,			
PAQUETS de Torchons,			
SERVIETTES d'amaſſées,			
Serviettes à linteaux,			
Serviettes à grains d'orge,			
Serviettes ouvrées,			
Serviettes de Veniſe			
TABLIERS d'office,			
Tabliers de cuiſine,			
Torchons,			
Linge de la Femme de Chambre.			
BANDEAUX,			
Bonnets ronds,			
Bonnets piqués,			
CAMISOLES de toile de coton,			
Camiſoles d'indienne,			
Chemiſes,			
Corſet de toile,			
Corſet de baſin,			
DESHABILLÉ complet de toile de coton,			
Deshabillé complet d'indienne,			
FICHUS de mouſſeline,			
Fichus de linon,			
JUPONS piqués,			
Jupons houettrés,			
Jupons de toile de coton,			
LINGE de toilette,			
MOUCHOIRS blancs,			
Mouchoirs de couleur,			
PAIRES de poches,			
paires de bas de coton,			
paires de bas de fil,			
TOTAL			

ARTICLE	liv.	f.	d.
ROBE & Jupon d'indienne,			
Robe & Jupons de toile de coton,			
Robe & Jupon de mouſſeline,			
SERRE-TÊTES.			
Linge de la Cuiſiniere.			
BONNETS ronds,			
Bonnets piqués,			
CAMISOLES d'indienne,			
Camiſoles de toile de coton,			
Chemiſes,			
DESHABILLÉ compl. de toile de cot.			
Deshabiller complet d'indienne,			
FICHUS de mouſſeline,			
Fichus de linon,			
JUPONS piqués,			
Jupons de toile de coton,			
Jupons d'indienne,			
LINGE de toilette,			
MOUCHOIRS blancs,			
Mouchoirs de couleur,			
PAIRES de poches,			
paires de bas de laine,			
paires de bas de coton,			
paires de bas de fil,			
ROBE & Jupon d'indienne,			
Robe & Jupon de toile de coton,			
SERRE-TÊTE,			
Linge du Domeſtique.			
BONNETS de coton,			
Bonnets de laine,			
CALÇONS,			
Chemiſes,			
Cols,			
Cravattes,			
Culottes blanches,			
Culotte de Nankin,			
MOUCHOIRS,			
PAIRES de bas de coton,			
paires de bas de fil,			
paires de bas de laine,			
paires de bas de filoſelle,			
paires de chauſſons,			
VESTES blanches,			
Veſtes de Nankin,			
TOTAL			

donné à blanchir

SÇAVOIR à Monſieur.

ARTICLE	liv.	f.	d.	ARTICLE	liv.	c.	d.
BANDEAUX,				Mouchoirs des indes,			
Bonnets de coton,				Mouchoirs de toile blanche,			
Bonnets de laine,				Mouchoirs de batiſte,			
Bretelles.				Mouchoirs de couleurs,			
CALÇONS de toile,				NAPES,			
Calçons de futaine,				PAIRES de draps de maître,			
Camiſoles de toile,				paires de draps de domeſtique,			
Camiſoles de futaine,				paires de bas de fil,			
Camiſoles d'indienne,				paires de bas de coton,			
Chauſſettes,				paires de bas de laine,			
Chemiſes de jour, garnies,				paires de bas de filoſele,			
Chemiſes de nuit,				paires de chauſſons de toile,			
Coïffes de Bonnets,				paires de chauſſons de tricot,			
Cols de mouſſeline,				Pantalon de moleton,			
Cols de baſin,				Pantalon de toile,			
Cravattes de mouſſeline,				Pantalon de tricot,			
Cravattes de batiſte,				Peignoirs,			
Culottes de baſin,				Pieces d'eſtomac,			
Culottes de toile de coton,				ROBE-de-chambre d'indienne,			
Culottes de draps de coton,				Robe-de-chambre piquée,			
Culottes de Nankin,				SACS à pelottes,			
ESSUIE-MAINS,				Serre-têtes,			
FROTTOIRS,				Serviettes de toilette,			
GANTS de fil,				Suſpenſoirs,			
Gillets de baſin,				TABLIER du matin,			
Gillets de flanelle,				Tayes d'oreillers,			
Guêtres de toile,				VESTES de baſin,			
Gillets de futaine,				Veſtes de drap de coton			
Gillets de toile de coton,				Veſtes de Mouſſeline,			
LINGE à barbe,				Veſtes de Nankin,			
MANCHETTES de mouſſeline,				Veſtes piquées,			
Manchettes de batiſte,				Veſtes de toile de coton,			
Manchettes effilées,							
Manchettes de bottes,							
TOTAL				**TOTAL**			

SÇAVOIR, à Madame

ARTICLE	liv.	f.	d.
BANDES à saigner,			
Bandeaux,			
Baftiennes,			
Bloufes,			
Bonnets piqués,			
Bonnets ronds de mouffeline,			
Bonnets ronds de linon,			
Bonnets ronds de dentelle			
CAMISOLES de mouffeline garnies,			
Camifoles de toile de coton garnies,			
Camifoles piquées garnies,			
Camifoles houettées garnies,			
Chemifes de jour,			
Chemifes de nuit,			
Chemifes de batifte,			
Chemifes de bain,			
Chemifes-robes de mouffeline,			
Chemifes-robe d'indienne,			
Chemife-robe, de linon,			
Coiffes de mouffeline,			
Collerette,			
Corfet de toile de coton garnis,			
Corfets de bafin garnis,			
Corfets de toile fine garnis,			
Courtes-pointes,			
Couverture de coton,			
Couvre-pieds piqués garnis,			
Couvre-pieds de mouffeline,			
Couvre-meuble,			
DRAPS de maîtres,			
Draps fans couture,			
Draps de domeftique,			
Deshabillers garnis,			
ESSUIE-MAINS			
FOURREAUX de toile de coton,			
Fourreaux de mouffeline,			
Fourreaux d'indienne,			
Fourreaux de linon,			
Fichus de mouffeline,			
TOTAL			

ARTICLE

ARTICLE	liv.	f.	d.
Fichus de batifte,			
Fichus doubles,			
Fichus de linon,			
Fichus frifés,			
Fraifettes de mouffeline,			
Frottoirs de futaine,			
Frottoirs de flannelle,			
GARNITURES de lit de toile,			
Gaule de mouffeline,			
Gaule d'indienne,			
HOUPELANDE,			
JUPONS piqués, blancs, garnis,			
Jupons de molcton,			
Jupons de futaine,			
Jupons de bafin garnis,			
Jupons de granat,			
Jupons houettés, garnis,			
Jupons de linon,			
Jupons de mouffeline,			
LINGE de toilette,			
Linge de Garde-robe,			
Linges de baignoir,			
MANTELETS de mouffeline,			
Mouchoirs de toile blanche,			
Mouchoirs de batifte,			
Mouchoirs des indes,			
PAIRES de poches de bafin, garnies,			
Paires de poches de toile, garnies,			
paire de bas de coton,			
Peignoirs de toile,			
Peignoirs de Mouffeline,			
Pieces d'eftomac,			
Pierrot & Jupon de linon,			
RIDEAUX de mouffeline, grands,			
Rideaux de toile de coton, grands,			
Rideaux de mouffeline, petits,			
Rideaux de linon, petits,			
Robe & Jupon de toile de coton,			
TOTAL			

(3)

ARTICLE	liv.	f.	d.
Robe & Jupon de mousseline,			
Robe & Jupon de linon,			
Robe & Jupon d'indienne,			
Rodingotte d'indienne,			
SACS à pelottes,			
Serre-têtes,			
Serviettes de toilette,			
Serviettes de garderobe,			
TABLIERS de Femme-de-chambre,			
Tabliers de coëffeur,			
Tayes d'oreillers garnies,			
Toilette garnie de mousseline,			
Tours de chaise,			
Tour de bassin,			
Linge des Enfans.			
BANDEAUX,			
Bandes,			
Bavoirs,			
Beguin,			
Brassieres de futaine,			
Brassieres de flanelle,			
CALÇONS,			
Camisoles de mousseline,			
Camisoles de toile de coton,			
Camisoles d'indienne,			
Camisoles de futaine,			
Chauffettes,			
Chaussons,			
Chemises de jour, de garçon,			
Chemises de nuit, de garçon,			
Chemises de jour, de demoiselle			
Chemises de nuit, de demoiselle			
Chemises petites,			
Chemises-robes de mousseline,			
Chemises-robe d'indienne,			
Collerettes de mousseline,			
Cols de mousseline,			
Couches,			
Couvres-pieds garnis,			
Culottes de draps de coton,			
Culottes de basin,			
Culottes de toile de coton,			
DESHABILLERS de toile de coton,			
TOTAL			

ARTICLE	liv.	f.	d.
Deshabillers d'indienne,			
FOURREAUX de toile de coton,			
Fourreaux de linon,			
Fourreaux d'indienne,			
GARNITURES de lit,			
Gillets de basin,			
Gillets de toile de coton,			
JACTONS,			
Jupons de toile de coton garnis,			
Jupons de basin garnis,			
Jupons de futaine,			
Jupons de moleton,			
LANGES piqués,			
Lange de futaine,			
Lange de laine,			
Linge de toilette,			
MANTELETS de mousseline,			
Manchettes de garçon,			
Matelots de toile,			
Matelots de Nankin,			
Mouchoirs de toile,			
Mouchoirs de batiste,			
PAIRES de bas de coton,			
paires de bas de fil,			
paires de bas petits,			
paires de bas de laine,			
paires de poches,			
Peignoirs,			
Pierrots & Jupon de linon,			
Pierrots & Jupon de mousseline,			
Pieces d'estomac,			
ROBES & Jupons de toile de coton,			
Robes & Jupons de mousseline,			
Robes & Jupons d'indienne,			
Robe de chambre,			
TETIERES,			
Tours de bonnet,			
Tours de chaises,			
VESTES de basin,			
Vestes de toile de coton,			
Vestes de nankin,			
Vestes de drap de coton.			
TOTAL			

ARTICLE	liv.	f.	d.
Linge d'Office.			
CHAUSSES à paſſer,			
ESSUIE-MAINS,			
NAPES damaſſées,			
Napes à linteaux,			
Napes à grains d'orge,			
Napes ouvrées,			
Napes d'office,			
Napes petites,			
Napes de veniſe,			
Napes de cuiſine,			
PAQUETS de Torchons,			
SERVIETTES d'amaſſées,			
Serviettes à linteaux,			
Serviettes à grains d'orge,			
Serviettes ouvrées,			
Serviettes de Veniſe,			
TABLIERS d'office,			
Tabliers de cuiſine,			
Torchons,			
Linge de la Femme de Chambre.			
BANDEAUX,			
Bonnets ronds,			
Bonnets piqués,			
CAMISOLES de toile de coton,			
Camiſoles d'indienne,			
Chemiſes,			
Corſet de toile,			
Corſet de baſin,			
DESHABILLÉ complet de toile de coton,			
Deshabillé complet d'indienne,			
FICHUS de mouſſeline,			
Fichus de linon,			
JUPONS piqués,			
Jupons houetrés,			
Jupons de toile de coton,			
LINGE de toilette,			
MOUCHOIRS blancs,			
Mouchoirs de couleur,			
PAIRES de poches,			
paires de bas de coton,			
paires de bas de fil,			

ARTICLE	liv.	f.	d.
ROBE & Jupon d'indienne,			
Robe & Jupons de toile de coton,			
Robe & Jupon de mouſſeline,			
SERRE-TÊTES.			
Linge de la Cuiſiniere.			
BONNETS ronds,			
Bonnets piqués,			
CAMISOLES d'indienne,			
Camiſoles de toile de coton,			
Chemiſes,			
DESHABILLÉ compl. de toile de cot.			
Deshabiller complet d'indienne,			
FICHUS de mouſſeline,			
Fichus de linon,			
JUPONS piqués,			
Jupons de toile de coton,			
Jupons d'indienne,			
LINGE de toilette,			
MOUCHOIRS blancs,			
Mouchoirs de couleur,			
PAIRES de poches,			
paires de bas de laine,			
paires de bas de coton,			
paires de bas de fil,			
ROBE & Jupon d'indienne,			
Robe & Jupon de toile de coton,			
SERRE-TETE,			
Linge du Domeſtique.			
BONNETS de coton,			
Bonnets de laine,			
CALÇONS,			
Chemiſes,			
Cols,			
Cravattes,			
Culottes blanches,			
Culotte de Nankin,			
MOUCHOIRS,			
PAIRES de bas de coton,			
paires de bas de fil,			
paires de bas de laine,			
paires de bas de filoſelle,			
paires de chauſſons,			
VESTES blanches,			
Veſtes de Nankin,			

TOTAL   TOTAL

(1)

donné à blanchir

S Ç A V O I R à Monſieur.

ARTICLE	liv.	ſ.	d.	ARTICLE	liv.	ſ.	d.
BANDEAUX ,				Mouchoirs des indes ,			
Bonnets de coton ,				Monchoirs de toile blanche ,			
Bonnets de laine ,				Mouchoirs de batiſte ,			
Bretelles.				Mouchoirs de couleurs ,			
CALÇONS de toile ,				NAPES ,			
Calçons de futaine ,				PAIRES de draps de maître ,			
Camiſoles de toile ,				paires de draps de domeſtique ,			
Camiſoles de futaine ,				paires de bas de fil ,			
Camiſoles d'indienne ,				paires de bas de coton ,			
Chauſſettes ,				paires de bas de laine ,			
Chemiſes de jour , garnies ,				paires de bas de filoſele ,			
Chemiſes de nuit ,				paires de chauſſons de toile ,			
Coïffes de Bonnets ,				paires de chauſſons de tricot ,			
Cols de mouſſeline ,				Pantalon de moleton ,			
Cols de bafin ,				Pantalon de toile ,			
Cravattes de mouſſeline ,				Pantalon de tricot ,			
Cravattes de batiſte ,				Peignoirs ,			
Culottes de bafin ,				Pieces d'eſtomac ,			
Culottes de toile de coton ,				ROBE-de-chambre d'indienne ,			
Culottes de draps de coton ,				Robe-de-chambre piquée ,			
Culottes de Nankin ,				SACS à pelottes ,			
ESSUIE-MAINS ,				Serre-têtes ,			
FROTTOIRS				Serviettes de toilette ,			
GANTS de fil ,				Suſpenſoirs ,			
Gillets de bafin ,				TABLIER du matin ,			
Gillets de flanelle ,				Tayes d'oreillers ,			
Guêtres de toile ,				VESTES de bafin ,			
Gillets de futaine ,				Veſtes de drap de coton			
Gillets de toile de coton ,				Veſtes de Mouſſeline ,			
LINGE à barbe ,				Veſtes de Nankin ,			
MANCHETTES de mouſſeline ,				Veſtes piquées ,			
Manchettes de batiſte ,				Veſtes de toile de coton ,			
Manchettes effilées ,							
Manchettes de bottes ,							
TOTAL				**TOTAL**			

SÇAVOIR, à Madame

ARTICLE	liv.	ſ.	d.
BANDES à faigner,			
Bandeaux,			
Baſtiennes,			
Blouſes,			
Bonnets piqués,			
Bonnets ronds de mouſſeline,			
Bonnets ronds de linon,			
Bonnets ronds de dentelle			
CAMISOLES de mouſſeline garnies,			
Camiſoles de toile de coton garnies,			
Camiſoles piquées garnies,			
Camiſoles houettées garnies,			
Chemiſes de jour,			
Chemiſes de nuit,			
Chemiſes de batiſte,			
Chemiſes de bain,			
Chemiſes-robes de mouſſeline,			
Chemiſes-robe d'indienne,			
Chemiſe-robe, de linon,			
Coîffes de mouſſeline,			
Collerette,			
Corſet de toile de coton garnis,			
Corſets de baſin garnis,			
Corſets de toile fine garnis,			
Courtes-pointes,			
Couverture de coton,			
Couvre-pieds piqués garnis,			
Couvre-pieds de mouſſeline,			
Couvre-meuble,			
DRAPS de maîtres,			
Draps ſans couture,			
Draps de domeſtique,			
Deshabillers garnis,			
ESSUIE-MAINS			
FOURREAUX de toile de coton,			
Fourreaux de mouſſeline,			
Fourreaux d'indienne,			
Fourreaux de linon,			
Fichus de mouſſeline,			
TOTAL			

ARTICLE	liv.	ſ.	d.
Fichus de batiſte,			
Fichus doubles,			
Fichus de linon,			
Fichus friſés,			
Fraiſettes de mouſſeline,			
Frottoirs de futaine,			
Frottoirs de flannelle,			
GARNITURES de lit de toile,			
Gaule de mouſſeline,			
Gaule d'indienne,			
HOUPELANDE,			
JUPONS piqués, blancs, garnis,			
Jupons de moleton,			
Jupons de futaine,			
Jupons de baſin garnis,			
Jupons de granat,			
Jupons houettés, garnis,			
Jupons de linon,			
Jupons de mouſſeline,			
LINGE de toilette,			
Linge de Garde-robe,			
Linges de baignoir,			
MANTELETS de mouſſeline,			
Mouchoirs de toile blanche,			
Mouchoirs de batiſte,			
Mouchoirs des indes,			
PAIRES de poches de baſin, garnies,			
Paires de poches de toile, garnies,			
paire de bas de coton,			
Peignoirs de toile,			
Peignoirs de Mouſſeline,			
Pieces d'eſtomac,			
Pierrot & Jupon de linon,			
RIDEAUX de mouſſeline, grands,			
Rideaux de toile de coton, grands,			
Rideaux de mouſſeline, petits,			
Rideaux de linon, petits,			
Robe & Jupon de toile de coton,			
TOTAL			

ARTICLE	liv.	f.	d.
Robe & Jupon de mousseline,			
Robe & Jupon de linon,			
Robe & Jupon d'indienne,			
Rodingotte d'indienne.			
SACS à pelottes,			
Serre-têtes,			
Serviettes de toilette,			
Serviettes de garderobe,			
TABLIERS de Femme-de-chambre,			
Tabliers de coëffeur,			
Tayes d'oreillers garnies,			
Toilette garnie de mousseline,			
Tours de chaise,			
Tour de bassin,			
Linge des Enfans.			
BANDEAUX,			
Bandes,			
Bavoirs;			
Beguin,			
Brassieres de futaine,			
Brassieres de flanelle,			
CALÇONS,			
Camisoles de mousseline,			
Camisoles de toile de coton,			
Camisoles d'indienne,			
Camisoles de futaine,			
Chaussettes,			
Chaussons,			
Chemises de jour, de garçon,			
Chemises de nuit, de garçon,			
Chemises de jour, de demoiselle			
Chemises de nuit, de demoiselle,			
Chemises petites,			
Chemises-robes de mousseline,			
Chemises-robe d'indienne,			
Collerettes de mousseline,			
Cols de mousseline,			
Couches,			
Couvres-pieds garnis,			
Culottes de draps de coton,			
Culottes de bafin,			
Culottes de toile de coton,			
DESHABILLERS de toile de coton,			
TOTAL			

ARTICLE	liv.	f.	d.
Deshabillers d'indienne,			
FOURREAUX de toile de coton,			
Fourreaux de linon,			
Fourreaux d'indienne,			
GARNITURES de lit,			
Gillets de bafin,			
Gillets de toile de coton,			
JACTONS,			
Jupons de toile de coton garnis,			
Jupons de bafin garnis,			
Jupons de futaine,			
Jupons de moleton,			
LANGES piqués,			
Lange de futaine,			
Lange de laine,			
Linge de toilette,			
MANTELETS de mousseline,			
Manchettes de garçon,			
Matelots de toile,			
Matelots de Nankin,			
Mouchoirs de toile,			
Mouchoirs de batifte,			
PAIRES de bas de coton,			
paires de bas de fil,			
paires de bas petits,			
paires de bas de laine,			
paires de poches,			
Peignoirs,			
Pierrots & Jupon de linon,			
Pierrots & Jupon de mousseline,			
Pieces d'eftomac,			
ROBES & Jupons de toile de coton,			
Robes & Jupons de mousseline,			
Robes & Jupons d'indienne,			
Robe de chambre,			
TETIERES,			
Tours de bonnet,			
Tours de chaifes,			
VESTES de bafin,			
Veftes de toile de coton,			
Veftes de nankin,			
Veftes de drap de coton.			
TOTAL			

ARTICLE	liv.	f.	d.
Linge d'Office.			
CHAUSSES à paffer,			
ESSUIE-MAINS,			
NAPES damaffées,			
Napes à linteaux,			
Napes à grains d'orge,			
Napes ouvrées,			
Napes d'office,			
Napes petites,			
Napes de venife,			
Napes de cuifine,			
PAQUETS de Torchons,			
SERVIETTES damaffées,			
Serviettes à linteaux,			
Serviettes à grains d'orge,			
Serviettes ouvrées,			
Serviettes de Venife			
TABLIERS d'office,			
Tabliers de cuifine,			
Torchons,			
Linge de la Femme de Chambre.			
BANDEAUX,			
Bonnets ronds,			
Bonnets piqués,			
CAMISOLES de toile de coton,			
Camifoles d'indienne,			
Chemifes,			
Corfet de toile,			
Corfet de bafin,			
DESHABILLÉ complet de toile de coton,			
Deshabillé complet d'indienne,			
FICHUS de mouffeline,			
Fichus de linon,			
JUPONS piqués,			
Jupons houettés,			
Jupons de toile de coton,			
LINGE de toilette,			
MOUCHOIRS blancs,			
Mouchoirs de couleur,			
PAIRES de poches,			
paires de bas de coton,			
paires de bas de fil,			
TOTAL			

ARTICLE	liv.	f.	d.
ROBE & Jupon d'indienne,			
Robe & Jupons de toile de coton,			
Robe & Jupon de mouffeline,			
SERRE-TÊTES.			
Linge de la Cuifiniere.			
BONNETS ronds,			
Bonnets piqués,			
CAMISOLES d'indienne,			
Camifoles de toile de coton,			
Chemifes,			
DESHABILLÉ compl. de toile de cot.			
Deshabiller complet d'indienne,			
FICHUS de moufseline,			
Fichus de linon,			
JUPONS piqués,			
Jupons de toile de coton,			
Jupons d'indienne,			
LINGE de toilette,			
MOUCHOIRS blancs,			
Mouchoirs de couleur,			
PAIRES de poches,			
paires de bas de laine,			
paires de bas de coton,			
paires de bas de fil,			
ROBE & Jupon d'indienne,			
Robe & Jupon de toile de coton,			
SERRE-TETE,			
Linge du Domeflique.			
BONNETS de coton,			
Bonnets de laine,			
CALÇONS,			
Chemifes,			
Cols,			
Cravattes,			
Culottes blanches,			
Culotte de Nankin,			
MOUCHOIRS,			
PAIRES de bas de coton,			
paires de bas de fil,			
paires de bas de laine,			
paires de bas de filofelle,			
paires de chauffons,			
VESTES blanches,			
Veftes de Nankin,			
TOTAL			

donné à blanchir

SÇAVOIR à Monsieur.

ARTICLE	liv.	f.	d.	ARTICLE	liv.	f.	d.
BANDEAUX ,				Mouchoirs des indes ,			
Bonnets de coton ,				Mouchoirs de toile blanche ,			
Bonnets de laine ,				Mouchoirs de batifte ,			
Bretelles.				Mouchoirs de couleurs ,			
CALÇONS de toile ,				NAPES ,			
Calçons de futaine ,				PAIRES de draps de maître ,			
Camifoles de toile ,				paires de draps de domeftique ,			
Camifoles de futaine ,				paires de bas de fil ,			
Camifoles d'indienne ,				paires de bas de coton ,			
Chauffettes ,				paires de bas de laine ,			
Chemifes de jour , garnies ,				paires de bas de filofele ,			
Chemifes de nuit ,				paires de chauffons de toile ,			
Coïffes de Bonnets ,				paires de chauffons de tricot ,			
Cols de mouffeline ,				Pantalon de moleton ,			
Cols de bafin ,				Pantalon de toile ,			
Cravattes de mouffeline ,				Pantalon de tricot ,			
Cravattes de batifte ,				Peignoirs ,			
Culottes de bafin ,				Pieces d'eftomac ,			
Culottes de toile de coton ,				ROBE-de-chambre d'indienne ,			
Culottes de draps de coton ,				Robe-de-chambre piquée ,			
Culottes de Nankin ,				SACS à pelottes ,			
ESSUIE-MAINS ,				Serre-têtes ,			
FROTTOIRS ,				Serviettes de toilette ,			
GANTS de fil ,				Sufpenfoirs ,			
Gillets de bafin ,				TABLIER du matin ,			
Gillets de flanelle ,				Tayes d'oreillers ,			
Guêtres de toile ,				VESTES de bafin ,			
Gillets de futaine ,				Veftes de drap de coton			
Gillets de toile de coton ,				Veftes de Mouffeline ,			
LINGE à barbe ,				Veftes de Nankin ,			
MANCHETTES de mouffeline ,				Veftes piquées ,			
Manchettes de batifte ,				Veftes de toile de coton ,			
Manchettes effilées ,							
Manchettes de bottes ,							
TOTAL				**TOTAL**			

SÇAVOIR, à Madame

ARTICLE	liv.	f.	d.
BANDES à faigner,			
Bandeaux,			
Baftiennes,			
Bloufes,			
Bonnets piqués,			
Bonnets ronds de mouffeline,			
Bonnets ronds de linon,			
Bonnets ronds de dentelle			
CAMISOLES de moufseline garnies,			
Camifoles de toile de coton garnies,			
Camifoles piquées garnies,			
Camifoles houettées garnies,			
Chemifes de jour,			
Chemifes de nuit,			
Chemifes de batifte,			
Chemifes de bain,			
Chemifes-robes de moufseline,			
Chemifes-robe d'indienne,			
Chemife-robe, de linon,			
Coîffes de moufseline,			
Collerette,			
Corfet de toile de coton garnis,			
Corfets de bafin garnis,			
Corfets de toile fine garnis,			
Courtes-pointes,			
Couverture de coton,			
Couvre-pieds piqués garnis,			
Couvre-pieds de moufseline,			
Couvre-meuble,			
DRAPS de maîtres,			
Draps fans couture,			
Draps de domeftique,			
Deshabillers garnis,			
ESSUIE-MAINS			
FOURREAUX de toile de coton,			
Fourreaux de moufseline,			
Fourreaux d'indienne,			
Fourreaux de linon,			
Fichus de moufseline,			
TOTAL			

ARTICLE	liv.	f.	d.
Fichus de batifte,			
Fichus doubles,			
Fichus de linon,			
Fichus frifés,			
Fraifettes de moufseline,			
Frottoirs de futaine,			
Frottoirs de flannelle,			
GARNITURES de lit de toile,			
Gaule de moufseline,			
Gaule d'indienne,			
HOUPELANDE,			
JUPONS piqués, blancs, garnis,			
Jupons de moleton,			
Jupons de futaine,			
Jupons de bafin garnis,			
Jupons de granat,			
Jupons houettés, garnis,			
Jupons de linon,			
Jupons de moufseline,			
LINGE de toilette,			
Linge de Garde-robe,			
Linges de baignoir,			
MANTELETS de moufseline,			
Mouchoirs de toile blanche,			
Mouchoirs de batifte,			
Mouchoirs des indes,			
PAIRES de poches de bafin, garnies,			
Paires de poches de toile, garnies,			
paire de bas de coton,			
Peignoirs de toile,			
Peignoirs de Moufseline,			
Pieces d'eftomac,			
Pierrot & Jupon de linon,			
RIDEAUX de moufseline, grands,			
Rideaux de toile de coton, grands,			
Rideaux de moufseline, petits,			
Rideaux de linon, petits,			
Robe & Jupon de toile de coton,			
TOTAL			

ARTICLE | liv. | f. | d.

Robe & Jupon de mousseline,
Robe & Jupon de linon,
Robe & Jupon d'indienne,
Rodingotte d'indienne,
SACS à pelottes,
Serre-têtes,
Serviettes de toilette,
Serviettes de garderobe,
TABLIERS de Femme-de-chambre,
Tabliers de coëffeur,
Tayes d'oreillers garnies,
Toilette garnie de mousseline,
Tours de chaise,
Tour de bassin,

Linge des Enfans.

BANDÉAUX,
Bandes,
Bavoirs,
Beguin,
Braffieres de futaine,
Braffieres de flanelle,
CALÇONS,
Camifoles de mousseline,
Camifoles de toile de coton,
Camifoles d'indienne,
Camifoles de futaine,
Chauffettes,
Chauffons,
Chemifes de jour, de garçon,
Chemifes de nuit, de garçon,
Chemifes de jour, de demoifelle,
Chemifes de nuit, de demoifelle,
Chemifes petites,
Chemifes-robes de mousseline,
Chemifes-robe d'indienne,
Collerettes de mousseline,
Cols de mousseline,
Couches,
Couvres-pieds garnis,
Culottes de draps de coton,
Culottes de basin,
Culottes de toile de coton,
DESHABILLERS de toile de coton,

TOTAL

ARTICLE | liv. | f. | d.

Deshabillers d'indienne,
FOURREAUX de toile de coton,
Fourreaux de linon,
Fourreaux d'indienne,
GARNITURES de lit,
Gillets de basin,
Gillets de toile de coton,
JACTONS,
Jupons de toile de coton garnis,
Jupons de basin garnis,
Jupons de futaine,
Jupons de moleton,

LANGES piqués,
Lange de futaine,
Lange de laine,
Linge de toilette,
MANTELETS de mousseline,
Manchettes de garçon,
Matelots de toile,
Matelots de Nankin,
Mouchoirs de toile,
Mouchoirs de batiste,

PAIRES de bas de coton,
paires de bas de fil,
paires de bas petits,
paires de bas de laine,
paires de poches,
Peignoirs,
Pierrots & Jupon de linon,
Pierrots & Jupon de mousseline,
Pieces d'estomac,

ROBES & Jupons de toile de coton,
Robes & Jupons de mousseline,
Robes & Jupons d'indienne,
Robe de chambre,
TETIERES,
Tours de bonnet,
Tours de chaises,
VESTES de basin,
Vestes de toile de coton,
Vestes de nankin,
Vestes de drap de coton.

TOTAL

ARTICLE	liv.	ſ.	d.
Linge d'Office.			
CHAUSSES à paſſer,			
ESSUIE-MAINS,			
NAPES damaſſées,			
Napes à linteaux,			
Napes à grains d'orge,			
Napes ouvrées,			
Napes d'office,			
Napes petites,			
Napes de venise,			
Napes de cuiſine,			
PAQUETS de Torchons,			
SERVIETTES d'amaſſées,			
Serviettes à linteaux,			
Serviettes à grains d'orge,			
Serviettes ouvrées,			
Serviettes de Veniſe,			
TABLIERS d'office,			
Tabliers de cuiſine,			
Torchons,			
Linge de la Femme de Chambre.			
BANDEAUX,			
Bonnets ronds,			
Bonnets piqués,			
CAMISOLES de toile de coton,			
Camiſoles d'indienne,			
Chemiſes,			
Corſet de toile,			
Corſet de baſin,			
DESHABILLÉ complet de toile de coton,			
Deshabillé complet d'indienne,			
FICHUS de mouſſeline,			
Fichus de linon,			
JUPONS piqués,			
Jupons houetrés,			
Jupons de toile de coton,			
LINGE de toilette,			
MOUCHOIRS blancs,			
Mouchoirs de couleur,			
PAIRES de poches,			
paires de bas de coton,			
paires de bas de fil,			
TOTAL			

ARTICLE	liv.	ſ.	d.
ROBE & Jupon d'indienne,			
Robe & Jupons de toile de coton,			
Robe & Jupon de mouſſeline,			
SERRE-TÊTES.			
Linge de la Cuiſiniere.			
BONNETS ronds,			
Bonnets piqués,			
CAMISOLES d'indienne,			
Camiſoles de toile de coton,			
Chemiſes,			
DESHABILLÉ compl. de toile de cot.			
Deshabiller complet d'indienne,			
FICHUS de mouſſeline,			
Fichus de linon,			
JUPONS piqués,			
Jupons de toile de coton,			
Jupons d'indienne,			
LINGE de toilette,			
MOUCHOIRS blancs,			
Mouchoirs de couleur,			
PAIRES de poches,			
paires de bas de laine,			
paires de bas de coton,			
paires de bas de fil,			
ROBE & Jupon d'indienne,			
Robe & Jupon de toile de coton,			
SERRE-TETE,			
Linge du Domeſtique.			
BONNETS de coton,			
Bonnets de laine,			
CALÇONS,			
Chemiſes,			
Cols,			
Cravattes,			
Culottes blanches,			
Culotte de Nankin,			
MOUCHOIRS,			
PAIRES de bas de coton,			
paires de bas de fil,			
paires de bas de laine,			
paires de bas de filoſelle,			
paires de chauſſons,			
VESTES blanches,			
Veſtes de Nankin,			
TOTAL